ΣBEST シグマベスト

5科の要点ランニング

文英堂

特色を知って上手に使おう

● **5科の入試対応が完璧にできる！**
① 全項目（2ページ単位）に **入試アドバイス** をつけ，入試上の重要点・注意点や入試対策などを示した。
② 各項目（または問題）ごとに，入試で必ずおさえておきたい事項を選び， や ← **よく出る** をつけた。
③ 最重要点を確実に覚えるまで何度でもチェックできるシート付き。

● **5科の特性にあったきめこまかいチェックができる！**

社会	チェック問題と解説で重要語句を理解	まずは左ページのチェック問題で，重要語句の暗記ができているか確認。次に右ページの解説で重要語句の内容や関連事項を理解しよう。
理科	本文中の図や表は，まるごと暗記	まず左ページのチェック問題で実力をチェック。次に，右ページの系統的で覚えやすいまとめで知識が確実になる。さらに，例題研究で計算問題もバッチリOK。
数学	かくれた部分をうめて能動的な学習をしよう	左ページで重要な公式や定理などがチェックできる。右ページで入試頻出問題による解法のコツがマスターできる。例題を補う練習問題にも挑戦しよう。
英語	入試英語のスピードチェック＆理解	左ページの問題で実力をチェック，右ページで重要ポイントの理解ができる。最後に，「入試問題にチャレンジ」をやれば，仕上げは完璧。
国語	確実な得点源となる要点のまとめとチェック	国語はつかみどころがないと言われるが，国語にも覚えるべきことは多い。覚えておくと確実に得点に結びつく要点をよりすぐり，すっきり整理して示した。

科目別・出題分野別のもくじ

社会

地理
1. 世界のすがた …… 4
2. アジア州とアフリカ州 …… 6
3. ヨーロッパ州 …… 8
4. 南北アメリカ州とオセアニア州 …… 10
5. 日本のすがた …… 12
6. 九州，中国・四国，近畿地方 …… 14
7. 中部，関東，東北，北海道地方 …… 16

歴史
8. 文明のおこりと日本の成り立ち …… 18
9. 奈良時代と平安時代 …… 20
10. 武家政治の展開と世界の動き …… 22
11. 全国統一と江戸幕府 …… 24
12. 江戸幕府の改革～明治維新 …… 26
13. 近代国家の発展と日本 …… 28
14. 二度の世界大戦と日本 …… 30

公民
15. 現代社会と人権の尊重 …… 32
16. 選挙と政党，国会，内閣 …… 34
17. 裁判所，三権分立，地方自治 …… 36
18. 経済のしくみとはたらき …… 38
19. 国民生活と福祉 …… 40
20. 国際社会と世界の平和 …… 42

理科

生物分野
1. 植物の世界 …… 44
2. 動物のからだのつくり …… 46
3. 動物のなかまわけと進化 …… 48
4. 細胞と生物のふえ方 …… 50
5. 遺伝のしくみとDNA …… 52

地学分野
6. 火成岩・地震 …… 54
7. 大地の変化 …… 56
8. 天気とその変化 …… 58
9. 天体の1日の動きと1年の動き …… 60
10. 太陽系 …… 62

化学分野
11. 物質の分類と気体の性質 …… 64
12. 水溶液の性質と状態変化 …… 66
13. 化学変化のきまりと酸化・還元 …… 68
14. イオンと電気分解・電池 …… 70
15. 酸・アルカリと中和 …… 72

物理分野
16. 光・音・力 …… 74
17. 電流の流れ方と発熱 …… 76
18. 電流と電子・磁界 …… 78
19. 力のつり合いと合力・分力 …… 80
20. 運動とエネルギー …… 82

自然・技術
21. 自然と人間と科学技術 …… 84

数学

1. 正負の数・正負の数の計算・素因数分解 …… 86
2. 式の計算 …… 88
3. 多項式の乗法・因数分解 …… 90
4. 方程式と不等式・連立方程式 …… 92
5. 平方根・2次方程式 …… 94
6. 比例と反比例・1次関数 …… 96
7. いろいろな関数 …… 98
8. 図形の基礎 …… 100
9. 三角形 …… 102
10. 四角形 …… 104
11. 相似 …… 106
12. 円の性質 …… 108
13. 三平方の定理 …… 110
14. 図形の計量 …… 112
15. 場合の数・確率 …… 114
16. 資料の整理・近似値・標本調査 …… 116

英語

1. 助動詞の整理・未来を表す表現 …… 118
2. 受動態〔受け身〕 …… 120
3. 現在完了 …… 122
4. 不定詞の3用法 …… 124
5. 不定詞の重要構文 …… 126
6. 動名詞 …… 128
7. 分詞 …… 130
8. 命令文・感嘆文 …… 132
9. 疑問詞・付加疑問 …… 134
10. 関係代名詞(1) …… 136
11. 関係代名詞(2) …… 138
12. 比較 …… 140
13. 接続詞・間接疑問 …… 142
14. 前置詞の整理 …… 144
15. 書きかえ問題のまとめ …… 146
16. (代)名詞・冠詞・形容詞 …… 148
17. 動詞の総まとめ・発音 …… 150
18. 最重要熟語のまとめ …… 152
19. 会話表現 …… 154

国語

1. 漢字　書き取り …… 191
2. 漢字　書き取り …… 189
3. 漢字　書き取り …… 187
4. 漢字　読み …… 185
5. 漢字　読み・対義語・類義語 …… 183
6. 漢字　筆順・画数・熟語 …… 181
7. 文法　動詞・形容詞・形容動詞・連体詞 …… 179
8. 文法　副詞・助動詞 …… 177
9. 文法　助詞 …… 175
10. 文法　文の組み立て・品詞の識別 …… 173
11. 文学史　古典・近代の文学作品 …… 171
12. 読解　現代の散文 …… 169
13. 詩歌　詩の種類・表現技法 …… 167
14. 詩歌　短歌・俳句 …… 165
15. 古典　歴史的かなづかい …… 163
16. 古典　古文単語 …… 161
17. 古典　古典文法・漢文の訓読 …… 159
18. 表現　作文・敬語 …… 157

1 世界のすがた

1問1答要点チェック　チェックシートで答えをかくし，全問正解まで練習しよう。

① 地球のすがた

- ① 地球上の位置を示す番地にあたるものは，何で示されるか。 → ① 緯度, 経度
- ② イギリスのロンドンを通る経度0度の経線を，何というか。 → ② 本初子午線
- ③ ほぼ180度の経線に沿って引かれ，一日の始まりと終わりを示す線を何というか。 → ③ 日付変更線
- ④ 北緯23.4度の緯線を，何というか。 → ④ 北回帰線
- ⑤ 正距方位図法では，図の中心からの距離と（　）が正しく描かれる。 → ⑤ 方位
- ⑥ 角度が正しいメルカトル図法は，おもに何に利用されるか。 → ⑥ 航海図
- ⑦ モルワイデ図法は，面積が正しいかわりに，赤道から離れるほど（　）という特徴をもつ。 → ⑦ 形がゆがむ

② 大陸と世界の気候

- ⑧ 陸地は，地球全体の約何割を占めているか。 → ⑧ 3割
- ⑨ 地球上には，南極大陸を含めていくつの大陸があるか。 → ⑨ 6つ
- ⑩ 世界でもっとも面積の大きい大陸は，何か。 → ⑩ ユーラシア大陸
- ⑪ 国家の成立条件は領土・（　）・（　）である。 → ⑪ 国民, 主権
- ⑫ まわりを海で囲まれた国を，何というか。 → ⑫ 島国(海洋国)
- ⑬ 赤道付近で見られ，密林がおおう地域がある気候帯は，何か。 → ⑬ 熱帯
- ⑭ 人口が集中し，おだやかで過ごしやすい気候帯は，何か。 → ⑭ 温帯
- ⑮ 冷帯に広がる針葉樹林の大森林を，何というか。 → ⑮ タイガ
- ⑯ 乾燥帯のうち，丈の短い草原ができる気候帯は，何か。 → ⑯ ステップ気候
- ⑰ カナダの北部，寒帯で生活する人々のことを，何というか。 → ⑰ イヌイット
- ⑱ 高地では，同緯度の地域に比べて，気温は【高い，低い】。 → ⑱ 低い

③ 世界の人々

- ⑲ 現在(2015年)の世界の人口は，約何億人か。 → ⑲ 73億人
- ⑳ 少子高齢化がすすんだ先進国の人口ピラミッドは，どのような形になるか。 → ⑳ つぼ型
- ㉑ 世界の人々を言語・宗教・生活習慣などで区分したものを，何というか。 → ㉑ 民族
- ㉒ 世界の三大宗教はキリスト教，仏教と，あと1つは，何か。 → ㉒ イスラム教
- ㉓ インドのヒンドゥー教徒が食べない肉は，何か。 → ㉓ 牛肉

>
> - 地図や日付変更線の出題率が高くなっている。
> - 世界の5つの気候帯の名称と特色をつかむ。
> - さまざまな地域の宗教や衣食住の特色にも注意する。

最重要点チェック　覚えたらシートで赤文字をかくし，重要点をチェックしよう。

① 地球儀と世界地図

- □〔**地球儀**〕……地球を縮小したもの。**角度，方位，距離，面積**が正しく表される。
- □〔**正距方位図法**〕……図の中心からの**距離と方位**が正しく描かれた図法。

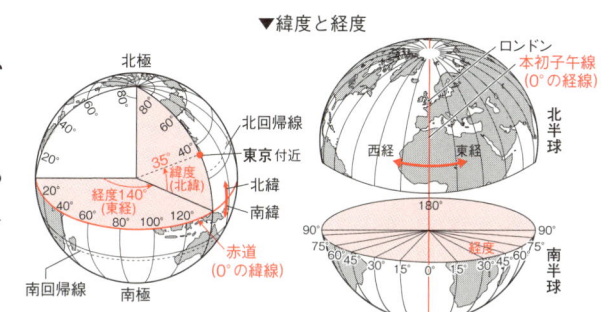
▼緯度と経度

- □〔**赤道**〕……**緯度**が0度。地球を**北半球**と**南半球**に分ける。
- □〔**時差**〕……**標準時子午線**のちがいによる時間のずれ。**15度**ずれるごとに**1時間**ちがう。
- □〔**日付変更線**〕……ほぼ180度の経線に沿って引かれた線で，西から東にこえるときは日付を1日もどす。東から西にこえるときは日付を1日すすめる。

② 大陸と世界の気候

- □〔**六大陸**〕……**ユーラシア**大陸，**北アメリカ**大陸，**南アメリカ**大陸，**アフリカ**大陸，**南極**大陸，**オーストラリア**大陸の6つ。北極には陸地はない。（最大／最小）
- □〔**三大洋**〕……世界の大洋は，大きい順に**太平洋**，**大西洋**，**インド洋**である。
- □〔**独立国**〕……国の成立条件（**領土・国民・主権**）をもち，他国からも認められた国。
- □〔世界の**気候**区分〕……おもに気温・降水量のちがいによって分けられる。

熱帯	熱帯雨林気候	年中多雨，密林	乾燥帯	砂漠気候	ほとんど雨なし
	サバナ気候	雨季と乾季，草原		ステップ気候	少雨，ステップ（草原）
温帯	温帯（温暖）湿潤気候	季節風（モンスーン）四季の変化，日本	寒帯	ツンドラ気候	夏→湿原，シベリア・カナダ
	西岸海洋性気候	夏→冷涼，冬→温暖		氷雪気候	南極大陸，グリーンランド
	地中海性気候	夏→高温乾燥	冷帯		針葉樹の森林（タイガ）

※冷帯…亜（あ）寒帯ともいう。

- □〔**高山**気候〕……ボリビアのラパスなど。低地よりも**気温が低い**。リャマやアルパカの放牧。

③ 世界の人々

- □〔**人口爆発**〕……人口の急激な増加。発展途上国などで食料問題に影響を与える。
- □〔**三大宗教**〕……最大の信者数を抱える**キリスト教**や**イスラム教**，**仏教**をいう。
- □〔**日干しレンガ**の住居〕……イラン，モロッコなどの**乾燥帯**の地域で多く見られる。

2 アジア州とアフリカ州

1問1答要点チェック
チェックシートで答えをかくし，全問正解まで練習しよう。

① 東アジア

- ① 朝鮮半島が南北に分断されているのは，北緯何度あたりか。
- ② 朝鮮半島で，アジアNIESに数えられているのは，どの国か。
- ③ 中国で約9割を占める民族は，何族か。
- ▶ 中国の④・⑤の地域で生産の多い農産物は，右のうちどれか。
  - ④ 東北　　⑤ 華中・華南　　　大豆・米・小麦
- ⑥ 外国企業を優遇するシェンチェンなどの地区を，何というか。
- ⑦ 中国から外国へ移住し，外国籍を取得した人を何というか。
- ⑧ かつて中国でとられていた人口抑制政策を，何というか。
- ⑨ 中国で経済が発展していないのは，【沿岸，内陸】部である。

② 東南アジアと南アジア

- ⑩ 熱帯地方の商業的農牧業を，一般に何というか。
- ⑪ マレーシア，インドネシアで生産の多い輸出作物は，何か。
- ⑫ 東南アジアの10か国が加盟する国際組織は何か。
- ▶ 次の⑬〜⑮の国のおもな宗教は，それぞれ何か。
  - ⑬ インド　　⑭ フィリピン　　⑮ タイ
- ⑯ 近年，インドでさかんとなっている産業は，何か。
- ⑰ 東南アジアで，外国企業を誘致するためにつくられているものは，何か。

③ 西アジアとアフリカ州

- ⑱ 西アジアで石油の産出が多いのは，何湾の沿岸か。
- ⑲ 西アジアで国土がもっとも広い産油国は，どこか。
- ⑳ 世界の産油国が団結してつくった組織は，何か。
- ㉑ エジプトが所有し，紅海と地中海を結ぶ運河は，何か。
- ㉒ 南アフリカ共和国で長く行われてきた，黒人に対する人種隔離政策を，何というか。
- ㉓ 世界的に産出の多い南アフリカ共和国の鉱産資源は，何か。
- ㉔ アフリカ大陸に豊富に資源があり，近年注目されている鉱山資源を，何というか。
- ㉕ ケニアのおもな輸出品(農産物)は，コーヒーのほか，何か。

解答

① 北緯38度
② 大韓民国(韓国)
③ 漢族
④ 大豆
⑤ 米
⑥ 経済特区
　(経済特別区)
⑦ 華人
⑧ 一人っ子政策
⑨ 内陸

⑩ プランテーション
⑪ 天然ゴム
⑫ 東南アジア諸国連合
　(ASEAN)
⑬ ヒンドゥー教
⑭ キリスト教
⑮ 仏教
⑯ 情報技術(IT)産業
⑰ 工業団地

⑱ ペルシャ湾
⑲ サウジアラビア
⑳ 石油輸出国機構
　(OPEC)
㉑ スエズ運河
㉒ アパルトヘイト
㉓ 金
㉔ 希少金属
　(レアメタル)
㉕ 茶(紅茶)

> **入試アドバイス**
> - 中国や東南アジアの農業は，よく出題される。
> - 中国は，鉱産資源の産地や工業都市の位置も，要注意。
> - 西アジアは，産油国や石油輸出国機構（OPEC）が重要。

最重要点チェック　覚えたらシートで赤文字をかくし，重要点をチェックしよう。

① 東アジアの国々

- □〔**朝鮮民主主義人民共和国（北朝鮮）**〕……北の社会主義国。畑作中心。日本との国交はない。（北緯38度線を地図上で確認しよう／首都ピョンヤン）
- □〔**大韓民国（韓国）**〕……南の資本主義国。**稲作**がさかん。工業化→**アジアNIES**の1つ。（首都ソウル／新興工業経済地域）
- □〔**中華人民共和国**〕……**世界一の人口**→かつては抑制のために**一人っ子政策**をとっていた。
  9割が**漢族**。沿岸部では**経済特区**（経済特別区）を設けて海外資本を導入→**内陸部**との**経済格差**。

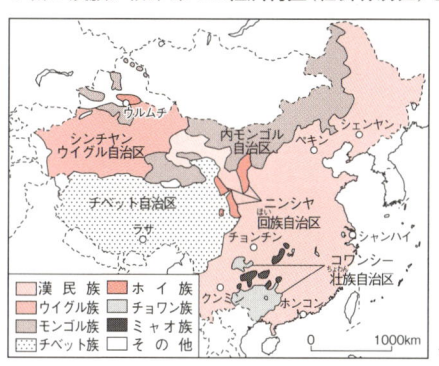
◀中国のおもな民族

▼中国の農業区分

東北	畑作地域	小麦，こうりゃん（飼料） 大豆，とうもろこし
華北		黄土地帯で 小麦，綿花，あわ
華中	稲作地域	米の大生産地→世界一 北部で小麦，南部で茶
華南		米の二期作，茶

② 東南アジアと南アジアの国々

- □〔**タイ**〕……植民地にならなかった。稲作中心の農業→**米を輸出**。仏教徒が多い。（ベトナムも輸出国／チャオプラヤ川流域）
- □〔**マレーシア**〕……**天然ゴム**や**アブラやし**のプランテーション。すずの産出。工業化。
- □〔**インドネシア**〕……天然ゴム，コーヒーのプランテーションと稲作。すず，**石油**の産出。
- □〔**フィリピン**〕……バナナ，さとうきび（→**砂糖**）のプランテーション。
- □〔**シンガポール**〕……**中継貿易港**から金融・工業が発展。ジュロン工業団地。**華人**が多い。（中国系）
- □〔**インド**〕……**ヒンドゥー教**と**カースト制度**。米，綿花，小麦，茶，ジュート。鉄鋼業。（デカン高原／アッサム地方）
- □〔**パキスタン**〕……**イスラム教**。かんがい施設の整ったパンジャブ地方で，小麦や綿花の栽培。

③ 西アジアとアフリカ州の国々

- □〔**サウジアラビア**〕……世界有数の**産油国**。（ペルシャ湾沿岸のクウェート，イラク，イラン，アラブ首長国連邦など）
- □〔**エジプト**〕……ナイル川流域でかんがい農業。**スエズ運河**。
- □〔**イスラエル**〕……**ユダヤ民族**が建国。パレスチナとの対立。
- □〔**南アフリカ共和国**〕……**アパルトヘイト**は廃止。**金**の産出。（人種隔離政策／世界有数）
- □〔**ケニア**〕……茶（紅茶）やコーヒーのプランテーション。
- □〔**ガーナ**〕……**カカオ**。ボルタ川流域の開発で水力発電→アルミニウム精錬。

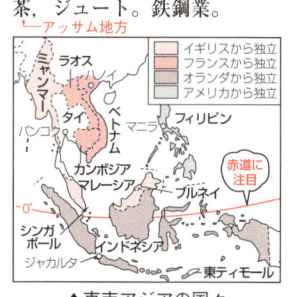
▲東南アジアの国々

社会 地理 3 ヨーロッパ州

1問1答要点チェック チェックシートで答えをかくし，全問正解まで練習しよう。

① ヨーロッパ州の自然とEU

	解答
① 大西洋沿岸の気候に影響を与えている海流と風は，何か。	① 北大西洋海流，偏西風
② 地中海を通るのは，北緯【40，50，60】度線である。	② 40
③ 地中海沿岸では，夏と冬のどちらが，乾燥しているか。	③ 夏
④ ノルウェーの海岸で，氷河によってできた湾を，何というか。	④ フィヨルド
⑤ ECは1993年にEUとなったが，EUとは，何の略称か。	⑤ ヨーロッパ連合
⑥ 現在EU加盟国間で使われている共通通貨を，何というか。	⑥ ユーロ

② ヨーロッパ州の国々

⑦ 18世紀後半，イギリスでは産業の発達により社会に大きな変化がおこった。このことを何というか。	⑦ 産業革命
⑧ イギリスで石油を産出するのは，何油田か。	⑧ 北海油田
⑨ フランス南部など南ヨーロッパでさかんな農業は，何か。	⑨ 地中海式農業
⑩ フランス南部で栽培のさかんな果樹は，何か。	⑩ ぶどう
⑪ イギリスとフランスをつなぐ海底トンネルを，何というか。	⑪ ユーロトンネル
⑫ ヨーロッパ最大の重化学工業地域は，どこか。	⑫ ルール工業地域
⑬ ドイツなどでさかんに行われている農業は，何か。	⑬ 混合農業
⑭ EUの本部があるブリュッセルは，どこの国の首都か。	⑭ ベルギー
⑮ 北ヨーロッパやアルプスでさかんな農業は，何か。	⑮ 酪農
⑯ 戦争がおきても，どこの国にも味方せず中立を守る，スイスのような国を，何というか。	⑯ 永世中立国
⑰ ヨーロッパ内の経済格差では，【西部，東部】の方が貧しい。	⑰ 東部

▶次の⑱～⑳が示す言語の系統を，右の中から選べ。

	選択肢	
⑱ フランス語やイタリア語など	ゲルマン系 / スラブ系 / ラテン系	⑱ ラテン系
⑲ 英語やドイツ語など		⑲ ゲルマン系
⑳ ロシア語やポーランド語など		⑳ スラブ系

③ ロシアと周辺の国々

㉑ 旧ソ連が解体してできたCISとは，何の略称か。	㉑ 独立国家共同体
㉒ ロシアやウクライナの黒土地帯で栽培される作物は，何か。	㉒ 小麦
㉓ ロシアがヨーロッパに石油を輸出するとき，何を用いるか。	㉓ パイプライン

> **入試アドバイス**
> - ヨーロッパの気候の特色と北緯40度線の通過点を覚える。
> - ヨーロッパ連合（EU）は必出事項。
> - イギリス，フランス，ドイツの農業と工業は要注意。

最重要点チェック　覚えたらシートで赤文字をかくし，重要点をチェックしよう。

① ヨーロッパ州の自然とEU　〔北緯40度線，50度線，60度線を日本付近とくらべよう〕

- 〔**西岸海洋性**気候〕……大西洋沿岸は，高緯度まで温和→暖流の**北大西洋海流**と，その上を吹く**偏西風**の影響。日本で秋田あたりを通る**北緯40度線**は，地中海を通る。
- 〔**地中海性**気候〕……地中海沿岸は，夏に乾燥→**果樹**栽培，冬に湿潤→小麦栽培。
  　　　　　　　　　　　　　　　　　　　　　　　　　オリーブ，ぶどうなど
- 〔**ヨーロッパ連合（EU）**〕……1993年，ECがEUになった。本部はブリュッセル。28か国加盟（2018年現在）。2016年の国民投票でイギリスが離脱を表明し，EU離脱交渉を進めている。　←ベルギーの首都
- 〔**ユーロ**〕……EUの共通通貨で，一部の国を除いて流通している。◀︎**つよく出る**
  　　　　　　　　　　　　　　　　　　　←イギリス，デンマーク，スウェーデンなど

② ヨーロッパ州の国々

- 〔**イギリス**〕……世界最初に**産業革命**→「世界の工場」。マンチェスター（**繊維**），バーミンガム（自動車・航空機）。農業人口は少ないが，**畜産**品などを生産。**北海油田**→石油を輸出。
- 〔**フランス**〕……北部で酪農（→乳製品）や小麦（→輸出），中部で**混合農業**，南部で**地中海式農業**（ぶどうなど）→ヨーロッパ最大の農業国。ロレーヌ地方で鉄鉱石→鉄鋼業。
  　　　　　←ワイン
- 〔**ドイツ**〕……ルール炭田とライン川の水運で**ルール工業地域**→ヨーロッパ最大の重化学工業地域。混合農業で，ライ麦，じゃがいも，てんさいなどの栽培。
  　　　　　　　　　　　　エッセン，ドルトムント→
- 〔**ベルギー**〕……首都ブリュッセルにEUの本部。
- 〔**オランダ**〕……**ポルダー**（千拓地）で，園芸農業（草花や野菜）や酪農。
- 〔**スイス**〕……**永世中立**。時計など精密機械工業が有名。移牧で，乳牛や羊を飼育。
- 〔**イタリア**〕……北部は工業が発達，南部は農業中心→**南北の格差**。北部の平野で稲作。
- 〔**ギリシャ**〕……海運業。**地中海式農業**。かつて古代文明が栄え，観光客が多い。
- 〔**スペイン**〕……**地中海式農業**。ビルバオで鉄鉱石。最大の工業都市はバルセロナ。
- 〔**デンマーク**〕……**模範的な酪農国**。風力発電。
- 〔**スウェーデン**〕……**社会保障**。森林資源。鉄鉱石。
  　　　　　　　　　　　　　　　　　　　　←キルナ，エリバレー
- 〔**ノルウェー**〕……**フィヨルド**。産油国。水産業。

③ ロシアと周辺の国々

- 〔**ロシア**〕……CISで最大の国。黒土地帯で**小麦**。
  ←独立国家共同体
  パイプラインでEU諸国へ**石油・天然ガス**を輸出。
  タイガが広がる。
  ←針葉樹
- 〔**ウクライナ**〕……ドニエプル工業地域。小麦。
  ←ドネツ炭田とクリボイログ鉄山
- 〔**ルーマニア**〕……国土の半分以上が農用地で，農業がさかん。

ヨーロッパの国々▶

4 南北アメリカ州とオセアニア州

1問1答要点チェック チェックシートで答えをかくし，全問正解まで練習しよう。

① 北アメリカ州

- □ ① 北アメリカ大陸東部の，なだらかな山地は，何か。
- □ ② 北アメリカ大陸西部の，高く険しい山地は，何か。
- □ ③ 南部で，黒人労働力を利用して栽培された作物は，何か。
- □ ④ カリフォルニア州では，どんな型の農業が行われているか。
- □ ⑤ 混合農業によって家畜の肥育を行っているのは，何地帯か。
- □ ⑥ 五大湖周辺などでおもに見られる農業は，何か。
- □ ⑦ 冬小麦と春小麦で，暖かい地方で栽培されるのはどちらか。
- □ ⑧ アメリカの農業の特色は，企業的で規模が大きいことと，何か。
- □ ⑨ スペイン語を話す，メキシコなどからの移民を，何というか。
- □ ⑩ 1970年代から電子，航空機工業が発展した地域を，何というか。
- □ ⑪ 航空機工業や石油化学工業の発達した，アメリカ西岸最大の都市は，どこか。
- □ ⑫ 電子工業のさかんなサンノゼは，別名何というか。
- □ ⑬ 国外に工場や店をもち，世界的に生産や販売を行う企業は，何か。
- □ ⑭ カナダのケベック州では，何系の住民が多いか。
- □ ⑮ カナダで，世界有数の生産量のある農作物は，何か。

② 南アメリカ州

- □ ⑯ 南アメリカ大陸西部の，高く険しい山地は，何か。
- □ ⑰ 白人と先住民の混血は，何とよばれるか。
- □ ⑱ ブラジルでさかんな，さとうきびなどから取る燃料は，何か。
- □ ⑲ ブラジルの公用語は，何か。
- □ ⑳ ブラジル高原南部で栽培されている農作物は，何か。
- □ ㉑ アルゼンチンにある温帯草原を，何というか。

③ オセアニア州

- □ ㉒ オーストラリアでもっとも多く飼育されている家畜は，何か。
- □ ㉓ オーストラリアの先住民を，何というか。
- □ ㉔ オーストラリア西部の台地で産出の多い鉱産資源は，何か。
- □ ㉕ オーストラリアの鉄鉱石や石炭のおもな輸出先は，どこか。
- □ ㉖ ニュージーランドの先住民を，何というか。

解答
- ① アパラチア山脈
- ② ロッキー山脈
- ③ 綿花
- ④ 地中海式農業
- ⑤ とうもろこし地帯（コーンベルト）
- ⑥ 酪農
- ⑦ 冬小麦
- ⑧ 適地適作
- ⑨ ヒスパニック
- ⑩ サンベルト
- ⑪ ロサンゼルス
- ⑫ シリコンバレー
- ⑬ 多国籍企業
- ⑭ フランス系
- ⑮ 小麦

- ⑯ アンデス山脈
- ⑰ メスチソ
- ⑱ バイオエタノール
- ⑲ ポルトガル語
- ⑳ コーヒー
- ㉑ パンパ

- ㉒ 羊
- ㉓ アボリジニ
- ㉔ 鉄鉱石
- ㉕ 日本
- ㉖ マオリ

入試アドバイス
- アメリカ合衆国の農業地域区分の地図は，必出。
- アメリカ合衆国のおもな工業都市も，地図上での位置の確認が重要。
- オーストラリアと日本の貿易品目を，統計で確認する。

最重要点チェック　覚えたらシートで赤文字をかくし，重要点をチェックしよう。

① アメリカ合衆国

▶ 農牧業…適地適作，機械化による大農法が特色。　←農業人口はごく少ない
- 〔綿花地帯〕……コットンベルト。
- 〔冬小麦地帯〕……秋～冬に種をまく小麦。
- 〔とうもろこし地帯〕……コーンベルト。西部で育った家畜をとうもろこしで肥育。混合農業。
- 〔春小麦地帯〕……春に種をまく小麦。　←寒冷地用
- 〔酪　農〕……五大湖周辺。乳製品。
- 〔地中海式農業〕……カリフォルニア，果樹・米の栽培。

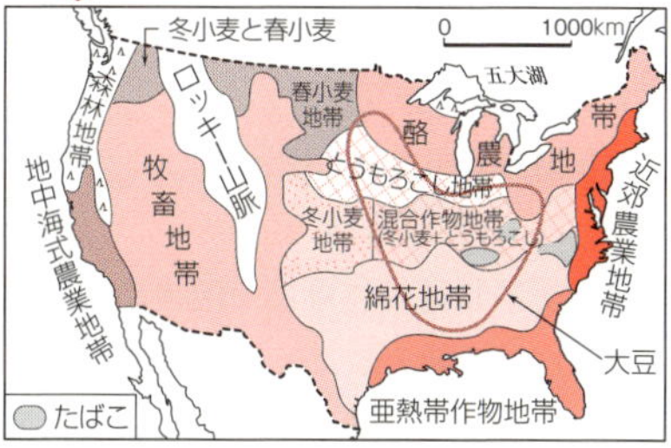

▶ 鉱工業…豊かな資源，巨額の資本，すすんだ技術。多国籍企業も多い。
- 〔ヒューストン〕……航空宇宙産業，石油化学，先端医療。
- 〔サンベルト〕……1970年代から工業が発達した南部と太平洋側で，北緯37度以南の地域。電子，航空機，宇宙工学などのハイテク（先端技術）産業がさかん。ダラス，ロサンゼルスなど。
- 〔シリコンバレー〕……サンフランシスコ近郊のサンノゼのこと。電子工業がさかん。

▲アメリカの農業区分

② 中南アメリカの国々 ── 赤道直下にある国は，エクアドルやブラジル
- 〔メキシコ〕……メキシコ湾岸に油田→石油の輸出。銀の産出。近年，工業化がすすむ。　←タンピコ・ポサリカ油田
- 〔パナマ〕……パナマ運河は太平洋と大西洋を結ぶ。アメリカ管理からの解放。
- 〔ペルー〕……高原でリャマやアルパカを飼育。銅の産出。
- 〔ベネズエラ〕……マラカイボ湖の周辺で石油を産出。OPECの加盟国。　←石油輸出国機構
- 〔ブラジル〕……世界一のコーヒー輸出国→近年，多角化。工業化もすすむ。日系人の活躍。
- 〔アルゼンチン〕……パンパで小麦栽培や牧畜（牛，羊）→輸出。近年，工業化がすすむ。
- 〔チ　リ〕……銅を輸出。地中海式農業。

③ オセアニア州の国々
- 〔オーストラリア〕……世界一の牧羊国。大鑽井盆地や南東部で飼育。西部で鉄鉱石，東部で石炭→日本へ輸出。先住民はアボリジニ。　←現在は廃止。多文化社会をめざす
- 〔白豪主義〕……白人を優遇する政策。
- 〔ニュージーランド〕……偏西風→西岸海洋性気候。牧羊，牧牛や小麦の栽培がさかん。

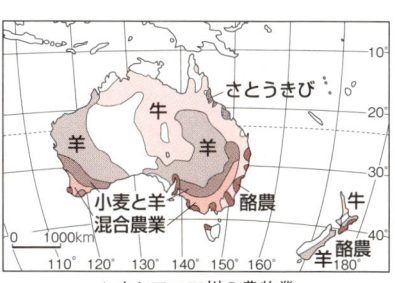

▲オセアニア州の農牧業

5 日本のすがた

1問1答要点チェック チェックシートで答えをかくし，全問正解まで練習しよう。

① 日本の国土

① 国家の主権が及ぶ範囲を，何というか。
② ①は領土・（　）・（　）からなる。
③ 沿岸から200海里までの，水産・鉱産資源を管理できる水域を，何というか。
④ 歯舞群島，色丹島，国後島，択捉島をあわせて何というか。
⑤ 竹島の領有をめぐり，対立がおこっている国は，どこか。
⑥ 日本の標準時子午線は，東経何度か。
⑦ 北緯40度と東経140度が交わる県は【秋田，山形】である。
⑧ 本初子午線が通るイギリスと日本との時差は，何時間か。

解答
① 領域
② 領空，領海
③ 経済水域（排他的経済水域）
④ 北方領土
⑤ 韓国
⑥ 135度
⑦ 秋田
⑧ 9時間

② 世界から見た日本

⑨ 日本列島が含まれる造山帯を，何というか。
⑩ 日本アルプスの東側にのび，日本を東西に分ける大きな溝を，何というか。
⑪ 日本の太平洋側には，暖流の黒潮と寒流の（　）が流れる。
⑫ 北海道と沖縄を除き，日本列島の大部分が属する気候は，何か。
⑬ 北海道を除いて，6～7月ごろの雨が多くなる時期を，何というか。
⑭ 冬に雪や雨が多く，夏は冬より雨が少ないのは【太平洋，日本海】側の気候である。
⑮ 2011年におきた東日本大震災で，甚大な被害をもたらした水害を，何というか。
⑯ 日本や先進国で見られる，高齢者の割合が高くなり，子どもの数が少なくなる社会を，何というか。
⑰ 過疎地域の中で，高齢者が過半数を占める集落を何というか。
⑱ かつて日本でさかんであった，原料を輸入して製品を輸出する貿易を，何というか。
⑲ 火力・水力・原子力のうち，日本の発電の中心は，何か。
⑳ 未来に生きる人々によりよい社会を伝え残していく取り組みがされているが，このような社会を何というか。

⑨ 環太平洋造山帯
⑩ フォッサマグナ
⑪ 親潮（千島海流）
⑫ 温帯
⑬ 梅雨
⑭ 日本海
⑮ 津波
⑯ 少子高齢社会
⑰ 限界集落
⑱ 加工貿易
⑲ 火力
⑳ 持続可能な社会

入試アドバイス

- 気候グラフがどの地域のものか，判別できるようにする。
- 日本の貿易は，出題率が高い。グラフなどに要注意。
- おもな輸出品，輸入品，貿易相手国をしっかり調べておく。

最重要点チェック　覚えたらシートで赤文字をかくし，重要点をチェックしよう。

① 日本の国土

- 〔 北緯40度 〕……秋田県・岩手県の北部，ヨーロッパの地中海を通る。
- 〔 東経135度 〕……日本の標準時子午線。兵庫県明石市などを通る。
- 〔 東経140度 〕……八郎潟干拓地，東京湾，オーストラリア中央部などを通る。
- 〔 夏に多雨 〕……太平洋側の気候。
- 〔 冬に多雪 〕……日本海側の気候。
- 〔 年間少雨 〕……瀬戸内（冬は温暖）と中央高地（冬は寒冷）の気候。
- 〔 北方領土 〕……歯舞群島，色丹島，国後島，択捉島（日本の北端）。現在はロシアに占領されている。東端は南鳥島。南端は沖ノ鳥島，西端は与那国島。 ←よく出る

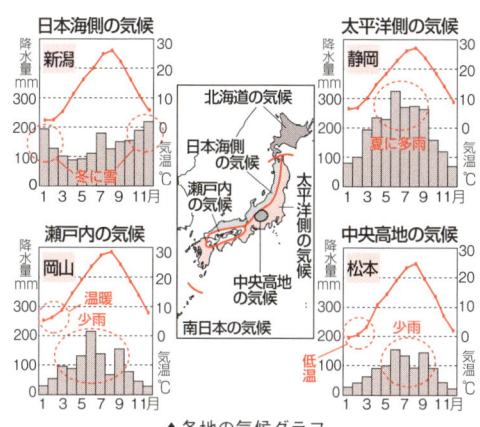

▲各地の気候グラフ

② 世界から見た日本

- 〔 人口ピラミッド 〕……年齢，男女別の人口構成の型。日本はつぼ型。
- 〔 三大都市圏 〕……東京，大阪，名古屋には，特に人口が集中。→過密。
- 〔 太平洋ベルト 〕……三大都市圏を結ぶ都市群〜福岡までの帯状の地域。人口と産業が集中。
- 〔 過　疎 〕……人口の減少で社会生活が維持できない地域。村おこしなどの対策が必要。
- 〔 加工貿易 〕……原料を輸入して，製品を輸出する。①戦前は繊維原料を輸入して繊維品を輸出。②戦後は石油の輸入が増え，機械類，自動車，鉄鋼などの重化学工業製品を輸出。③近年は，機械類の輸入が増大。
- 〔 食料の自給率 〕……小麦，大豆の自給率は低い。水産物の輸入が増加。
- 〔 エネルギー資源 〕……石油が中心で，ほぼ100%を輸入に依存。
- 〔 原子力発電 〕……発電時に二酸化炭素を出さず，効率よく電力を供給できるが，事故がおきれば甚大な被害となり，課題もある。福島県や福井県などの沿岸部に多く立地。

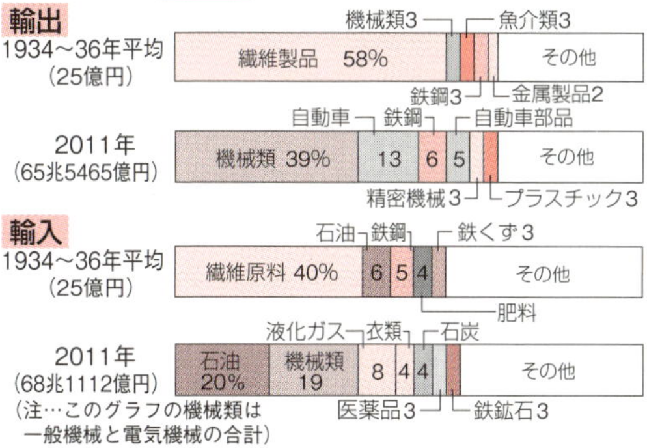

▼日本の貿易品の変化　●よく出る

輸出
- 1934〜36年平均（25億円）：繊維製品 58%，機械類3，鉄鋼3，金属製品2，魚介類3，その他
- 2011年（65兆5465億円）：機械類 39%，自動車 13，鉄鋼 6，自動車部品 5，精密機械3，プラスチック3，その他

輸入
- 1934〜36年平均（25億円）：繊維原料 40%，石油 6，鉄鋼 5，鉄くず3，石炭 4，肥料，その他
- 2011年（68兆1112億円）：石油 20%，機械類 19，液化ガス 8，衣類 4，石炭 4，医薬品3，鉄鉱石3，その他
（注…このグラフの機械類は一般機械と電気機械の合計）

6 九州，中国・四国，近畿地方

1問1答要点チェック
チェックシートで答えをかくし，全問正解まで練習しよう。

① 九州地方

- ① 九州地方にある日本最大級のカルデラをもつ火山は，何か。
- ② 福岡県で，稲作がもっともさかんな平野は，どこか。
- ③ 九州地方で，古くから干拓がすすんでいるのは，どこか。

▶次の④〜⑥は，右の地図のア〜クのどの都市か。都市名も答えなさい。

- ④ 北九州工業地域の中心。鉄鋼業。
- ⑤ 九州地方の地方中枢都市。
- ⑥ 造船業がさかん。漁獲量も多い。
- ⑦ 九州各地の（　）や高速道路の近くで，電子工業が発達している。
- ⑧ 九州で世界自然遺産に登録されているのは，どこか。
- ⑨ 沖縄本島の約20％を占める軍事基地は，どこの国のものか。

解答
- ① 阿蘇山
- ② 筑紫平野
- ③ 有明海の沿岸
- ④ ア，北九州市
- ⑤ イ，福岡市
- ⑥ キ，長崎市
- ⑦ 空港
- ⑧ 屋久島
- ⑨ アメリカ

② 中国・四国地方

▶次の⑩〜⑭のことがらともっとも関係の深い県はどこか。

- ⑩ 米の二期作，野菜の促成栽培
- ⑪ みかんの生産
- ⑫ ため池，香川用水
- ⑬ なしの生産
- ⑭ もも・ぶどうなどの栽培，備前焼
- ⑮ もっとも乾燥するのは【山陰，瀬戸内，南四国】地方である。
- ⑯ 岡山県で石油化学工業と鉄鋼業がさかんな都市は，どこか。
- ⑰ 中国・四国地方にある政令指定都市は岡山市と，どこか。
- ⑱ 山間地域や離島で問題となっている現象は，何か。

- ⑩ 高知県
- ⑪ 愛媛県
- ⑫ 香川県
- ⑬ 鳥取県
- ⑭ 岡山県
- ⑮ 瀬戸内
- ⑯ 水島(倉敷市)
- ⑰ 広島市
- ⑱ 過疎

③ 近畿地方

- ⑲ わが国第一の広さのある滋賀県の湖は，何か。
- ⑳ 三重県の志摩半島付近の複雑な海岸の地形は，何か。
- ㉑ かつて都が置かれ，世界文化遺産に登録されている文化財が多くあるのは奈良と，どこか。
- ㉒ 1994年，大阪の人工島に建設された国際空港は，何か。
- ㉓ 豊中，吹田など大都市の機能を分担する都市を，何というか。
- ㉔ 和歌山県の紀ノ川，有田川流域で栽培される果実は，何か。
- ㉕ 志摩半島の英虞湾などで養殖されている水産物は，何か。
- ㉖ 1995年に兵庫県を中心におこった災害は，何か。

- ⑲ 琵琶湖
- ⑳ リアス海岸
- ㉑ 京都府
- ㉒ 関西国際空港
- ㉓ 衛星都市
- ㉔ みかん
- ㉕ 真珠
- ㉖ 阪神・淡路大震災

入試アドバイス
- 九州地方の工業の特色をつかんでおく。
- 各地域の特色ある農業,果実など作物の名を覚える。
- 阪神工業地帯の特徴を整理しておく。

最重要点チェック　覚えたらシートで赤文字をかくし,重要点をチェックしよう。

① 九州地方の産業

- 〔**シラス**の台地〕……火山灰土。さつまいも,茶,たばこなどの畑作。**鶏**,**肉牛**の飼育。
- 〔**宮崎**平野〕……きゅうり,ピーマン,かぼちゃなどの**野菜の促成栽培**。大都市へ出荷。
- 〔**筑紫**平野〕……筑後川流域。稲作がさかん。有明海の沿岸は,古くから**干拓**。←よく出る
- 〔**クリーク**〕……筑後川流域の平野の下流にある網目状の水路。
- 〔**鉄鋼**業〕……福岡県中心の**北九州工業地域**でさかん。しかし,現在その地位は低下。
- 〔**電子**工業〕……大分,熊本,宮崎などの空港周辺で,**IC**(集積回路)などの電子工業が発達。アメリカのシリコンバレー(サンノゼ)にならって,九州を**シリコンアイランド**という。
  ←サンフランシスコ近郊

② 中国・四国地方の産業

- 〔**愛媛**県〕……和歌山県,静岡県,北九州地方とならぶ**みかん**の生産地。←熊本県や佐賀県
- 〔**讃岐**平野〕……雨が少ないので,**ため池**や,吉野川の水を引く**香川用水**で,かんがい。
- 〔**岡山**平野〕……稲作のほか,かぼちゃ,もも,ぶどうなど,**多角経営**の農業。
- 〔**高知**平野〕……米の二期作はおとろえ,なす,ピーマンなどの**野菜の促成栽培**が発達。
  ←一年に2回つくる
- 〔**鳥取**県〕……全国有数の**なし**の生産地。二十世紀なしが有名。
- 〔**砂丘**の開発〕……**鳥取砂丘**などで,すいか,らっきょう,長いもなど(←かんがい)。
- 〔**石油化学**工業〕……**水島**(倉敷市)や周南市に,大規模な**石油化学コンビナート**。←よく出る
- 〔**鉄鋼**業〕……**水島**(倉敷市)や福山に,大規模な製鉄所。瀬戸内工業地域。
  ←岡山県　←山口県
- 〔**本州四国連絡橋**〕……**瀬戸大橋**(児島・坂出ルート),**明石海峡大橋**・**大鳴門橋**(神戸・鳴戸ルート),**しまなみ海道**(尾道・今治ルート)の開通。
  ←広島県

③ 近畿地方の産業

- 〔**阪神**工業地帯〕……わが国有数の総合工業地域。**下請け**の中小企業が多い。大阪湾の沿岸で重化学工業。泉南地域は繊維工業。東部の門真,守口などで電気機械工業。**地盤沈下**の公害。
  ←大阪が中心　　　　　　　　　　　　　　　　　　　　　　　　　　　←尼崎など
- 〔**近郊**農業〕……大都市向けに野菜,果実,草花などを集約的に栽培。奈良盆地のいちご,宇治の茶,淡路島の草花,大阪平野の野菜など。←手間や肥料を多くかける
- 〔**大阪市**〕……西日本最大の都市。国際集客都市をめざし,臨海部の開発がすすむ。
  ←関西国際空港など
- 〔**伝統工業**〕……京都市を中心に,清水焼,西陣織,京友禅など。京都府では南部でハイテク(先端技術)産業が進出。
- 〔大阪の**ベッドタウン**〕……滋賀県は大阪に近く,人口増加率が高い。
- 〔**志摩**半島〕……リアス海岸。英虞湾で真珠やかきの養殖。

中部，関東，東北，北海道地方

1問1答要点チェック チェックシートで答えをかくし，全問正解まで練習しよう。

① 中部地方

① 飛驒，木曽，赤石の3つの山脈を，まとめて何というか。
▶②～④は右のどの地域か。
- ② 冬に雪が多い。
- ③ 気温の年較差が大。
- ④ 夏に多雨で冬は乾燥。

〔東海地方　中央高地　北陸地方〕

▶⑤～⑦は右のどの都市か。
- ⑤ 自動車工業がさかん。
- ⑥ 陶磁器の生産がさかん。
- ⑦ 石油化学コンビナートがある。

〔瀬戸　豊田　四日市〕

⑧ 富山の売薬など，特定の地域に根差した産業を，何というか。
⑨ 岡谷，諏訪で，製糸業にかわってさかんになった工業は何か。
⑩ 長野盆地で，生産の多い果実は，何か。

② 関東地方

⑪ 関東平野の台地をおおう火山灰の赤土を，何というか。
⑫ 八丈島や小笠原諸島は，どの都道府県に属するか。
⑬ 京浜工業地帯で最も出荷額が多い，特色ある工業は，何か。
⑭ 最近，出荷額を大きくのばしているのは【内陸，臨海】部の工業地域である。
⑮ 夏の冷涼な気候を利用して栽培される野菜を，何というか。

③ 東北地方，北海道地方

⑯ 三陸海岸に代表される，出入りの複雑な海岸を，何というか。
⑰ 太平洋側で多い，冷たい北東風による農作物被害は，何か。
⑱ 庄内平野，仙台平野などで生産の多い作物は，何か。
⑲ 津軽平野で生産の多い果実は，何か。
⑳ 東北地方のIC（集積回路）の工場は，おもに空港や（　　　）の発達によって集まった。
㉑ 北海道の先住民族を，何というか。
▶次の㉒～㉔の各地域と関係の深いものを，右から選べ。
㉒ 石狩平野，上川盆地，富良野盆地
㉓ 根釧台地の新酪農村
㉔ 大農法のみられる十勝平野

・チーズやバター
・てんさいや豆類
・米の単作

解答

① 日本アルプス
② 北陸地方
③ 中央高地
④ 東海地方
⑤ 豊田
⑥ 瀬戸
⑦ 四日市
⑧ 地場産業
⑨ 精密機械工業
⑩ りんご

⑪ 関東ローム
⑫ 東京都
⑬ 印刷業
⑭ 内陸
⑮ 高原野菜

⑯ リアス海岸
⑰ 冷害
⑱ 米
⑲ りんご
⑳ 高速道路
㉑ アイヌ
㉒ 米の単作
㉓ チーズやバター
㉔ てんさいや豆類

>
> - 中部地方は，北陸・中央高地・東海地方の気候と産業のちがいを整理。
> - 京浜，中京の工業地帯の特色をつかんでおく。
> - 東北地方，北海道地方は，農業と水産業に注目。

最重要点チェック　覚えたらシートで赤文字をかくし，重要点をチェックしよう。

① 中部地方の産業　〔機械工業の割合がひじょうに高い〕

- 〔**中京**工業地帯〕……**名古屋**が中心。日本最大。**瀬戸・多治見**→**陶磁器**，**豊田**→**自動車**，東海→**鉄鋼**，**四日市**→**石油化学コンビナート**。四日市ぜんそくの公害病。←大気汚染による
- 〔**東海**工業地域〕……静岡県の**浜松**，**富士**，**静岡**など。←楽器やオートバイなど　←紙やパルプ
- 〔**北陸**工業地域〕……豊富な電力，工業用水で重化学工業。伝統的な織物業。
- 〔**濃尾**平野〕……西部の低地で稲作，**輪中**の村。東部の台地は畑作←**愛知用水**でかんがい。
- 〔**渥美**半島〕……温暖な気候を利用し，温室での**電照菊**や**メロン**の栽培。豊川用水。←施設園芸農業　←静岡県南部でも多く生産
- 〔**茶**〕……静岡県は，**牧ノ原**や**三方原**などの台地で，全国一の生産。
- 〔**高原野菜**〕……浅間山，八ヶ岳の山ろくでキャベツ，レタスなどを栽培（**抑制栽培**）。
- 〔**ぶどう**〕……山梨県の**甲府盆地**で，全国一の生産。長野県は**りんご**の生産全国第2位。
- 〔**米の単作**〕……北陸地方は**日本の穀倉地帯**。冬の積雪のため，**米の単作地帯**となっている。←東北地方と北陸地方をさす
- 〔**輪中**〕……木曽川・長良川・揖斐川が河口付近で合流するところ→水害の多発。

② 関東地方の産業　⬇よく出る

- 〔**京浜**工業地帯〕……全国有数の出荷額。臨海地域で重化学工業。機械工業の割合が高く，繊維工業の割合はごく低い。**印刷業**に特色がある。世界有数の巨大都市東京が中心。←東京，川崎，横浜
- 〔**京葉**工業地域〕……千葉県の東京湾沿岸に，鉄鋼業や石油化学コンビナート。君津・市原。←鉄鋼　←化学
- 〔**鹿島**臨海工業地域〕……茨城県の鹿島灘に**掘り込み式人工港**をつくり，重化学工業を誘致。
- 〔低地の**稲作**〕……利根川下流の水郷地帯は，**早場米**の産地。台地では畑作。
- 〔**輸送園芸農業**〕……輸送機関が発達し，大都市から離れた地域の作物が輸送されるようになる。←群馬県嬬恋（つまごい）村など

③ 東北地方，北海道地方の産業

- 〔**日本の穀倉**地帯〕……北陸地方と東北地方は，米の**単作**地帯。冬は出かせぎ。最上川下流の**庄内**平野，雄物川下流の**秋田**平野，北上川下流の**仙台**平野など。
- 〔**津軽**平野〕……全国一のりんごの産地。
- 〔**酪農**〕……北上高地，阿武隈高地で，**乳牛の飼育**→**乳製品**（バター，チーズなど）。
- 〔**三陸沖**〕……寒流の**親潮**（**千島海流**）と暖流の**黒潮**（**日本海流**）の出会う**潮目**にあたり，世界有数の好漁場となっている。**リアス海岸の三陸海岸**には，多くの漁港。**八戸**の水あげが多い。←気仙沼（けせんぬま），石巻（いしのまき）など　←潮境（さかい）
- 〔**IC産業**〕……東北自動車道や空港の付近に集中→**シリコンロード**。
- 〔**十勝**平野〕……**大農法**による畑作→てんさいや豆類（**大豆**，あずきなど），じゃがいも。←砂糖をとる
- 〔**根釧**台地〕……**新酪農村**が建設され，全国最大の**酪農地域**となった。
- 〔**石狩**平野〕……稲作がさかん。**富良野盆地**などとともに，米の大産地。←⬅よく出る

17

文明のおこりと日本の成り立ち

1問1答要点チェック
チェックシートで答えをかくし，全問正解まで練習しよう。

① 歴史学習の基礎知識
- ① イエスが生まれた年を紀元1年とする年代の数え方は何か。
- ② 21世紀は何年から何年までか。

② 人類のはじまりと古代文明
- ③ 現在の人類の直接の祖先とされる人類は，何か。
- ④ 旧石器時代に人類が使った石器を，何というか。
- ⑤ エジプトの国王の墓と考えられる建造物を，何というか。
- ⑥ エジプトとメソポタミアで使われた文字は，それぞれ何か。
- ⑦ 紀元前1世紀ごろ，地中海一帯を征服した国は，何か。
- ⑧ インドで仏教をおこしたのは，だれか。
- ⑨ 紀元前221年，中国を統一した皇帝と王朝の名は，何か。

③ 日本のはじまりと統一
- ⑩ 表面に縄目の文様がある土器を，何というか。
- ⑪ 縄文時代に女性などをかたどって祈った土人形は，何か。
- ⑫ 弥生時代の農耕のあとを示す静岡県の遺跡は，何か。
- ⑬ 3世紀ごろ，女王卑弥呼がおさめた国を，何というか。
- ⑭ 大仙古墳(伝仁徳陵古墳)は，外形上，何というか。
- ⑮ 朝鮮半島から日本に移り住んできた人々を，何というか。
- ⑯ 5～6世紀，朝鮮半島から伝来した学問と宗教は，何か。

④ 古代国家の成り立ち
推古天皇の摂政になった聖徳太子が
- ⑰ 能力のある者を登用した制度は，何か。
- ⑱ 役人の心がまえを示した法律は，何か。
- ⑲ 中国に送った小野妹子らの使節は，何か。
- ⑳ そのころに栄えた仏教文化は，何文化か。
- ㉑ 645年，蘇我氏を滅ぼした事件の中心の皇太子と，彼を助け，後に藤原姓を名のった人物は，だれか。
- ㉒ 律令政治を整えるため，701年にできた法律は，何か。

律令国家において
- ㉓ 農民に口分田を分配した制度は，何か。
- ㉔ 農民が納めた3つのおもな税は，何か。

解答
① 西暦
② 2001年から2100年
③ 新人(ホモ・サピエンス)
④ 打製石器
⑤ ピラミッド
⑥ (順に)象形文字，くさび形文字
⑦ ローマ帝国
⑧ シャカ(釈迦)
⑨ 始皇帝，秦
⑩ 縄文土器
⑪ 土偶
⑫ 登呂遺跡
⑬ 邪馬台国
⑭ 前方後円墳
⑮ 渡来人
⑯ 儒学(儒教)，仏教
⑰ 冠位十二階
⑱ 十七条の憲法
⑲ 遣隋使
⑳ 飛鳥文化
㉑ 中大兄皇子，中臣鎌足
㉒ 大宝律令
㉓ 班田収授法
㉔ 租，調，庸

> ● 縄文文化と弥生文化は，比較してそのちがいを覚える。
> ● 律令政治の租税のしくみを，しっかりつかんでおく。
> ● 聖徳太子の政治と飛鳥文化も重要。

最重要点チェック　覚えたらシートで赤文字をかくし，重要点をチェックしよう。

① 歴史学習の基礎知識
- □〔**西　暦**〕……イエスが生まれた年を紀元1年とする。それ以前は紀元前，以後は紀元後。（B.C.／A.D.）
- □〔**世　紀**〕……西暦年の100年を単位にして年代を区切る。

② 世界の古代文明 ── 四大文明は河川の周辺で発展
- □〔**エジプト**文明〕……ナイル川流域。太陽暦，**象形文字**，ピラミッド。
- □〔**メソポタミア**文明〕……チグリス・ユーフラテス川流域。太陰暦，**くさび形文字**，ハンムラビ法典。
- □〔**インダス**文明〕……インダス川流域。モヘンジョ・ダロの遺跡。
- □〔**中国**文明〕……黄河流域。殷の**甲骨文字**（→後に漢字となる）。
- □〔**ギリシャ**〕……アテネなどの**ポリス**（都市国家）。市民の直接民主政治。**ギリシャ文化**。（後にヘレニズム）
- □〔**ローマ**〕……ローマ帝国が栄える。1世紀，イエスの教えから**キリスト教**が生まれる。
- □〔**中　国**〕……孔子→儒学（儒教）。秦のとき万里の長城。漢は**シルクロード**で西方と交通。（絹の道）

③ 日本のはじまりと統一
- □〔**岩宿**遺跡〕……旧石器時代の遺跡。群馬県。（打製石器）
- □〔**縄文**文化〕……磨製石器，土偶，縄文土器。
- □〔**弥生**文化〕……稲作，金属器，弥生土器。（青銅器と鉄器）
- □〔**邪馬台国**〕……卑弥呼が魏に使いを送る。
- □〔**大和政権**〕……大王が中心。近畿地方。
- □〔**渡来人**〕……土木，須恵器，機織りなどの技術，漢字，儒学などを伝える。仏教は百済から。
- □〔**前方後円墳**〕……大仙古墳など。はにわ。（日本最大規模）

	縄文文化	弥生文化
仕事	狩猟，採集	稲作の広がり
道具	磨製石器，縄文土器，骨角器	磨製石器，弥生土器，青銅器（銅鐸など）
社会	移動生活，竪穴住居，平等な社会	村に定住，高床倉庫，貧富や身分の差
信仰	自然崇拝，土偶	農業神，祖先神
遺跡	大森貝塚，三内丸山	登呂，吉野ヶ里

※「大和政権」は「ヤマト政権」とも表記。

④ 古代国家の成り立ち ── 中国に学んだ政治制度　●よく出る
- □〔**聖徳太子**〕……推古天皇の摂政。冠位十二階，十七条の憲法，遣隋使の派遣（小野妹子）。
- □〔**飛鳥文化**〕……聖徳太子のころの仏教文化。飛鳥地方の**法隆寺**。西アジアなどの文化の影響。
- □〔**大化の改新**〕……645年，**中大兄皇子**，**中臣鎌足**が蘇我氏をたおす→天皇中心。**公地・公民**。（豪族の土地と人民を天皇のものにする）
- □〔**壬申の乱**〕……天智天皇の没後，大友皇子と大海人皇子が皇位をめぐり争う→**天武天皇**の即位。
- □〔**大宝律令**〕……701年，唐の律令にならってつくられた。中央に二官八省。国に**国司**，郡に**郡司**。北九州に**大宰府**，東北地方に**多賀城**を設置。兵役として北九州に**防人**。
- □〔**班田収授法**〕……戸籍がつくられ，戸とよばれる家族ごとに，**口分田**が与えられた。
- □〔**租，調，庸**〕……租は収穫の約3％の稲，調は各地の特産物，庸は麻布など。（労役のかわり）

9 奈良時代と平安時代

1問1答要点チェック チェックシートで答えをかくし，全問正解まで練習しよう。

① 奈良時代

- □ ① 平城京がつくられたのは，何年か。
- □ ② わが国で708年につくられた貨幣を，何というか。
- ▶聖武天皇が ┌ □ ③ 国ごとに建てさせた寺を，何というか(2つ)。
  └ □ ④ 都に建てさせた寺を，何というか。
- □ ⑤ 新たに開墾した土地の私有を認めた法律は，何か。
- □ ⑥ この時代，朝廷が中国に送った使節は，何か。
- ❗ □ ⑦ 聖武天皇のころを中心に栄えた文化を，何というか。
- □ ⑧ 天皇中心の国の成立を記した歴史書は，何か(2つ)。
- □ ⑨ 日本最初の和歌集は，何か。

② 平安時代

- □ ⑩ 桓武天皇が平安京に都を移したのは，何年か。
- ▶右の僧が始めた宗派と ┌ □ ⑪ 最澄(伝教大師)
  寺院はそれぞれ何か。└ □ ⑫ 空海(弘法大師)
- ❗ □ ⑬ 藤原氏が実権をにぎるために就いた官職は，何か(2つ)。
  また，その官職を独占した藤原氏による政治を，何というか。
- □ ⑭ 藤原氏の政治は，だれのとき全盛であったか(2人)。
- □ ⑮ 墾田を中心とした貴族や寺院などの私有地は，何か。
- □ ⑯ 国文学が発達するきっかけは，何の発明によるものか。
- ▶次の⑰～⑲の人物の代表的な作品は，それぞれ何か。
- ❗ □ ⑰ 紫式部 □ ⑱ 清少納言 □ ⑲ 紀貫之(随筆)
- □ ⑳ 紀貫之らが編さんした和歌集は，何か。
- ❗ □ ㉑ 藤原頼通が，京都の宇治に建てた阿弥陀堂を，何というか。

③ 貴族政治から武士の政治へ

- □ ㉒ 10世紀前半に，関東地方を中心に反乱をおこしたのは，だれか。また，その後に瀬戸内で反乱をおこしたのは，だれか。
- □ ㉓ 位をゆずった上皇が実権をもった政治体制を，何というか。また，それはいつ，だれによって始められたか。
- □ ㉔ 武士として初めて中央政治に進出したのは，だれか。

解答
① 710年
② 和同開珎
③ 国分寺, 国分尼寺
④ 東大寺
⑤ 墾田永年私財法
⑥ 遣唐使
⑦ 天平文化
⑧ 古事記, 日本書紀
⑨ 万葉集

⑩ 794年
⑪ 天台宗, 延暦寺
⑫ 真言宗, 金剛峯寺
⑬ 摂政, 関白
　摂関政治
⑭ 藤原道長, 頼通
⑮ 荘園
⑯ 仮名文字
⑰ 源氏物語
⑱ 枕草子
⑲ 土佐日記
⑳ 古今和歌集
㉑ 平等院鳳凰堂

㉒ 平将門,
　 藤原純友
㉓ 院政,
　 1086年, 白河上皇
㉔ 平清盛

- 奈良時代では，聖武天皇と天平文化が重要。
- 平安時代では，摂関政治と国風文化が重要。
- 荘園の発達は，奈良時代〜平安時代と一つの流れでつかむ。

最重要点チェック　覚えたらシートで赤文字をかくし，重要点をチェックしよう。

① 奈良時代 ── 天皇中心の律令政治

〔平城京，なんと(710)大きな，都かな〕

- □〔**平城京**〕……710年，唐の都**長安(西安)**にならって，奈良につくられた。
- □〔**聖武天皇**〕……仏教にもとづく政治。国ごとに**国分寺，国分尼寺**。奈良に**東大寺**と**大仏**。
- □〔**天平文化**〕……聖武天皇のころに栄えた仏教文化。唐の影響を受けた貴族の文化。
  - **東大寺正倉院**に聖武天皇の遺品。**唐招提寺金堂**。日光・月光菩薩像。吉祥天女画像。
  - 『**古事記**』『**日本書紀**』(歴史書)。『**風土記**』(地理書)。『**万葉集**』(わが国最初の和歌集)。
- □〔**貧窮問答歌**〕……『万葉集』にある**山上憶良**の歌。農民の貧しい生活をよんだ。
- □〔**墾田永年私財法**〕……開墾した土地の永久的な私有を認めた→**荘園**の発生。　←公地公民の原則がくずれる
- □〔**和同開珎**〕……わが国最初の貨幣とされてきたが，それより古い**富本銭**も発見された。
- □〔**遣唐使**〕……唐の制度や文化を吸収。また唐の高僧である**鑑真**が来日。
  - ←894年に停止　　←唐招提寺(とうしょうだいじ)を建立

② 平安時代 ── 貴族が政治の実権をにぎる

〔平安京，鳴くよ(794)うぐいす，よい都〕

- □〔**平安京**〕……794年，**桓武天皇**が律令政治のたて直しのため，京都へ都を移す。
- □〔**坂上田村麻呂**〕……桓武天皇の命で**征夷大将軍**となり，**蝦夷**を平定。
- □〔**最　澄**〕……伝教大師。**天台宗**。比叡山に**延暦寺**。
- □〔**空　海**〕……弘法大師。**真言宗**。高野山に**金剛峯寺**。←よく出る
- □〔**摂関政治**〕……藤原氏の政治。**摂政，関白**として，天皇にかわり政治の実権をにぎる。
- □〔**藤原道長**〕……摂関政治の全盛期。10世紀末〜11世紀前半。
- □〔**藤原頼通**〕……**平等院鳳凰堂**を建てる。　←京都府宇治市
- □〔**荘　園**〕……租税を納めなくてよい**不輸の権**，国司を入らせない**不入の権**を得る。
- □〔**国風文化**〕……遣唐使の停止。仮名文字。　←菅原道真の提案
  - 貴族の生活…寝殿造。
  - 浄土信仰…貴族が中心。阿弥陀堂の建築。

和歌	『**古今和歌集**』(紀貫之ら)
物語	『**源氏物語**』(紫式部)，『**竹取物語**』
随筆	『**枕草子**』(清少納言)，『**土佐日記**』(紀貫之)
絵画	**大和絵・絵巻物**…「鳥獣戯画」，「源氏物語絵巻」など
建築	平等院鳳凰堂(藤原頼通)，中尊寺金色堂

③ 貴族政治から武士の政治へ ── 平氏政権

〔院政は，白河たてて 一応(10)はむ(86)かわず〕

- □〔**院　政**〕……天皇が位をゆずって**上皇**となり，**院**で政治を行う。1086年，**白河上皇**が始める。
- □〔**僧　兵**〕……延暦寺などの大寺院の僧が，武装して集団で訴えをおこした(**強訴**)。
- □〔**武士団**〕……頭(**棟梁**)を中心に結束。**源氏**と**平氏**(平治の乱で，清盛が源 義朝を破る)。←1159年
- □〔**平 清盛**〕……**太政大臣**となって政治の実権をにぎる。平氏が高位高官を独占。
- □〔**日宋貿易**〕……平清盛は宋と貿易。**大輪田泊**の港を整備。**宋銭**などを輸入。
  - ←兵庫の港　　←日本国内で大量に流通

10 武家政治の展開と世界の動き

1問1答要点チェック チェックシートで答えをかくし，全問正解まで練習しよう。

① 鎌倉時代

- ① 鎌倉幕府を開いた人物は，だれか。
- ② 将軍を助ける職として，北条氏が代々就いた職は，何か。
- ③ 後鳥羽上皇が，幕府をたおそうとした反乱は，何か。また，その後に京都に置いた役所は，何か。
- ④ 武士の慣習に基づいてつくられた法律は，何か。
- ⑤ 将軍と直接に主従関係を結んでいた武士を，何というか。
- ⑥ 元が2度にわたって日本に攻めてきたことを，何というか。また，そのときの幕府の執権は，だれか。

② 室町時代

- ⑦ 鎌倉幕府が滅び，後醍醐天皇が行った政治を，何というか。
- ⑧ 室町幕府を開いた人物は，だれか。また，それはいつか。
- ⑨ 後醍醐天皇が，南朝の朝廷を開いた場所は，どこか。
- ⑩ 広い領地を支配して，領主化した守護を，何というか。
- ⑪ 南北朝時代のころから，大陸沿岸を荒らした船団は，何か。
- ⑫ 日本と明の貿易で用いられた合い札を，何というか。
- ⑬ 商工業者のつくった特権的な同業組合は，何か。
- ⑭ 農民が借金の帳消しなどを求めておこしたものは，何か。
- ⑮ 1467年から11年間，京都を中心におこった戦乱は，何か。
- ⑯ 下の者が上の者をたおしてのし上がることを，何というか。
- ⑰ 足利義政のころの文化と，その代表的な建物は，何か。

③ 世界の動き

- ⑱ 西ローマ帝国を滅ぼし，フランク王国を建てたのは，何人か。
- ⑲ 7世紀にムハンマドがおこした宗教は，何か。
- ⑳ エルサレム奪還のため，ローマ教皇が送った軍隊は，何か。
- ㉑ イタリアでおこった文芸復興のことを，何というか。
- ㉒ ルター，カルバンによって行われたのは，何改革か。
- 次にあてはまるのはだれ（の船隊）か。
  - ㉓ 西インド諸島に到着した。
  - ㉔ 世界一周に成功した。

解答

① 源頼朝
② 執権
③ 承久の乱，六波羅探題
④ 御成敗式目（貞永式目）
⑤ 御家人
⑥ 元寇，北条時宗

⑦ 建武の新政
⑧ 足利尊氏，1338年
⑨ 吉野
⑩ 守護大名
⑪ 倭寇
⑫ 勘合
⑬ 座
⑭ 土一揆
⑮ 応仁の乱
⑯ 下剋上
⑰ 東山文化，銀閣

⑱ ゲルマン人
⑲ イスラム教
⑳ 十字軍
㉑ ルネサンス
㉒ 宗教改革
㉓ コロンブス
㉔ マゼラン船隊

入試アドバイス
- 鎌倉時代は，幕府のしくみ，執権政治，新しい仏教が重要。
- 承久の乱，元寇，応仁の乱など時代の節目となる事件に注目。
- 世界の動きは，同じころの日本のできごとに注目しておく。

最重要点チェック　覚えたらシートで赤文字をかくし，重要点をチェックしよう。

① 鎌倉時代 ── 武家政治の確立

- 〔**源頼朝**〕……1185年に平氏をたおし，**守護**と**地頭**を設置。1192年に**征夷大将軍**となる。
- 〔**執権**政治〕……源氏の将軍が途絶え，**北条氏**が幕府の実権をにぎる。
- 〔**承久の乱**〕……1221年，後鳥羽上皇が挙兵→失敗。京都に**六波羅探題**を置き朝廷を監視。
- 〔**御成敗式目**(**貞永式目**)〕……最初の武士の法律。1232年，**北条泰時**が制定。
- 〔**御恩**と**奉公**〕……将軍が**御家人**に土地を与え(**御恩**)，御家人は将軍に忠誠をつくす(**奉公**)。
  ←将軍と直接に主従関係を結んだ武士
- 〔**元寇**〕……執権北条時宗のとき，元が2度にわたり日本を攻撃(**文永の役**，**弘安の役**)→幕府の衰退。
  ←1274年　←1281年
- 〔**徳政令**〕……御家人の借金を帳消しにした。
- 〔新しい**仏教**〕……庶民にも広く信仰された。
  - ①念仏…**浄土宗**(**法然**)，**浄土真宗**(**親鸞**)，**時宗**(**一遍**)。
  - ②**日蓮宗**(**日蓮**)。③**禅宗**…**曹洞宗**(**道元**)，**臨済宗**(**栄西**)。

鎌倉幕府のしくみ

将軍	鎌倉	侍所	御家人の統率，軍事・警察
		政所	幕府の財政
		問注所	裁判
(将軍を助ける) 執権		六波羅探題	京都警備と朝廷監視，西国の武士の監督
		守護	国内の御家人の統率・警察
	地方	地頭	荘園・公領管理，年貢取りたて

② 室町時代 ── 守護大名は戦国大名へ

- 〔**建武の新政**〕……1333年，鎌倉幕府の滅亡後，後醍醐天皇による政治。2年で失敗。
  ←公家重視の政策
- 〔**南北朝時代**〕……北朝と南朝の争い。1392年に足利義満によって統一。
  ←京都　←吉野
- 〔**足利尊氏**〕……1338年，室町幕府を開く。
- 〔**守護大名**〕……領地を支配する守護。
- 〔**日明**(**勘合**)貿易〕……義満が明と行った貿易。
- 〔**応仁**の乱〕……1467年から11年間にわたる内乱。幕府の権威は落ちる→**下剋上**→**戦国大名**の世。
  ←山名氏と細川氏の対立から発展
- 〔**室町**文化〕……義満の時代の**北山文化**と，義政の時代の**東山文化**。
  公家と武家の文化の融合→
  ←簡素で気品あふれる文化

鎌倉文化

和歌	『新古今和歌集』(藤原定家ら)
軍事物	『平家物語』(琵琶法師)，『保元物語』
随筆	『方丈記』(鴨長明)，『徒然草』(兼好法師)
学問	金沢文庫(北条実時が設立)
美術	絵巻物，似絵，金剛力士像(運慶)
建築	東大寺南大門(大仏様)，円覚寺舎利殿

室町文化

建築	金閣(足利義満)，銀閣(足利義政)，書院造(武士の住宅)，龍安寺の石庭
文学	連歌(宗祇が大成)，御伽草子
芸能	能(観阿弥，世阿弥が大成)，狂言
その他	雪舟の水墨画，茶の湯，生け花など

③ 世界の動き ── イスラム世界とヨーロッパ

- 〔**イスラム帝国**〕……ムハンマドが7世紀に**イスラム教**をおこす→強大なイスラム帝国。
- 〔**十字軍**〕……イスラム教徒から聖地**エルサレム**の奪還をめざした。最終的に失敗。
  ←1096年～
- 〔**ルネサンス**〕……文芸復興。14世紀，イタリアから。レオナルド・ダ・ヴィンチなど。
- 〔**新航路の発見**〕……バスコ・ダ・ガマ，コロンブス，世界一周をした**マゼラン**船隊など。
  ←インド航路を開く(1498年)　←西インド諸島に到着(1492年)　←1519～22年
- 〔**宗教改革**〕……ルター，カルバンによるローマ教会への批判→**プロテスタント**。
  ←16世紀～

11 全国統一と江戸幕府

1問1答要点チェック チェックシートで答えをかくし，全問正解まで練習しよう。

① 安土桃山時代

- ① 1543年に，ポルトガル人が鉄砲を伝えた場所は，どこか。
- ② 1549年，日本に初めてキリスト教を伝えたのは，だれか。
- ③ 織田信長が，自由な商業活動を保障した政策は，何か。
- ④ 本願寺の指導を受け，信長と激しく対決した一揆は，何か。
- ▶豊臣秀吉が
  - ⑤ 土地の面積や耕作者を調べた政策は，何か。
  - ⑥ 農民から武器をとりあげた政策は，何か。
  - ⑦ 朝鮮を侵略しようとした事件は，何か（2つ）。

② 江戸幕府の成立と鎖国

- ⑧ 関ヶ原の戦いに勝利し，江戸幕府を開いたのは，だれか。
- ⑨ 通常の場合，将軍を助ける幕府の最高の役職は，何か。
- ⑩ 幕府が3つに分けた大名の種類は，何か。
- ⑪ 諸大名を統制するために出した法律は，何か。
- ⑫ 大名に，江戸と領地に交互に住まわせた制度を，何というか。
- ⑬ 百姓に，年貢などの連帯責任を負わせた制度は，何か。
- ⑭ 徳川家康が行った東南アジアとの貿易を，何というか。
- ⑮ 信者発見のため，踏ませたキリストなどの像を何というか。
- ⑯ キリスト教弾圧と領主の悪政に抵抗した九州の一揆は，何か。
- ⑰ 鎖国の体制が完成したときの将軍は，だれか。
- ⑱ 長崎の出島に来て，貿易を行った国は，どこか（2つ）。

③ 産業の発達と元禄文化

- ⑲ 大名が年貢米などの売買のために大阪においたのは，何か。
- ⑳ 問屋や仲買などの商工業者がつくった同業者組合は，何か。
- ㉑ 貨幣の交換や預金，貸し付けなどを行った商人は，何か。
- ㉒ 徳川綱吉のころ栄えた文化は，何か。また，その中心地は，どこか。
- ▶㉒の文化において，次の人物は，だれか。
  - ㉓ 浮世草子を書いた代表的な作家
  - ㉔ 俳諧（俳句）を完成させた作家
  - ㉕ 人形浄瑠璃の脚本を書いた作家
  - ㉖ 版画による浮世絵を完成させた絵師

解答

① 種子島
② フランシスコ・ザビエル
③ 楽市・楽座
④ 一向一揆
⑤ 太閤検地
⑥ 刀狩
⑦ 文禄・慶長の役
⑧ 徳川家康
⑨ 老中
⑩ 親藩，譜代，外様
⑪ 武家諸法度
⑫ 参勤交代
⑬ 五人組
⑭ 朱印船貿易
⑮ 踏絵
⑯ 島原・天草一揆
⑰ 徳川家光
⑱ オランダ，中国
⑲ 蔵屋敷
⑳ 株仲間
㉑ 両替商
㉒ 元禄文化，上方
㉓ 井原西鶴
㉔ 松尾芭蕉
㉕ 近松門左衛門
㉖ 菱川師宣

入試アドバイス
- 豊臣秀吉による検地や刀狩の意義をつかんでおく。
- 江戸幕府の大名や農民への統制，鎖国などの政策は重要。
- 元禄文化は，井原西鶴，松尾芭蕉，近松門左衛門の3人の作品に注意。

最重要点チェック　覚えたらシートで赤文字をかくし，重要点をチェックしよう。

① 安土桃山時代 —— 信長，秀吉で全国統一
- □〔織田信長〕……室町幕府をたおす(1573年)。楽市・楽座。一向一揆や延暦寺を弾圧。
  └─ 一向宗とは浄土真宗
- □〔豊臣秀吉〕……信長の死後，統一事業をすすめる。1585年に関白に任命，1590年に全国統一。
  - 太閤検地…ものさし，升の統一。検地帳で石高や耕作者(本百姓)を確定。
  - 荘園の消滅→武士の土地支配が確立。
  - 刀狩…兵農分離→封建的な身分制度の確立。
  - 東南アジア貿易の促進…一方，キリスト教は禁止。
  - 朝鮮侵略…2回の派兵→秀吉の死により撤退。
    └─ 文禄の役，慶長の役
- □〔桃山文化〕……大名の気風を反映し，雄大で豪華。

▼桃山文化

建築	城郭…聚楽第，姫路城，大阪城
絵画	障壁画(ふすま絵)…狩野永徳ら
その他	茶の湯(千利休)，歌舞伎，浄瑠璃

② 江戸幕府　〔1603年に，家康は征夷大将軍に任命〕
- □〔徳川家康〕……関ヶ原の戦いに勝利→江戸幕府を開く。1615年に豊臣氏を滅ぼす。
  └─ 大阪の陣
- □〔武家諸法度〕……1615年，大名を統制するために制定。3代将軍家光が参勤交代を定めた。
  └─ 領地と江戸を1年おきに往復する。
- □〔五人組〕……百姓に対して年貢の納入や犯罪の防止などで，連帯責任を負わせた。
- □〔朱印船貿易〕……東南アジアの各地に日本町が形成。
- □〔鎖国〕……家光のとき，完成。
  - キリスト教の禁止，貿易の独占が目的。
  - 1612年→キリスト教禁止令
  - 1637年→島原・天草一揆
  - 1639年→ポルトガル船の来航を禁止
  - 1641年→長崎の出島でオランダ・中国(清)と貿易

▼江戸幕府のしくみ

- 将軍
  - 老中(大老は臨時の職)
    - 大目付(大名や諸役人の取りしまり)
    - 町奉行(江戸の町政)
    - 勘定奉行(財政・幕領の監督)
      - 郡代・代官(年貢の徴収など)
    - 遠国奉行(幕領の行政)
  - 若年寄(老中の補佐)
    - 目付(旗本・御家人の取りしまり)
  - 寺社奉行(寺・僧・神官の取りしまり)
  - 京都所司代(朝廷と西国大名の統制)
  - 大阪城代(大阪城下の行政，役人の統制)

- □〔朝鮮通信使〕……対馬藩の宗氏を通じて朝鮮との国交を回復。将軍の代がわりに来日。

③ 上方の町人文化
- □〔元禄文化〕……17～18世紀，将軍綱吉のころ，上方(京都・大阪)を中心に発達した町人文化。

学問	儒学	朱子学(幕府が保護。林羅山ら)
		陽明学(中江藤樹ら)
		古学(山鹿素行，伊藤仁斎ら)
	歴史	『大日本史』(徳川光圀)，『読史余論』(新井白石)
	地理	『西洋紀聞』(新井白石)
	和算	関孝和が日本式の数学を確立

文学	浮世草子…井原西鶴『日本永代蔵』
	俳諧…松尾芭蕉『奥の細道』
絵画	装飾画…尾形光琳「燕子花図屏風」
	浮世絵…菱川師宣「見返り美人図」
演劇	人形浄瑠璃(近松門左衛門・竹本義太夫)
	歌舞伎

12 江戸幕府の改革～明治維新

1問1答要点チェック チェックシートで答えをかくし，全問正解まで練習しよう。

① 三大改革と化政文化

解答

- ① 徳川吉宗が行った幕府の改革を，何というか。そのとき定められた裁判の基準となる決まりは，何か。 → ① 享保の改革，公事方御定書
- ② 老中として商業を重視した経済政策をすすめたのは，だれか。 → ② 田沼意次
- ③ 生活に苦しむ百姓が集団で抵抗した動きは，何か。 → ③ 百姓一揆
- ④ 都市の貧しい人々が集団で商人を襲った動きは，何か。 → ④ 打ちこわし
- ⑤ 18世紀後半に，寛政の改革をすすめた老中は，だれか。 → ⑤ 松平定信
- ⑥ 天保のききんの後，大阪で貧民救済に蜂起したのは，だれか。 → ⑥ 大塩平八郎
- ⑦ 19世紀前半に，天保の改革をすすめた老中は，だれか。 → ⑦ 水野忠邦
- ⑧ 『古事記伝』を著して国学を大成したのは，だれか。 → ⑧ 本居宣長
- ⑨ 杉田玄白らが西洋の医学書を翻訳し出版した書物は，何か。 → ⑨ 解体新書

② 開国と江戸幕府の滅亡

- 次の条約の名は何か。結んだのは，何年か。
  - ⑩ ペリーの求めで結んだ条約 → ⑩ 日米和親条約，1854年
  - ⑪ ハリスの求めで結んだ条約 → ⑪ 日米修好通商条約，1858年
- ⑫ 井伊直弼が幕府反対派を処罰した事件は，何か。 → ⑫ 安政の大獄
- ⑬ 尊王攘夷運動の高まりに対し，幕府のとった方策は，何か。 → ⑬ 公武合体策
- ⑭ 1866年に結ばれた薩摩藩と長州藩の軍事同盟を，何というか。 → ⑭ 薩長同盟
- ⑮ 1867年，将軍慶喜が政権を朝廷に返上したことを何というか。 → ⑮ 大政奉還
- ⑯ 将軍を廃し，天皇中心の政治をめざす宣言を，何というか。 → ⑯ 王政復古の大号令

③ 明治維新と立憲政治

- ⑰ 明治天皇が神前に示した政治の基本方針は，何か。 → ⑰ 五箇条の御誓文
- 次の政治改革は，それぞれ何か。
  - ⑱ 旧藩主が土地や人民を天皇に返した。 → ⑱ 版籍奉還
  - ⑲ 藩をやめて，府県をおいた。 → ⑲ 廃藩置県
- ⑳ 政府が財政確立のために行った土地改革は，何か。また，それによって，税率は地価の何％になったか。 → ⑳ 地租改正，3％
- ㉑ 士族の反乱で最大のものは，何か。その指導者は，だれか。 → ㉑ 西南戦争，西郷隆盛
- ㉒ 藩閥政治に反対し，議会の設立を求めた運動を，何というか。 → ㉒ 自由民権運動
- ㉓ 1881年に結成された自由党の中心人物は，だれか。 → ㉓ 板垣退助
- ㉔ 大日本帝国憲法は，どの国の憲法を手本にしたか。 → ㉔ ドイツ（プロイセン）

入試アドバイス
- 幕府の三大改革や田沼意次の政治は，よく出題される。
- 開国〜明治維新の流れを理解しておく。
- 明治政府の政策，自由民権運動と憲法制定にも注目。

最重要点チェック　覚えたらシートで赤文字をかくし，重要点をチェックしよう。

① 三大改革と化政文化 ── 享保→寛政→天保の改革

- □〔**享保**の改革〕…… 8代将軍**徳川吉宗**。上げ米の制，**公事方御定書**，目安箱，新田開発など。
- □〔**田沼意次**〕…… **株仲間**の公認，印旛沼の開拓，長崎貿易の奨励など積極的な経済政策。
  ←わいろの横行，ききんにより失脚
- □〔**寛政**の改革〕…… 老中**松平定信**。農村の立て直し，朱子学の尊重，武士の借金の帳消しなど。
- □〔**天保**の改革〕…… 老中**水野忠邦**。倹約令，人返し令，株仲間の解散，上知令。2年で失敗。
- □〔**化政**文化〕…… 19世紀はじめ。江戸の町人文化。
  ←文化・文政年間
- □〔**国　学**〕…… 日本の古典を研究。**本居宣長**『古事記伝』。→幕末の尊王攘夷運動に影響を与える。
- □〔**蘭　学**〕…… 西洋の学問をオランダ語で学ぶ。
  ←吉宗が洋書の輸入を一部認めたことで発展
  - 前野良沢や杉田玄白らが『**解体新書**』。
  - **伊能忠敬**が日本全国を測量→正確な日本地図を作成。

	▲化政文化
小　説	十返舎一九『東海道中膝栗毛』 式亭三馬『浮世風呂』，『浮世床』 滝沢馬琴『南総里見八犬伝』
俳　諧	与謝蕪村，小林一茶
浮世絵	喜多川歌麿…美人画 葛飾北斎『富嶽三十六景』 歌川(安藤)広重『東海道五十三次』

② 開国と江戸幕府の滅亡

- □〔**日米和親**条約〕…… 1854年，ペリーの求めで結ぶ→下田と函館の開港。◀よく出る
  ←1853年に浦賀に来航
- □〔**日米修好通商**条約〕…… 1858年，大老**井伊直弼**のとき幕府が結ぶ→5港開港。
  日本は**関税自主権**をもたず，相手国に**領事裁判権**(**治外法権**)を認めた(不平等条約)。
- □〔**尊王攘夷**運動〕…… 吉田松陰らは幕府を批判←幕府は弾圧(**安政の大獄**)と公武合体。
- □〔**大政奉還**〕…… 1867年，15代将軍**徳川慶喜**が朝廷に政権を返上。
- □〔**王政復古の大号令**〕…… 天皇中心の政治を宣言。江戸幕府の滅亡→**戊辰戦争**。

③ 明治維新と立憲政治 ── 天皇主権の憲法で立憲政治

- □〔**五箇条の御誓文**〕…… 1868年，明治政府の方針。庶民には五榜の掲示。◀よく出る
- □〔**明治維新**〕…… 版籍奉還と廃藩置県で中央集権化。いわゆる**四民平等**→士族と平民。
  ←1869年　←1871年
- □〔**富国強兵**〕…… 欧米列強に対抗するために，経済と軍事力を強化する政府の方針。
  →重要な政策として，1872年に**学制**の発布。1873年に**地租改正**の実施と，**徴兵令**の発布。
  ←義務教育の制定なども　　　　　　　　　　　　　　　　　←満20歳以上の男子に兵役
- □〔**殖産興業**〕…… **富岡製糸場**(群馬県)など，官営模範工場の建設。貨幣の統一。
- □〔**文明開化**〕…… 西洋文明の導入。**福沢諭吉**『学問のすゝめ』。
- □〔**自由民権**運動〕…… 1874年，**板垣退助**らが**民撰議院設立の建白書**→1880年，国会期成同盟。
  政府は10年後に国会を開くことを約束(1881年)→
- □〔**自由党**〕…… 板垣退助が中心になって結成。**大隈重信**は立憲改進党。
- □〔**大日本帝国**憲法〕…… **伊藤博文**らが君主権の強い**ドイツ**(プロイセン)憲法を手本に作成。
  1889年に発布。1890年に第1回衆議院議員選挙→**帝国議会**(衆議院と貴族院の二院制)。
  ←選挙権は直接国税15円以上を納める満25歳以上の男子のみ

13 近代国家の発展と日本

1問1答要点チェック チェックシートで答えをかくし，全問正解まで練習しよう。

① 欧米諸国の動き

- ① 「国王の地位と権力は神から授かった」とする説は，何か。
- ▶イギリスの市民革命で
  - ② 1649年に国王を処刑した革命は，何か。
  - ③ 無血で議会政治を確立した革命は，何か。
- ④ アメリカの独立宣言が発表されたのは，何年か。
- ⑤ フランス革命のとき，市民の権利を保障した宣言は，何か。
- ⑥ 18世紀後半，イギリスでおきた社会の変化を，何というか。
- ⑦ 資本家が労働者を雇って生産を行うしくみを，何というか。
- ⑧ ドイツを統一したプロイセンの首相は，だれか。
- ⑨ 南北戦争のとき，奴隷解放宣言を出した大統領は，だれか。
- ⑩ 19世紀にインドを植民地化した国は，どこか。
- ⑪ 中国の植民地化のきっかけとなった1840～42年の戦争は何か。
- ⑫ 洪秀全の指導する反乱軍が建てた国は，何か。

解答
① 王権神授説
② ピューリタン革命
③ 名誉革命
④ 1776年
⑤ 人権宣言
⑥ 産業革命
⑦ 資本主義
⑧ ビスマルク
⑨ リンカン
⑩ イギリス
⑪ アヘン戦争
⑫ 太平天国

② 日清・日露戦争と条約改正

- ⑬ 1894年におこった日本と中国（清）の戦争は，何か。また，その後に結ばれた講和条約は，何か。
- ⑭ 日本が得た遼東半島を返還することになった事件は，何か。
- ⑮ 1904年におこった日本とロシアの戦争は，何か。また，その後に結ばれた講和条約は，何か。
- ▶条約改正について
  - ⑯ 外相陸奥宗光のとき実現したのは，何か。
  - ⑰ 外相小村寿太郎のとき実現したのは，何か。
- ⑱ 日本が韓国を併合して植民地にしたのは，何年か。
- ⑲ 1911年，中国で孫文が中心となった革命は，何か。

⑬ 日清戦争，下関条約
⑭ 三国干渉
⑮ 日露戦争，ポーツマス条約
⑯ 領事裁判権の撤廃
⑰ 関税自主権の回復
⑱ 1910年
⑲ 辛亥革命

③ 日本の資本主義の発達と文化

- ⑳ 日本の重工業の発達をうながした官営の製鉄所は，どこか。
- ㉑ 三井，三菱などの巨大な企業集団を，何というか。
- ㉒ 足尾銅山鉱毒事件で，解決につくした人物は，だれか。
- ㉓ 言文一致の文体で，小説『浮雲』を書いた人物は，だれか。
- ㉔ 明治前半，日本美術の復興に努めたアメリカ人は，だれか。

⑳ 八幡製鉄所
㉑ 財閥
㉒ 田中正造
㉓ 二葉亭四迷
㉔ フェノロサ

> **入試アドバイス**
> - 欧米諸国の動きは日本と関連する産業革命，アジア進出が重要。
> - 条約改正については，幕府の不平等条約締結からまとめておこう。
> - 下関条約，ポーツマス条約の内容も整理しておく。

最重要点チェック　覚えたらシートで赤文字をかくし，重点をチェックしよう。

① 欧米諸国の動き —— 近代化とアジア進出

- □〔**絶対王政**〕……王権神授説による国王の支配。エリザベス1世，ルイ14世。
- □〔**市民**革命〕……市民が絶対王政をたおす。ルソーやモンテスキューらの**啓蒙思想**の影響。　←イギリス　←フランス
  - イギリス…ピューリタン革命でクロムウェルが国王を処刑。1688年，名誉革命→**権利章典**。
    　　　　　←清教徒(せいきょうと)革命，1640〜49年　　　　　　　　　　　　　　　　←1689年
  - アメリカ…1776年，**独立宣言**を発表。のちにアメリカ合衆国憲法を制定。
  - フランス…1789年，**フランス革命**→**人権宣言**。ナポレオンの登場(ナポレオン法典など)。
- □〔**産業革命**〕……18世紀後半，イギリスの綿工場の機械化から開始→**資本主義**の確立。
  　　　　　　　　　　　　　　　　　　　　　　　←フランスは19世紀前半，アメリカ・ドイツは19世紀後半から
  労働問題の発生→労働組合の結成，労働運動。**社会主義**の思想。
- □〔**近代化**〕……イギリス→選挙権の拡大。ドイツ→プロイセン首相ビスマルクがドイツを統一。
  　　1871年→
  アメリカ→**南北戦争**，リンカン大統領が**奴隷解放宣言**。
  　　　　　←1861〜65年　　　　　　　　　　　　　　←1863年
- □〔**アジア**進出〕……アジア地域の植民地化がすすむ。
  　　　　　　　　　　　　　←工業の原料と製品の販売市場を求めた
  - インド…イギリスが**ムガル帝国**に**東インド会社**を設立。**インド大反乱**→イギリス領に。
    　　　　　　　　　　　　　ていこく　　　　　　　　　　　　　　　　　←1857年
  - 中　国…清朝に各国が進出。**アヘン戦争**→**南京条約**で香港がイギリス領となり，5港開港。
    　　　　　　　　　　　　　←1840〜42年　　ナンキン　ホンコン
    洪秀全が**太平天国の乱**をおこす(1851〜64年)。

② 日清・日露戦争と条約改正 —— 日本の大陸進出がすすむ　●よく出る

- □〔**日清戦争**〕……1894年，朝鮮の**甲午農民戦争**を機に開戦。
  - →**下関条約**(1895年)…清に朝鮮の独立を認めさせ，**遼東半島**，**台湾**，**澎湖諸島**，**賠償金**を得る。
    　　←2億両(テール)
  - →**三国干渉**…ロシア・フランス・ドイツの勧告により，遼東半島を清に返還。
- □〔**日露戦争**〕……ロシアの南下政策に対抗し**日英同盟**→1904年，日本とロシアで開戦。
  　　　　　　　　　　　　　　　　　　　　　　　　←1902年
  - →**ポーツマス条約**(1905年)…韓国における**優越権**，**旅順**，**大連**の租借権などを得る。
- □〔**条約改正**〕……**岩倉具視**の交渉，**井上馨**の**欧化政策**(鹿鳴館)は，失敗。
  - **領事裁判権の撤廃**…1894年，日清戦争の直前にイギリスとの交渉で改正。外相は**陸奥宗光**。
  - **関税自主権の回復**…日露戦争後の1911年，アメリカとの交渉で改正。外相は**小村寿太郎**。
- □〔**韓国併合**〕……1910年，日本が韓国を併合。1945年まで韓国を植民地として支配した。
- □〔**辛亥革命**〕……1911年，**孫文**らが清をたおす→**中華民国**の成立(孫文が**臨時大総統**)。
  　　　　　　　　　　　　　　　　　　　　　←民族・民権・民生の三民主義

③ 日本の資本主義の発達 —— 産業革命と社会問題

- □〔**産業**革命〕……日清戦争のころに軽工業が発展→官営の**八幡製鉄所**(重工業の発展)。
  　　　　　　　　　　　　　　　　　　　　　　　　　　　←紡績，製糸業
- □〔**小作**争議〕……地主と小作人の貧富の差が拡大。小作人が小作料の引き下げを要求。
- □〔**足尾銅山鉱毒**事件〕……足尾銅山からの鉱毒による被害。地元の衆議院議員**田中正造**が活躍。

29

14 二度の世界大戦と日本

1問1答要点チェック　チェックシートで答えをかくし，全問正解まで練習しよう。

① 第一次世界大戦と戦後の世界

- □① 三国協商を形成した3国とは，どこか。
- □② 第一次世界大戦が始まったのは，何年か。また，戦後に連合国とドイツとの間で結ばれた講和条約は，何か。
- ▶第一次世界大戦中に □③ 日本が中国に出した要求は，何か。
- □④ ロシアでおきた革命は，何か。
- □⑤ 第一次世界大戦後にできた世界平和のための機構は，何か。
- □⑥ 1918年に富山県から発生した民衆の運動は，何か。
- □⑦ 1918年にできた本格的な政党内閣の首相は，だれか。
- □⑧ 普通選挙法と同年，共産主義を弾圧する（　　）も制定された。

解答
① イギリス，フランス，ロシア
② 1914年，ベルサイユ条約
③ 二十一か条の要求
④ ロシア革命
⑤ 国際連盟
⑥ 米騒動
⑦ 原敬
⑧ 治安維持法

② 日中戦争と第二次世界大戦

- □⑨ 世界恐慌に対し，アメリカ合衆国がとった政策は，何か。
- □⑩ ヒトラーを指導者としたドイツのファシズム政党は，何か。
- □⑪ ムッソリーニのファシスト党は，どこの国の政党か。
- □⑫ 1931年に日本が中国の満州を占領した事件は，何か。また，それを調査した国際連盟の調査団を，何というか。
- □⑬ 1932年に犬養毅首相が暗殺された事件は，何か。
- □⑭ 1936年に陸軍の軍人がおこした襲撃事件を，何というか。
- □⑮ 戦争のために人や物資を動員できることにした法律は，何か。
- □⑯ 1937年から始まった日本と中国の戦争は，何か。
- □⑰ 第二次世界大戦が始まったのは，何年か。
- □⑱ 1941年に始まった日本とアメリカなどとの戦争は，何か。
- □⑲ 連合国が日本に無条件降伏を求めた宣言は，何か。

⑨ ニューディール
⑩ ナチス
⑪ イタリア
⑫ 満州事変，リットン調査団
⑬ 五・一五事件
⑭ 二・二六事件
⑮ 国家総動員法
⑯ 日中戦争
⑰ 1939年
⑱ 太平洋戦争
⑲ ポツダム宣言

③ 第二次世界大戦後の日本

- ▶戦後の日本の民主化で □⑳ 自作農を増やすための改革は，何か。
- □㉑ 財閥を解散させた改革は，何か。
- □㉒ 日本と連合国との間で結ばれた平和条約は，何か。
- □㉓ ソ連との間で調印され，国交回復を実現した宣言は，何か。
- □㉔ 中国との国交を回復した1972年の条約は，何か。

⑳ 農地改革
㉑ 財閥解体
㉒ サンフランシスコ平和条約
㉓ 日ソ共同宣言
㉔ 日中共同声明

> **入試アドバイス**
> - 第一次世界大戦から第二次世界大戦に至る経過は，重要。
> - 満州事変から日中戦争の経過も，整理しておくこと。
> - 戦後の日本は，公民の分野と関連させた出題が多い。

最重要点チェック　覚えたらシートで赤文字をかくし，重点をチェックしよう。

① 第一次世界大戦と戦後の世界

- □〔**三国協商**〕…… イギリス，フランス，ロシア（→**連合国**）〕対立
- □〔**三国同盟**〕…… ドイツ，イタリア，オーストリア　　　　〕
- □〔**第一次世界大戦**〕…… 1914年，サラエボ事件をきっかけに
    おこった世界大戦。日本は連合国側で参戦。1918年に終戦。
    ←日英同盟を口実にする
- □〔**ベルサイユ**条約〕…… ドイツに賠償金と軍備縮小などを課す。
- □〔**米騒動**〕…… 1918年，急激な米価上昇に市民が反発。全国に拡大。
- □〔**大正デモクラシー**〕…… 吉野作造の**民本主義**。尾崎行雄，犬養毅らが**護憲運動**。
- □〔**原　敬**〕…… 1918年，米騒動の後に**立憲政友会**による本格的な**政党内閣**をつくる。
- □〔**普通選挙法**〕…… 満25歳以上の男子に選挙権。同時に**治安維持法**で共産主義を弾圧。

② 日中戦争と第二次世界大戦 ── 日本は1931年以来中国侵略をすすめた

- □〔**世界恐慌**〕…… 1929年，アメリカで始まった急激な景気後退。世界中に広がる。
  - アメリカ…ニューディールの政策。国内の公共投資によって景気回復をはかる。
  - イギリスやフランス…勢力圏を囲い込む**ブロック経済**を実施。
- □〔**ファシズム**〕…… イタリア→ムッソリーニのファシスト党。ドイツ→ヒトラーのナチス。
- □〔**軍国主義**〕…… **五・一五事件**で犬養毅首相が暗殺。**二・二六事件**で軍部が政治支配を強化。
- □〔**満州事変**〕…… 1931年，満州を占領→翌年に**満州国**を建国→1933年に**国際連盟**を脱退。
    ←1932年　　　　　　　　　　　　　　　←1936年
- □〔**戦時**体制〕…… **国家総動員法**の制定。**大政翼賛会**，大日本産業報国会の結成。
- □〔**日中**戦争〕…… 1937年，日本が中国へ全面侵略を開始　　連合国 VS 枢軸国
- □〔**第二次世界大戦**〕…… 1939年，ドイツのポーランド侵略　←米,英,仏,ソ,中　←日,独,伊
    →イタリア・ドイツの降伏
- □〔**太平洋**戦争〕…… 1941年，日本がアメリカに宣戦を布告　→広島と長崎に原爆投下
- □〔**ポツダム宣言**〕…… 1945年，連合国は日本に無条件降伏を要求。日本はこれを受諾し，終戦。

③ 第二次世界大戦後の日本 ── 民主化と国際社会への復帰

- □〔**民主化**〕…… GHQの政策のもと，**農地改革**，**財閥解体**，**男女普通選挙**など。
    ←連合国軍最高司令官総司令部
- □〔**日本国**憲法〕…… 1946年11月3日公布，翌年5月3日施行。
    ←憲法記念日
- □〔**冷　戦**〕…… アメリカを中心とした**資本主義**陣営と，ソ連が中心の**社会主義**陣営の対立。
    ←西側　　　　　　　　　　　　　　　←東側
- □〔**朝鮮戦争**〕…… 韓国と北朝鮮による戦争。これにより日本は好景気（**特需景気**）。
    ←1950〜53年
- □〔**サンフランシスコ平和**条約〕…… 1951年，アメリカなど連合国と締結。翌年日本は独立。
    沖縄は1972年→
- □〔**日米安全保障**条約〕…… 1951年，平和条約と同時に締結。日本は西側陣営に組み込まれる。
- □〔**日ソ共同宣言**〕…… 1956年，日本はソ連との国交を回復→同年，**国際連合**に加盟。

15 現代社会と人権の尊重

1問1答要点チェック チェックシートで答えをかくし，全問正解まで練習しよう。

① わたしたちの生活と現代社会

① 人・もの・お金・情報が国境をこえて活発に行き来し，世界が一体化する動きを，何というか。
② 子どもの数が減り，高齢者の割合が大きい社会を何というか。
③ IT革命がすすみ，情報が重視される社会を，何というか。
④ 文化の代表的な領域に科学・（　）・（　）がある。
⑤ 歴史の中で，人々に受け継がれてきた文化を，何というか。
⑥ 共通の関心と継続的な協力関係をもつ集団を，何というか。
⑦ 社会生活では，意見や考え方のちがいから（　）が発生する。
⑧ ⑦の状況のとき，（　）を求めて話し合いが行われる。
⑨ 多数決による決定の仕方では，どのような短所があるか。

解答
① グローバル化
② 少子高齢社会
③ 情報社会
④ 宗教, 芸術
⑤ 伝統文化
⑥ 社会集団
⑦ 対立
⑧ 合意
⑨ 少数意見が反映されにくい

② 人権と日本国憲法

▶フランスの啓蒙思想家で
⑩ 『社会契約論』を著したのは，だれか。
⑪ 三権分立を唱えたのは，だれか。

▶次の各憲法では，主権はそれぞれだれがもつか。
⑫ 大日本帝国憲法
⑬ 日本国憲法

⑭ 日本国憲法の3つの基本原理とは，何か。
⑮ 憲法改正の発議を行うのは，どこか。その次に何を行うか。

⑩ ルソー
⑪ モンテスキュー
⑫ 天皇
⑬ 国民
⑭ 国民主権, 基本的人権の尊重, 平和主義
⑮ 国会, 国民投票

③ 基本的人権の尊重

▶次の⑯～⑱は，自由権の中の3つの種類のうち，それぞれ何の自由とされるか。
⑯ 奴隷的拘束からの自由
⑰ 思想・良心の自由
⑱ 職業選択の自由

⑲ 生存権とは，（　）で文化的な最低限度の生活を営む権利。
⑳ 社会権には，生存権，教育を受ける権利，労働基本権，（　）が含まれる。
㉑ 労働基本権とは，団体行動権のほか，何と何か。
㉒ 選挙権，被選挙権などの権利をあわせて，何というか。
㉓ 裁判を受ける権利や賠償請求権をあわせて，何というか。
㉔ 他人の人権を侵してはならない限界のことを，何というか。

⑯ 身体の自由
⑰ 精神の自由
⑱ 経済活動の自由
⑲ 健康
⑳ 勤労の権利
㉑ 団結権, 団体交渉権
㉒ 参政権
㉓ 請求権
㉔ 公共の福祉

入試アドバイス
- 市民革命は，歴史の分野と関連して問われることが多い。
- 日本国憲法の3つの基本原理は，最重要のポイント。必ず覚える。
- 基本的人権については，とくに社会権の内容を整理しておこう。

最重要点チェック　覚えたらシートで赤文字をかくし，重要点をチェックしよう。

① わたしたちの生活と現代社会 ── 現代社会の特色をつかむ

- □〔**グローバル化**〕……人，ものなどが国境をこえて移動することで，世界の一体化がすすむ。
- □〔**情報社会**〕……情報が大きな価値をもつ社会。大量の情報を収集・処理し，利用する**IT技術**が発達。情報の取捨選択，個人情報の流出など注意が必要。
- □〔**国際分業**〕……それぞれの国が生産性の高い産業に特化し，それらを貿易で交換し合うこと。
- □〔**少子高齢社会**〕……労働人口が減少すると，**社会保障**などの負担が大きくなる問題が生じる。
- □〔**文　化**〕……**科学・宗教・芸術**など，人々の生活や価値観，社会の発展に関わる営み。さまざまな文化をもつ人たちが共生する社会を，**多文化社会**という。
- □〔**効　率**〕……社会生活の中でおきた「**対立**」を「**合意**」へ向けるための無駄のない状況のこと。
- □〔**公　正**〕……合意に向かうための**手続き**や，**機会・結果**において不平等をなくす。

② 人権と日本国憲法 ── 日本国憲法は人類の多年にわたる自由獲得の努力の成果

- □〔**ロック**〕……『**統治二論**』を著し，**名誉革命**を理論的に正当化。イギリスの思想家。
  　　　　　　　　　　　　　　↑「市民政府二論」とも訳す　↑1688年
- □〔**ルソー**〕……『**社会契約論**』を著し，フランス革命に影響を与えた。｜フランスの
- □〔**モンテスキュー**〕……『**法の精神**』を著し，**三権分立**を主張した。　｜啓蒙思想家。
- □〔**市民革命**〕……17〜18世紀の欧米で，市民階級が中心となって古い政治体制をたおした。アメリカ独立戦争(1776年に**独立宣言**)や，フランス革命(1789年に**人権宣言**)などが代表例。
- □〔**日本国**憲法〕……1946年11月3日に公布→1947年5月3日に施行。
  　　　　　　　　　　　　　　　　　　　　　　　　　　　　↑**憲法記念日**
  - 3つの基本原理…**国民主権**，**基本的人権の尊重**，**平和主義**。
  - 憲法改正…各議院の総議員の3分の2以上の賛成で**国会が発議**→**国民投票**で有効投票の過半数の賛成が必要。

③ 基本的人権の尊重 ── ワイマール憲法以来の社会権に注目　●よく出る

- □〔**自由**権〕……**精神の自由**，**身体の自由**，**経済活動の自由**(職業選択の自由，財産権など)。
  　　　　　　　　　　　　　　　　　　　　　　　　　　　　　　↑自由権は18世紀的人権とよばれる
- □〔**平等**権〕……**法の下の平等**，**男女の本質的平等**。**男女共同参画社会**の形成へ。
- □〔**社会**権〕……ドイツの**ワイマール憲法**が最初に保障。20世紀の人権とよばれる。
  - 生存権…健康で文化的な最低限度の生活を営む権利(憲法第25条)→社会保障制度の拡充。
  - 教育を受ける権利…教育の機会均等など。権利であるとともに義務でもある。
  - 労働者の権利…**勤労の権利**と**労働基本権**(団結権，団体行動権，団体交渉権)。
  　　　　　　　　　　　　　　　　　　　　↑労働三権　　↑争議権ともいう　↑勤労の権利も
- □〔**参政**権〕……**選挙権**(満18歳以上の男女)，被選挙権，国会や政府への請願権など。
- □〔**請求**権〕……裁判を受ける権利，国に対する賠償請求権など。
- □〔**知る権利**〕……環境権やプライバシーの権利，自己決定権などとともに新しい人権の1つ。

16 選挙と政党，国会，内閣

1問1答要点チェック チェックシートで答えをかくし，全問正解まで練習しよう。

① 選挙と政党

- ① わが国の選挙は，何という法律に基づいて行われているか。
- ② 地方公共団体で，選挙の仕事をしている機関は，何か。
- ③ 当選者以外の人に投じられた票のことを，何というか。
- ④ 政権をになっている政党を，何というか。
- ⑤ 政党が実現を約束した政権公約のことを，何というか。

② 国 会 —— 立法

- ⑥ 日本の国会のように2つの議院からなる制度を，何というか。
- ▶ 2つの議院の議員定数と任期は {⑦ 衆議院 / ⑧ 参議院
それぞれ，どうなっているか。
- ⑨ 小選挙区と比例代表制を併用した選挙は，どちらの議院か。
- ▶ 次の⑩～⑲は，国会と内閣のどちらの権限か。
- ⑩ 法律の制定　⑪ 条約の締結　⑫ 条約の承認
- ⑬ 国政調査権　⑭ 予算の作成　⑮ 予算の議決
- ⑯ 弾劾裁判所の設置　⑰ 内閣総理大臣の指名
- ⑱ 衆議院の解散　⑲ 最高裁判所長官の指名
- ⑳ 予算の審議を衆議院が先に行ったり，衆議院のみ内閣不信任案の決議を行ったりできることを，何というか。

③ 内 閣 —— 行政

- ㉑ 内閣が国会の信任に基づいて成立する制度は，何か。
- ㉒ 衆議院が（　）を可決すると，内閣は10日以内に衆議院を（　）するか，（　）をしなければならない。総選挙が行われると，その後，30日以内に（　）が召集される。
- ㉓ 内閣総理大臣になるための条件は，何か（2つ）。
- ㉔ 国務大臣を任命するのは，だれか。
- ㉕ 内閣総理大臣が主宰する行政上の最高会議は，何か。
- ㉖ 法律を実施するために，内閣が定める命令は，何か。
- ㉗ 行政権によって，刑罰を軽くしたりすることは，何か。
- ㉘ 天皇の国事行為に対し，内閣が行うことは，何か。

解答

① 公職選挙法
② 選挙管理委員会
③ 死票
④ 与党
⑤ マニフェスト

⑥ 二院制（両院制）
⑦ 465名，4年，ただし解散あり
⑧ 242名，6年，3年ごとに半数が改選
⑨ 衆議院
国会→⑩⑫⑬⑮⑯⑰
内閣→⑪⑭⑱⑲
⑳ 衆議院の優越

㉑ 議院内閣制
㉒ （順に）内閣不信任案，解散，総辞職，特別会（特別国会）
㉓ 国会議員，文民
㉔ 内閣総理大臣
㉕ 閣議
㉖ 政令
㉗ 恩赦
㉘ 助言と承認

- 衆議院議員を選出する選挙制度を確認しておこう。
- 衆議院と参議院のちがい，衆議院の解散について理解しておく。
- 国会と内閣の権限は，区別して覚えておこう。

最重要点チェック　覚えたらシートで赤文字をかくし，重要点をチェックしよう。

① 選挙と政党 ── 普通・平等・直接・秘密選挙の4原則

- 〔**選挙権**〕……満18歳以上の男女に保障。**公職選挙法**と**選挙管理委員会**によって管理。
- 〔**小選挙区**制〕……1つの選挙区から1名の代表を選出。→**死票**が多い。　←落選者に投じられた票
- 〔**比例代表**制〕……得票数に応じて各政党に議席を分配。→小党乱立の傾向。
- 〔**小選挙区比例代表並立**制〕……**衆議院議員**の選挙方法。
- 〔**政党**〕……政治上の方針が同じ者でつくる団体。複数の政党が政権をになうことを**連立政権**という。選挙では，各政党が**政権公約**（マニフェスト）を発表する。

② 国会のしくみとはたらき

- 〔**国会**〕……**国権**の**最高機関**で，**唯一**の**立法機関**。衆議院と参議院の**二院制**（両院制）。

立法→法律の制定，条約の承認，憲法改正の発議。
財政→予算の議決，決算の承認。
内閣に対して→**内閣総理大臣の指名**，国政調査権，内閣不信任案の決議。　←任命は天皇　←衆議院のみ
裁判所に対して→**弾劾裁判所**の設置。

衆議院	比較点	参議院
465名	議員定数	242名
4年 解散があれば任期途中でも資格を失う	任期	6年 解散はないが3年ごとに半数ずつ改選
満18歳以上	選挙権	満18歳以上
満25歳以上	被選挙権	満30歳以上
小選挙区…289名 比例代表…全国11の比例代表区…176名	選出方法	比例代表…96名 選挙区…各都道府県が単位(45区146名)

- 〔**衆議院の優越**〕……参議院より民衆の意見を反映しやすい衆議院に強い権限を与える。　←任期が短く，解散があるため
- 〔**常会**（通常国会）〕……年に1回，召集。会期150日。
- 〔**特別会**（特別国会）〕……衆議院解散後の総選挙から30日以内に召集。

③ 内閣のしくみとはたらき　　〔内閣の権限はきちんと覚えよう〕

- 〔**内閣**〕……国の**行政**を担当。内閣総理大臣と国務大臣によって構成。

国会に対して→**予算や法律案の提出**，国会（**臨時会**）の召集や衆議院の解散の決定。　←常会に提出　←臨時国会
裁判所に対して→**最高裁判所長官の指名**，その他の裁判官の任命。
天皇の国事行為に**助言**と**承認**，条約の締結，**政令**の制定，恩赦の決定など。

- 〔**内閣総理大臣**〕……内閣の長。ふつうは国会で多数を占める政党の党首が選出。国会が指名，天皇が任命。**国会議員**で**文民**であることが条件。　←軍人でない人
- 〔**国務大臣**〕……内閣総理大臣が任命，天皇が認証。文民であること。**過半数が国会議員**。
- 〔**議院内閣制**〕……内閣は国会の信任により成立し，**国会に対し連帯して責任を負う**。
- 〔**内閣不信任**の決議〕……衆議院で可決→10日以内に，内閣総辞職か衆議院の解散。

・内閣総辞職────────→新しい内閣総理大臣の指名→新内閣の発足
・衆議院解散→総選挙→特別会→内閣総辞職→新しい内閣総理大臣の指名
　　　　　　└40日以内┘└30日以内┘

17 裁判所，三権分立，地方自治

1問1答要点チェック チェックシートで答えをかくし，全問正解まで練習しよう。

① 裁判所 —— 司法

	解答
① 裁判所が公正・中立な立場で裁判を行うために，その他の機関から干渉されないことを，何というか。	① 司法権の独立
② 最高裁判所長官を任命するのは，だれか。	② 天皇
③ 同じ事件について，3回まで裁判を受けられる制度は，何か。	③ 三審制
④ 下級裁判所とは，簡易裁判所，家庭裁判所のほか，何か（2つ）。	④ 地方裁判所，高等裁判所
⑤ 裁判は，内容によって，刑事裁判と何裁判に分かれるか。	⑤ 民事裁判
⑥ 刑事裁判で，原告となって被疑者を起訴するのは，だれか。	⑥ 検察官
⑦ 刑事裁判で，一般国民が裁判に参加する制度を，何というか。	⑦ 裁判員制度

② 三権分立

▶三権の抑制と均衡を示した右の図で，

図：国会 — A/B/C\D — 内閣 ← E → 裁判所

⑧ Aにあてはまることは，何か（2つ）。	⑧ 内閣不信任の決議，内閣総理大臣の指名
⑨ Bにあてはまることは，何か。	⑨ 衆議院の解散
⑩ Cにあてはまることは，何か。	⑩ 違憲立法審査権
⑪ Dにあてはまることは，何か。	⑪ 弾劾裁判
⑫ Eにあてはまることは，何か（2つ）。	⑫ 最高裁判所長官の指名，裁判官の任命
⑬ 国民審査とは，どの機関に関係することか。	⑬ 裁判所
⑭ 選挙とは，どの機関に関係することか。	⑭ 国会

③ 地方自治

⑮ 県と市の行政の最高責任者の職名は，それぞれ何か。	⑮ 県知事，市長
⑯ 条例の制定は，地方議会と首長のどちらの権限か。	⑯ 地方議会
⑰ 都道府県知事の任期，および被選挙権の年齢を答えよ。	⑰ 4年，満30歳以上
⑱ 市（区）町村長の被選挙権の年齢は，満何歳以上か。	⑱ 満25歳以上
▶右の直接請求に必要な有権者の署名は，どれだけか。 ⑲ 監査，条例の制定	⑲ 50分の1以上
⑳ 議会の解散	⑳ 3分の1以上
㉑ 首長や議員などに対する解職請求は，一般に何というか。	㉑ リコール
▶地方財政の歳入で， ㉒ その中心となる自主財源は，何か。	㉒ 地方税
㉓ 地方公共団体間の財政格差をなくすために，国から配分される補助金は，何か。	㉓ 地方交付税交付金
㉔ 国が使い方を決めて地方に出すのは，何か。	㉔ 国庫支出金

入試アドバイス
- 違憲立法審査権，国民審査などの用語の意味をつかんでおく。
- 三権分立の抑制と均衡の関係は，完全に覚えておく。
- 地方自治では，直接請求権と地方財政が重要。

最重要点チェック　覚えたらシートで赤文字をかくし，重要点をチェックしよう。

① 裁判所のしくみ

- 〔**三審**制〕……1つの事件で3回まで裁判を受けられる。第一審→第二審→第三審。裁判所には，**最高裁判所**と**下級裁判所**（高等裁判所，地方裁判所，家庭裁判所，簡易裁判所）。
  （←控訴（こうそ）―　―上告（じょうこく）→）
- 〔**民事**裁判〕……民事事件を裁く。原告（訴えた人）と被告（訴えられた人）。
  （←私的な争い）
- 〔**刑事**裁判〕……刑事事件を裁く。検察官が被疑者を起訴→起訴された人が被告人。
  （←刑法上の犯罪　　←検察官が原告）
- 〔**黙秘権**〕……被告人は自分に不利なことは話さなくてよい。
- 〔**裁判員制度**〕……重大な刑事事件の審理・判決に国民も参加する制度。
  （←第一審のみ。原則，裁判員6人，裁判官3人。）

② 三権の抑制と均衡 —— モンテスキューが『法の精神』で主張

- 〔**三権分立**〕……立法（国会），行政（内閣），司法（裁判所）は，互いの権力を抑制し，均衡をはかる。
- 〔**議院内閣**制〕……内閣が議会の信任によって成立。
  （←イギリス型）
  大統領制は，立法（議会）と行政（大統領）が完全に独立。
  （←アメリカなど）
- 〔**違憲立法**（**法令**）**審査**権〕……裁判所が法律や行政上の命令などの違憲性を審査。最高裁が最終判断を行う。
  （←アメリカ型）
- 〔**弾劾裁判**〕……国会が，憲法違反や不適切な行為をした裁判官を辞めさせるかどうか審議する裁判。

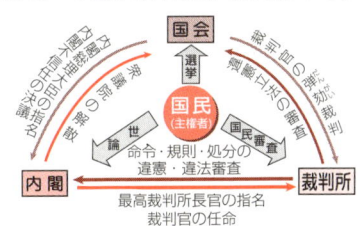

▲三権分立　●よく出る

③ 地方自治 —— 民主主義の学校

- 〔**地方分権**〕……権力を国に集中させず，**地方公共団体**に移していくこと。
  （←地方自治体ともいう）
- 〔**地方議会**〕……予算の決定，決算の承認，**条例**の制定など。**首長の不信任決議権**をもつ。
- 〔**首　長**〕……地方公共団体の長。議会の**解散権**，議会の決定に対する**拒否権**をもつ。
  - 都道府県知事→任期4年。被選挙権は，満30歳以上。
  - 市（区）町村長→任期4年。被選挙権は，満25歳以上。
- 〔**直接請求権**〕……**直接民主制**を取り入れ，住民が直接地方自治に関わることができる権利。
  （←解職請求（リコール）など）
- 〔**住民投票**〕……地方行政に対して，住民が投票によって賛否の意思を示す制度。
  （←レファレンダム）
- 〔**地方財政**〕……**地方税**（自主財源）の他に，
  - 地方交付税交付金→使いみちの指定なし。
  - 国庫支出金→使いみちの指定あり。

直接請求権▶

直接請求の種類		必要な署名数	請求先
条例の制定，改廃		有権者の50分の1以上	首　長
監　査			監査委員
議　会　の　解　散		有権者の3分の1以上 ただし，有権者が40万人をこえた分は，その6分の1でよい	選挙管理委員会
解職（リコール）	首長，議員		選挙管理委員会
	主な公務員		首　長

18 経済のしくみとはたらき

1問1答要点チェック チェックシートで答えをかくし，全問正解まで練習しよう。

① わたしたちの生活と市場経済

① 経済活動の3つの主役(経済主体)とは，何か。
② 会社などに勤めて得る家計収入を，何というか。
③ 市場では，商品の価格は，何と何の関係で決まるか。
▶次の場合は，価格は上がるか，下がるか。
　④ 需要が供給より多いとき
　⑤ 需要が一定で供給が増えるとき
⑥ 需要量と供給量が一致したときの価格を，何というか。
⑦ さまざまな商品の価格を総合的にとらえたものは，何か。
⑧ 日本の中央銀行は，どこか。

解答
① 家計，企業，政府
② 勤労所得（給与所得）
③ 需要と供給
④ 上がる
⑤ 下がる
⑥ 均衡価格
⑦ 物価
⑧ 日本銀行

② 企業と為替相場

⑨ デジタルデータ化された貨幣のことを，何というか。
⑩ 企業をまず大きく2つに分けると，公企業と何か。
▶株式会社に関して，
　⑪ 最高の意思決定機関は，何か。
　⑫ 株主が受ける利潤の分配は，何か。
⑬ 大会社では一般に，資本と(　　)が分離している。
⑭ 新技術・新事業を開発し，急成長する中小企業を，何というか。
⑮ 国ごとの通貨の交換の比率を，何というか。
▶次の場合は，円高か円安か。
　⑯ 1ドル＝100円が，90円になった。
　⑰ 1ドル＝100円が，110円になった。
⑱ 円高になると，輸出と輸入のどちらが有利になるか。

⑨ 電子マネー
⑩ 私企業
⑪ 株主総会
⑫ 配当
⑬ 経営
⑭ ベンチャー企業
⑮ 為替相場（為替レート）
⑯ 円高
⑰ 円安
⑱ 輸入

③ 景気変動と独占

⑲ 好景気と不景気が交互にくり返すことを，何というか。
⑳ 好景気のときは，インフレとデフレのどちらに関係が深いか。
㉑ 不景気対策として適当なものは，増税と減税のどちらか。
㉒ 1つの企業が市場を独り占めすることは，何か。
㉓ 少数の大企業が協定して一方的に決める価格を，何というか。
㉔ 独立した企業が協定により市場支配を行うことは，何か。
㉕ 企業協定を制限し，不当な商行為を禁止しているのは，何法か。また，その法律の運用を担当している機関は，どこか。

⑲ 景気変動
⑳ インフレ
㉑ 減税
㉒ 独占
㉓ 独占価格
㉔ カルテル
㉕ 独占禁止法，公正取引委員会

入試アドバイス
- 家計，均衡価格，インフレなどの用語に注意。
- 需要と供給と価格の関係や，円高・円安のしくみをしっかりと理解しておく。
- 独占禁止法と公正取引委員会はセットで覚える。

最重要点チェック　覚えたらシートで赤文字をかくし，重要点をチェックしよう。

① わたしたちの生活と市場経済

- □〔経済の**循環**〕……**家計**は労働力を提供して賃金を得る。**企業**は商品(財やサービス)を提供して代金を得る。**政府**(国や地方自治体)は税金を集めて公共サービスを提供する。
- □〔**家計**収入〕……賃金などは**勤労所得**(**給与所得**)。農業や個人商店などによる**事業所得**。預金の利子，株式の配当，土地や家屋の賃貸料などは**財産所得**。
- □〔**物　価**〕……価格を総合し平均したもの。**消費者物価指数**など。
- □〔**需要**量〕……価格が下がるほど増加，上がるほど減少＝**需要曲線**
- □〔**供給**量〕……価格が上がるほど増加，下がるほど減少＝**供給曲線**
- □〔**均衡価格**〕……市場の需要量と供給量が一致したときの価格。
  均衡価格の変動…需要＞供給→**上がる**，需要＜供給→**下がる**。
- □〔**独占価格**〕……少数の企業に生産が集中すると，価格競争がおこらず，消費者に不利。
- □〔**公共料金**〕……その価格を政府が決定・認可する。郵便，ガスの料金など。
- □〔**日本銀行**〕……日本の**中央銀行**。唯一の発券銀行，銀行の銀行，政府の銀行。
  金融政策…**公開市場操作**や**預金準備率操作**などで，市場の通貨量を調節する。

② 企業と為替相場

- □〔**株式**会社〕……会社は少額の**株式**を発行して資金を集める。株主は**有限責任**，**株主総会**を通じて経営に参加。出資額に応じて利潤の分配(**配当**)を得る。資本(株主)と経営の分離が一般的。
- □〔**証券取引所**〕……株式や債券を売買するところ。
- □〔企業の**社会的責任**(**CSR**)〕……企業が環境保護や文化・福祉支援などで**社会貢献**すること。
- □〔**為替相場**(**為替レート**)〕……国と国との間で，通貨を交換するときの比率。
  - 円高…円の価値が高くなること。1ドル＝100円→95円。**輸入**に有利。←安く買える
  - 円安…円の価値が低くなること。1ドル＝100円→105円。**輸出**に有利。←高く売れる

③ 景気変動と独占

- □〔**景気変動**〕……好景気(**好況**)と不景気(**不況**)が交互にくり返す。
- □〔**インフレーション**〕……**インフレ**。**好景気**のとき通貨の価値が下落→物価が上昇。
- □〔**デフレーション**〕……**デフレ**。**不景気**で所得が低下し，消費も減る→物価が下落。
- □〔**独　占**〕……少数の企業が市場を支配。生産の集中，**独占価格**の形成。独占の形態には，企業間で価格や販路などの協定を結び，利益を確保しようとする**カルテル**などがある。
- □〔**独占禁止法**〕……第二次世界大戦後に制定。企業の自由競争をうながす。
- □〔**公正取引委員会**〕……独占禁止法の運用を担当する国の行政機関。

19 国民生活と福祉

1問1答要点チェック　チェックシートで答えをかくし，全問正解まで練習しよう。

① 財政と国民生活

	解答
① 国の歳入の大部分を占める，もっとも重要な財源は，何か。	① 税金(租税)
② 国の財政をまかなうにあたり，国民にどんな義務があるか。	② 納税の義務
③ 国の借金といわれる公債は，何とよばれるか。	③ 国債
▶次の場合は，それぞれ何税というか。 ④ 納税者と実際の税負担者が別	④ 間接税
⑤ 納税者と実際の税負担者が同じ	⑤ 直接税
⑥ 個人の所得(収入)にかけられる税は，何か。	⑥ 所得税
⑦ 右のうち，国税の間接税は，どれか。 [法人税　固定資産税／酒税　相続税／所得税　消費税]	⑦ 酒税，消費税
⑧ 右のうち，地方税は，どれか。	⑧ 固定資産税
⑨ 所得税など，所得が多いほど高い税率をかけることを，何というか。	⑨ 累進課税
⑩ 社会の多くの人が共同で利用する資産を，何というか。	⑩ 社会資本

② 消費生活と労働

⑪ 欠陥商品の製造者にその責任を強く求める，1995年に施行された法律を，何というか。	⑪ 製造物責任法(PL法)
⑫ わが国で消費者の権利を守っている基本的な法律は，何か。	⑫ 消費者基本法
⑬ 2009年に設立した，消費者行政の中心機関は，何か。	⑬ 消費者庁
▶次の⑭～⑯の内容は，それぞれ何法に含まれるか。 ⑭ 労働基本権の保障，労働組合の育成	⑭ 労働組合法
⑮ 労働条件の最低基準	⑮ 労働基準法
⑯ 労働争議の解決，あっせんなど	⑯ 労働関係調整法

③ 社会保障の充実

⑰ 日本国憲法第25条が保障する基本的人権は，何か。	⑰ 生存権
▶次の⑱～㉑と関係が深い社会保険は，右の中のどれか。 [医療保険　雇用保険／年金保険　介護保険] ⑱ 失業	⑱ 雇用保険
⑲ 病気	⑲ 医療保険
⑳ 老齢	⑳ 年金保険
㉑ 介護	㉑ 介護保険
㉒ 生活に困っている人に生活保護などの援助を行う社会保障を，何というか。	㉒ 公的扶助
㉓ 自立が困難な人に対してサービスを提供する社会保障は何か。	㉓ 社会福祉
㉔ 年齢や障害に関係なく，すべての人が区別されずに，ふつうに暮らせるあり方を，何というか。	㉔ ノーマライゼーション

入試アドバイス
- 国の歳入と歳出について，新しい統計で内容を確認する。
- 消費者保護のための制度をつかんでおく。
- 社会保障制度の内容について，しっかり理解しておく。

最重要点チェック 覚えたらシートで赤文字をかくし，重要点をチェックしよう。

① 財政と政府の役割

- □〔**歳入**と**歳出**〕…… 歳入は**税金(租税)**が中心。歳出は，**社会保障費，地方財政費**など。
- □〔**累進課税**〕…… 額が多くなるほど税率が上がる。所得税や相続税など。

税金 ｛ 国税→国が徴収。**直接税**の**所得税，法人税，相続税**。**間接税**の**消費税，酒税，関税**。
　　　　地方税→地方公共団体が徴収。**住民税，事業税，自動車税，固定資産税，入湯税**など。

- □〔**国　債**〕…… 国が借り入れのために発行する債券(**公債**)→歳入となる。後日，利子を付けて返済(歳出の中の国債費)。国債の発行が増えると，返済の負担が大きくなる。
- □〔**財政投融資**〕…… 住宅や生活環境の整備，産業の振興に向けた投資や融資(貸し付け)。
- □〔**社会資本**〕…… くらしや産業の基盤となり，市場では供給されにくい公共施設。

｛ 産業関連→高速道路，港湾，空港，工業用水，農業用水，埋め立て地など。
　 生活関連→公営住宅，上水道，下水道，公園，学校，図書館，体育館，運動場など。

② 消費生活と労働 ── 豊かな生活のために重要

- □〔**消費者の権利**〕…… 安全を求める権利，知らされる権利，選択する権利，意見を反映させる権利。1962年にアメリカのケネディ大統領が宣言。
- □〔**消費者庁**〕…… 消費者保護行政を行う。国民生活センターなどの設置。
- □〔**クーリングオフ**〕…… 契約後，一定期間内ならば無条件に契約の取り消しができる制度。
- □〔**労働基準**法〕…… 労働条件の最低基準を規定。労働基準監督署などが監督。
- □〔**労働組合**法〕…… **労働基本権**を具体的に保障。労働組合の育成。　　｝労働三法
　　　　　　　　　　└─労働三権(団結権，団体行動権，団体交渉権)
- □〔**労働関係調整**法〕…… 労使間の争議の調整や解決をはかる。
- □〔**男女雇用機会均等**法〕…… 企業は採用や昇給などにあたり，男女平等でなければならない。

③ 社会保障の充実 ── イギリスでは「ゆりかごから墓場まで」のスローガン

- □〔**生存権**〕…… 日本国憲法第25条「すべて国民は，健康で文化的な最低限度の生活を営む権利を有する」→国は社会保障の政策をすすめる。

- □〔**社会保険**〕…… 保険料を支払い，必要なときに給付を受ける。**医療保険**と**年金保険**は全国民が加入。

- □〔**公的扶助**〕…… 最低限度の生活を営むことが困難な人に，国が資金援助。

- □〔**社会福祉**〕…… 自立が困難な人の生活を保障，援助。

社会保険	医療保険　年金保険　介護保険　雇用保険　労災保険
公的扶助	生活保護(生活扶助，教育扶助など)
社会福祉	児童福祉　老人福祉　母子福祉　障害者福祉
公衆衛生	感染症対策　公害対策　廃棄物処理など

▲社会保障の4つの柱

20 国際社会と世界の平和

社会／公民

1問1答要点チェック チェックシートで答えをかくし，全問正解まで練習しよう。

① 地球環境・エネルギー問題

① 二酸化炭素などの温室効果ガスの大量排出によって問題となっている環境問題は，何か。
② 熊本県水俣市周辺で発生した公害病と原因物質は，何か。
③ 自然の循環のはたらきを生かすことができる社会を，何というか。
④ 太陽光発電や風力発電に代表される，環境への影響が少ないエネルギー源を，何というか。
⑤ 1997年に先進工業国の温室効果ガスの排出量削減を義務付けたものは，何か。

解答
① 地球温暖化
② 水俣病，メチル水銀
③ 循環型社会
④ 再生可能エネルギー
⑤ 京都議定書

② 国際社会と諸問題

⑥ 東南アジアの安定と発展のために設立した機関は，何か。
⑦ 人種や宗教などの理由による迫害や，戦争などの被害から身を守るために，他国に逃れた人々のことを，何というか。
⑧ 国際通貨の安定をはかる国連の専門機関は，何か。
⑨ 関税の引き下げ，輸入制限の撤廃などで，貿易の拡大をはかる国際機関は，何か。
⑩ 特定の国・地域の間での関税や規制の撤廃を目的とした協定を，何というか。
⑪ 21世紀はじめ，経済成長が著しかったブラジル・ロシア・インド・中国・南アフリカ共和国の5か国を，何というか。
⑫ 発展途上国の間での経済格差のことを，何というか。
⑬ 政府開発援助の略称は，何か。

⑥ 東南アジア諸国連合（ASEAN）
⑦ 難民
⑧ 国際通貨基金（IMF）
⑨ 世界貿易機関（WTO）
⑩ 自由貿易協定（FTA）
⑪ BRICS
⑫ 南南問題
⑬ ODA

③ 国際連合

⑭ 国際連合の本部は，何という都市にあるか。
⑮ 安全保障理事会の常任理事国に認められた権限は，何か。
⑯ 経済，社会，文化の面で国際協力をはかる主要機関は，何か。
▶次の⑰・⑱の機関は，略称で何とよばれるか。
　⑰ 国連教育科学文化機関
　⑱ 国際労働機関
⑲ 国連の平和維持活動は，略称で何というか。

⑭ ニューヨーク
⑮ 拒否権
⑯ 経済社会理事会
⑰ UNESCO
⑱ ILO
⑲ PKO

入試アドバイス
- 地球規模で広がる環境問題を理解しておく。
- 国際社会のさまざまな問題と，その取り組みについてまとめておこう。
- 国連については，各機関の名称とはたらきを確認しておく。

最重要点チェック　覚えたらシートで赤文字をかくし，重要点をチェックしよう。

① 地球環境・エネルギー問題 ── 環境破壊の実情と対策
- □〔**四大公害**〕……**新潟水俣病，四日市ぜんそく，イタイイタイ病，水俣病**。
- □〔**酸性雨**〕……**いおう酸化物**がとけこんだ雨により，森林が枯れ，湖沼の生物が死滅。
- □〔**オゾン層**の破壊〕……**フロンガス**によって大気圏に異変がおこり，有害な**紫外線**が増える。
- □〔**国連環境開発会議**（**地球サミット**）〕……1992年にブラジルのリオデジャネイロで開かれた国際会議。1997年には地球温暖化防止京都会議（**京都議定書**）→気候変動枠組み条約の実行へ。
- □〔**再生可能エネルギー**〕……**太陽光**や**風力**などは環境への負荷が少ないため，今後の活用が期待されている。コストや安定的な供給の面で課題。

② 国際社会と諸問題 ── 世界平和のためのさまざまな取り組み
- □〔**ヨーロッパ連合**（**EU**）〕……加盟国は28か国（2018年現在）。共通通貨は**ユーロ**。
- □〔**東南アジア諸国連合**（**ASEAN**）〕……経済・政治など諸問題に関する協力を目的とし，10か国が加盟。
- □〔**地域紛争**〕……**パレスチナ問題**など民族の対立や領土問題などが原因。**テロリズム**の激化。
- □〔**核拡散防止**条約〕……核保有国以外の核兵器の保有を禁じている。
- □〔**非核三原則**〕……日本の核兵器に対する政策方針。「**持たず，つくらず，持ちこませず**」。
- □〔**南北**問題〕……北半球に多い**先進国**と，南半球に多い**発展途上国**の**経済格差**。発展途上国間の格差は**南南問題**。
- □〔**主要国首脳会議**（**サミット**）〕……アメリカ・ヨーロッパ・日本などの主要7か国の代表による定期的な国際会議（G7）。これにEUおよび新興国12か国を加えた**G20**も開催。
- □〔**石油輸出国機構**（**OPEC**）〕……産油国は，石油産業の国有化や経営参加をすすめた。
- □〔**政府開発援助**（**ODA**）〕……政府が行う発展途上国への経済支援。

③ 国際連合 ── 本部はアメリカのニューヨーク
（総会はすべての国が平等）
- □〔**国際連合憲章**〕……国際連合の憲法ともいえるもので，1945年に成立。
- □〔**総　会**〕……**全加盟国**で構成され，年1回の定期総会。1国につき1票の投票権。
- □〔**安全保障理事会**〕……**拒否権**をもつ5か国の**常任理事国**（アメリカ・イギリス・フランス・ロシア・中国）と，10か国の非常任理事国で構成。世界の平和と安全の維持を目的とする。
- □〔**国際司法裁判所**〕……本部はオランダの**ハーグ**。加盟国間の争いを裁判により解決する。
- □〔**専門機関**〕………国連教育科学文化機関（**UNESCO**），世界保健機構（**WHO**）など。
- □〔**平和維持活動**（**PKO**）〕……日本は**カンボジア，東ティモール**などに自衛隊を派遣。

1992年，PKO協力法成立による→

1 植物の世界

理科／生物分野

1問1答要点チェック チェックシートで答えをかくし，全問正解まで練習しよう。

① 顕微鏡の使い方

- ① 接眼レンズが10倍で，対物レンズが40倍のときの観察倍率は何倍か。
- ② 顕微鏡で，視野の右上にある物を視野の中央にもってくるためには，プレパラートをどの方向に動かせばよいか。

解答
① **400倍**（＝10×40）
② **右上**

② 植物のからだのつくりとはたらき

- ③ 右の図はアブラナの花の模式図である。A，Bの名称を書け。 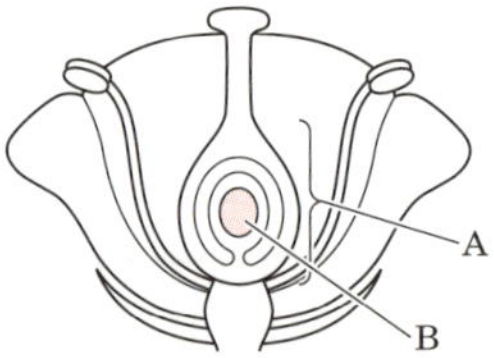
- ④ 成長して果実になるのは右図のA，Bのどちらか。
- ⑤ 植物が，光のエネルギーを使ってデンプンなどの栄養分をつくるはたらきを何というか。
- ⑥ そのはたらきは，植物の細胞中のどこで行われるか。
- ⑦ また，そのはたらきでは，栄養分のほかに何ができるか。
- ⑧ 葉の表皮にあり，孔辺細胞にかこまれたあなについて，
   ⓐ このあなを何というか。
   ⓑ ふつう，このあなは葉の表と裏のどちらに多いか。
- ⑨ 右の図は双子葉類の茎の断面の模式図である。A，Bの名称を書け。 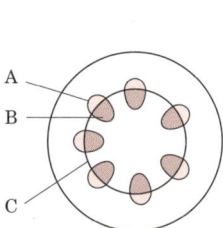
- ⑩ 右図のA～Cのうち，水を通す管の集まりはどれか。

③ ＝A…**子房**
　　B…**胚珠**
④ **A**
⑤ **光合成**
⑥ **葉緑体**
⑦ **酸素**
⑧ ＝ⓐ **気孔**
　　ⓑ **裏**
⑨ ＝A…**師管(師部)**
　　B…**道管(木部)**
⑩ **B**

③ 植物の特徴となかまわけ

- ⑪ 種子植物のうち，胚珠が子房に包まれているものは何か。
- ⑫ サクラ・イネ・イチョウのうち，胚珠がむき出しになっているものはどれか。
- ⑬ 被子植物のうち，根がひげ根であるものを何というか。
- ⑭ 双子葉類のうち，花弁がくっついているものを何というか。
- ⑮ シダ植物やコケ植物は，何をつくってなかまをふやすか。
- ⑯ それは，コケ植物の場合，雌株，雄株のどちらにできるか。

⑪ **被子植物**
⑫ **イチョウ**
⑬ **単子葉類**
⑭ **合弁花類**
⑮ **胞子**
⑯ **雌株**

入試アドバイス

- 顕微鏡の使い方は,その順番を確実におさえておくこと。
- 植物の根・茎・葉では,葉が最もよく出る。光合成と蒸散も重要。
- 植物の分類は,下の特徴をもとに行われる。この特徴は必ず覚えよ。

最重要点チェック　覚えたらシートで赤文字をかくし,重要点をチェックしよう。

① 顕微鏡の使い方

□ 顕微鏡の使い方…次の順序は必ず覚えよ。

❶ 接眼レンズ➡対物レンズの順に装着する。
　　└対物レンズにほこりが入らないようにするため
❷ 反射鏡を調節して,視野全体を明るくする。
❸ プレパラートをのせ,横から見ながら対物レンズとプレパラートを接近させる。
　　└プレパラートのカバーガラスを割らないようにするため
❹ 接眼レンズをのぞきながらピントをあわせ,観察する。
　　└顕微鏡では,上下左右が逆に見える

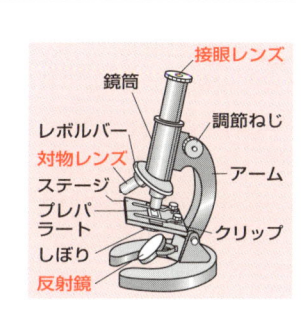

（図：顕微鏡の各部名称　接眼レンズ・鏡筒・レボルバー・対物レンズ・ステージ・プレパラート・しぼり・反射鏡・調節ねじ・アーム・クリップ）

② 植物のからだのつくりとはたらき

□ 花のつくりとはたらき
❶ 被子植物…胚珠が子房に包まれている植物。
　　└胚珠は種子に,子房は果実に成長する
❷ 裸子植物…子房がなく,胚珠がむき出しになっている。
　　└果実はできない

□ 光合成…植物の細胞中にある葉緑体で行われるはたらき。光のエネルギーを利用して,二酸化炭素と水からデンプン（糖）と酸素をつくる。

□ 呼吸…植物全体の生きている細胞で一日中行われる。
　　└夜…呼吸だけ,昼…光合成量＞呼吸量

□ 葉のつくりとはたらき（右図）
❶ 葉肉の細胞には葉緑体が多く,光合成が盛ん。
❷ 気孔から余分な水分を出す（蒸散）。
　　└ふつう,葉の裏側の表皮に多い

□ 茎のつくりとはたらき
内側に道管,外側に師管が分布。
　　└水や養分が通る管　└栄養分が通る管

□ 根のつくりとはたらき
根毛があり,ここから土中の水分や養分を吸収。

（図：葉のつくり　表皮・葉肉・道管・師管・維管束（葉脈）・栄養分をつくる・表皮・気孔・孔辺細胞）

③ 植物の特徴となかまわけ

□ 種子植物…花をさかせ,種子をつくってふえる植物。さらに,次のようにわけられる。
　　└胞子をつくってふえる植物もある

	胚珠のようす		子葉の数	茎の維管束	葉脈	根のようす
被子植物	子房に包まれている	双子葉類	2枚	輪状に配列	網状脈	主根＋側根
裸子植物	子房がなく,むき出し	単子葉類	1枚	散在	平行脈	ひげ根

　　└双子葉類はさらに合弁花類と離弁花類にわけられる

□ 種子をつくらない植物…胞子のうをもち,胞子によってふえる。

❶ シダ植物…根・茎・葉の区別があり,維管束をもつ。茎は地中にあり,これを地下茎という。
　　└スギナ（つくし）,ワラビ,ゼンマイなど
❷ コケ植物…根・茎・葉の区別がなく,維管束をもたない。仮根をもつ。
　　└ゼニゴケ,スギゴケなど

理科 生物分野

2 動物のからだのつくり

1問1答要点チェック チェックシートで答えをかくし，全問正解まで練習しよう。

① 消化と吸収

- □ ① 消化液の中に含まれ，食物の消化にはたらくものは何か。
- □ ② デンプンは，消化されると何になるか。
- □ ③ タンパク質は，消化されると何になるか。
- □ ④ 栄養分は，何という器官から体内にとり入れられるか。
- ❗ □ ⑤ 右の図は，小腸の一部を拡大したものである。これを何というか。
- □ ⑥ ブドウ糖やアミノ酸は，右の図のどこから吸収されるか。

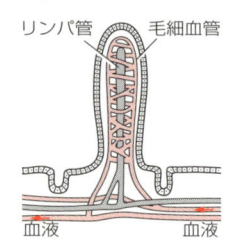

解答
① 消化酵素
② ブドウ糖
③ アミノ酸
④ 小腸
⑤ 柔毛(柔突起)
⑥ 毛細血管

② 血液とその循環

- □ ⑦ 血液の成分のうち，酸素を運ぶものを何というか。
- □ ⑧ 血液の成分のうち，栄養分を運ぶものを何というか。
- □ ⑨ 肺から出る血液中に多く含まれているものは何か。
- ❗ □ ⑩ 小腸から出る血液中に多く含まれているものは何か。

⑦ 赤血球
⑧ 血しょう
⑨ 酸素(O_2)
⑩ 栄養分

③ 呼吸と排出

- □ ⑪ 鼻から吸いこまれた空気が通る管を何というか。
- ❗ □ ⑫ 肺の中に無数にある小さな袋を何というか。
- □ ⑬ 肺胞から毛細血管へととり入れられるものは何か。
- □ ⑭ 肺に空気が出入りするのは，何と何のはたらきによるか。
- □ ⑮ 体内でできた不要物をこしとって尿をつくる器官は何か。

⑪ 気管
⑫ 肺胞
⑬ 酸素(O_2)
⑭ ろっ間筋，横隔膜
⑮ じん臓

④ 刺激と反応

- □ ⑯ 視細胞があって，光の刺激を受けとる部分を何というか。
- □ ⑰ 受けとった光の刺激による興奮を大脳へ伝える神経は何か。
- □ ⑱ 「からだの回転」の刺激は，耳の中のどこで受けとられるか。
- □ ⑲ 中枢神経の命令を筋肉などに伝える神経を何というか。
- ❗ □ ⑳ せき髄や中脳など，大脳以外の部分が中枢となる反応を何というか。

⑯ 網膜
⑰ 視神経
⑱ 半規管
⑲ 運動神経
⑳ 反射

入試アドバイス
- 小腸の柔毛での栄養分の吸収の問題はよく出る。
- 血液の循環経路と血液中の成分のちがいは図で覚えよ。
- 意識的な行動と反射のちがいには要注意！

最重要点チェック　覚えたらシートで赤文字をかくし，重要点をチェックしよう。

① 消化と吸収
□ 栄養分の消化と吸収…消化酵素で消化し，小腸の**柔毛**（柔突起）で吸収。

- デンプン──→**ブドウ糖**
- タンパク質──→**アミノ酸**　　柔毛中の**毛細血管**から吸収。
- 脂肪──→**脂肪酸**＋モノグリセリド…柔毛中の**リンパ管**から吸収。
　　　　　　　　　　　　　　　└柔毛に入ったあと脂肪にもどって吸収される

□ だ液のはたらきを調べる実験…次の2つを覚えておく。
　　　　　　　　　　　└デンプンを糖に分解する
- ❶ 消化酵素は**体温くらい**（30〜40℃）でよくはたらき，高温や低温でははたらかない。
- ❷ ヨウ素反応あり➡**デンプン**がある証拠。
　　　└青紫色になる
　　　ベネジクト反応あり➡**ブドウ糖**や**ブドウ糖がいくつか結びついたもの**がある証拠。
　　　└赤かっ色の沈殿ができる

② 血液とその循環　　　　　　　　　　　　　　　　　　　　　　**よく出る**
□ 血液…固形成分と液体成分からなる。
- 固形成分
  - **赤血球**…**酸素**を運ぶ。
　　　└赤い色素ヘモグロビンをもつ
  - **白血球**…細菌や異物を消化する。
　　　　　　　　　　└食菌作用
  - 血小板…血液凝固。
- 液体成分
  - **血しょう**…栄養分，不要物，二酸化炭素などを運ぶ。

□ 血液の循環経路…**肺循環**が重要。
　　　　　　　　　└血液中の成分の
　右の図で覚えよ。　ちがいがよく出る

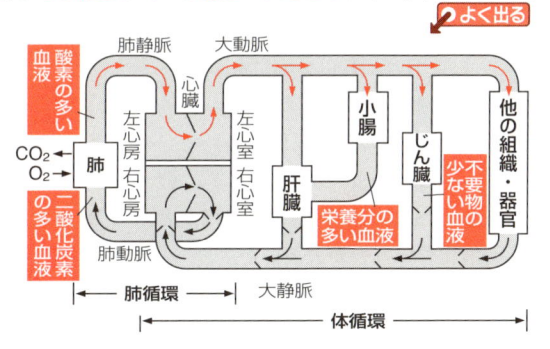

③ 呼吸と排出
　　　　　　　　　　　└肺には筋肉がなく，肺は自分では動けない
□ 呼吸運動…ろっ間筋と**横隔膜**のはたらきで空気を出し入れする。
　　　　　　　　　└ろっ骨を上げたり下げたりする
- 横隔膜が**下がり**，ろっ骨が**上がる**➡息を吸う。
　　　└空気が肺に吸いこまれる
- 横隔膜が**上がり**，ろっ骨が**下がる**➡息をはく。
　　　└空気が肺からおし出される

④ 刺激と反応
□ **感覚器官**…刺激を受けとる器官。
　　　　　　　　　　└感じるのは「大脳」であることに注意！
- ❶ 目…**網膜**の視細胞で刺激を受けとる。
　　　　　　　　　　└視神経を通して大脳へ送る
- ❷ 耳…**うずまき管**（音を受けとる），**半規管**（からだの回転を受けとる），**前庭**（からだの傾きを受けとる）。

□ 刺激に対する反応…次の2つが重要。
- ❶ 意識的な行動…**大脳**が反応の中枢となる。
- ❷ 反射…大脳以外（**せき髄**・**中脳**・**延髄**）が反応の中枢。
　　　　　　　　└せき髄反射の例…しつがい腱反射

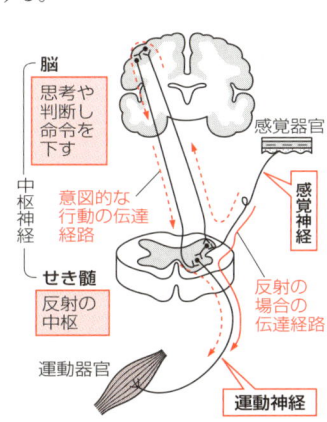

47

理科 生物分野 3 動物のなかまわけと進化

1問1答要点チェック
チェックシートで答えをかくし，全問正解まで練習しよう。

① 脊椎動物の特徴となかまわけ

- □ ① 脊椎動物に共通した最も大きな特徴は何か。
- □ ② 鳥類のからだは何におおわれているか。
- □ ③ ホニュウ類は卵生か，胎生か。
- □ ④ 両生類の子の呼吸器官は何か。
- ❗ □ ⑤ 動物の体温と外界の温度との関係を示した右のグラフについて，
  - ⓐ A, Bのような体温変化を示す動物をそれぞれ何というか。
  - ⓑ ホニュウ類，魚類は，それぞれA, Bのどちらを示すか。
- □ ⑥ 草食動物で発達した臼歯はどのようなことに適しているか。
- ❗ □ ⑦ 肉食動物の目が正面についていることは，どのようなことにつごうがよいか。
- □ ⑧ 草食動物と肉食動物とでは，どちらのほうが体長に対する消化管の割合が大きいか。
- □ ⑨ 脊椎動物のうち，次のなかまは何か。
  - ⓐ 卵生で，外界の温度にあわせて体温が変化。
  - ⓑ 卵生で，外界の温度に関係なく体温がほぼ一定。

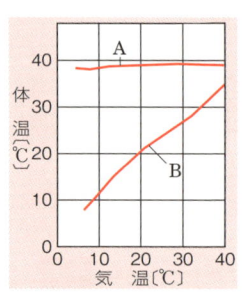

② 無脊椎動物

- ❗ □ ⑩ 外骨格をもち，あしに節がある動物のなかまを何というか。
- □ ⑪ そのなかで，ダンゴムシやエビは何類に分類されるか。
- □ ⑫ 外とう膜をもち，節をもたない動物のなかまを何というか。

③ 生物の進化

- □ ⑬ シソチョウは何と何の中間の動物と考えられるか。
- ❗ □ ⑭ シソチョウのハチュウ類としての特徴は，長い尾をもつことと，つばさの先につめがあることと，あとひとつは何か。
- □ ⑮ 魚類の胸びれと鳥類のつばさ，ホニュウ類の前あしのように，基本的には同じつくりの器官を何というか。

解答

① 背骨がある
② 羽毛
③ 胎生
④ えら
⑤ ＝ ⓐ A…恒温動物，B…変温動物
  ⓑ ホニュウ類…A，魚類…B
⑥ 草をすりつぶす
⑦ えものとの距離がわかりやすい
⑧ 草食動物
⑨ ＝ ⓐ ハチュウ類，両生類，魚類
  ⓑ 鳥類

⑩ 節足動物
⑪ 甲殻類
⑫ 軟体動物

⑬ 鳥類とハチュウ類
⑭ 歯がある
⑮ 相同器官

入試アドバイス

- 脊椎動物については，下の表の特徴を必ず覚えよ。なかまわけの基準にもなる。
- 無脊椎動物では，節足動物と軟体動物のからだのつくりをおさえておくこと。
- 生物の進化では，シソチョウの化石がよく出る。

最重要点チェック　覚えたらシートで赤文字をかくし，重要点をチェックしよう。

① 脊椎動物のなかまわけ

□ **脊椎動物**…背骨をもつ動物のなかま。次の表は必ず覚えること。　●よく出る

	ホニュウ類	鳥類	ハチュウ類	両生類	魚類
うまれ方	胎(たい)生	卵生(殻をもつ卵を陸上にうむ)		卵生(殻のない卵を水中にうむ)	
体温	恒温動物(体温がほぼ一定)		変温動物(外気温とともに体温が変化)		
呼吸方法	肺呼吸			子…えら呼吸，親…肺呼吸	えら呼吸
体表	毛	羽毛	うろこ・甲ら	皮ふが裸出	うろこ
代表例	イヌ，ウマ，クジラ	ハト，ワシ，ペンギン	ヘビ，カメ，ワニ	カエル，イモリ	フナ，コイ，サメ

□ **肉食動物のからだのつくり**(右図A)
- ❶ 目…前方の広い範囲を両目で見ること（←顔の正面についている）ができるので，立体的に見え，えものまでの**距離**がわかりやすい。
- ❷ 歯…えものをしとめるための**犬歯**(けんし)，肉を切りさくための**臼歯**(きゅうし)が発達している。

肉食動物(ライオン)の歯　　草食動物(シマウマ)の歯
門歯／犬歯／臼歯

□ **草食動物のからだのつくり**(右図B)
- ❶ 目…広い範囲を見わたすことができるため，**敵**を見つけるのにつごうがよい。（←顔の側方についている）
- ❷ 歯…草をかみ切るための**門歯**，草をすりつぶすための**臼歯**が発達している。

□ **消化管**…草食動物の消化管は，肉食動物にくらべて**長い**。（肉にくらべて草は消化しにくいため）

② 無脊椎動物

□ **無脊椎動物**…背骨をもたない動物のなかま。
- ❶ **節足動物**…からだが**外骨格**というかたい殻でおおわれている。からだやあしに**節**(ふし)がある。（←バッタなどの昆虫類，エビなどの甲殻類，クモ類など）
- ❷ **軟体動物**…からだが**外とう膜**といううすい膜で包まれている。**節をもたない**。（←イカ，アサリ，マイマイなど）

③ 生物の進化

□ **生物の進化**…すべての生物は，ある共通の祖先から，長い時間をかけて少しずつ変化してきた。

□ **進化の証拠**
- ❶ 化石…地層中の化石から，**生物のからだのつくりの変化**や，**生物の移り変わり**がわかる。
- ❷ シソチョウの化石…シソチョウは**ハチュウ類と鳥類の両方の特徴**をもつ，両者の中間の生物。（←歯，つばさの先につめ，長い尾がある／つばさ，羽毛がある／約1億5千万年前の地層から発見）
- ❸ 相同器官…形やはたらきはちがっていても，**基本的なつくりや発生の起源が同じ器官**。（←セキツイ動物の前あしと魚類の胸びれなど）

4 細胞と生物のふえ方

理科／生物分野

1問1答要点チェック
チェックシートで答えをかくし，全問正解まで練習しよう。

① 生物のからだと細胞

□ ① 細胞のつくりについて，
　ⓐ 酢酸カーミン液で赤く染まる部分はどこか。
　ⓑ 細胞質中にあり，光合成を行う部分はどこか。
❗ ⓒ 核・細胞膜・葉緑体・細胞壁のうち，植物細胞にだけ見られるものはどれか。

② 細胞分裂と生物の成長

□ ② タマネギの根の観察について，
　ⓐ 細胞分裂を観察するときには，根のどの部分を使うか。
　ⓑ 切り取った根を60℃にあたためたうすい塩酸につけるが，その目的は何か。
❗ □ ③ 次のA～Fを，細胞分裂の順に並べかえよ(Cが出発点)。

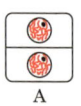

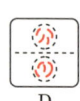

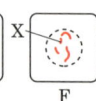

A　B　C　D　E　F

□ ④ 上の図FのXを何というか。

③ 生物のふえ方

□ ⑤ 雌雄に関係なく，受精せずになかまをふやすふえ方を何というか。
□ ⑥ ⑤のなかで，ジャガイモなどのように，根・茎・葉の一部から新しい個体ができるふえ方を何というか。
□ ⑦ 卵は，雌のからだのどこでつくられるか。
□ ⑧ 精子の核と卵の核が合体することを何というか。
❗ □ ⑨ 受精卵は，細胞分裂をくり返して何になるか。
□ ⑩ 受精卵が⑨になった後，さらに個体へと変化していくことを何というか。
❗ □ ⑪ 被子植物の受精と発生について，
　ⓐ 卵細胞は，めしべの何という部分の中にあるか。
　ⓑ 卵細胞と受精するのは何か。
　ⓒ 種子になるのは，めしべのどの部分か。

解答

① ＝ ⓐ 核
　　ⓑ 葉緑体
　　ⓒ 葉緑体，細胞壁

② ＝ ⓐ 先端付近
　　ⓑ 細胞どうしを離れやすくするため

③ C→F→E→B→D→A

④ 染色体

⑤ 無性生殖

⑥ 栄養生殖

⑦ 卵巣

⑧ 受精

⑨ 胚

⑩ 発生

⑪ ＝ ⓐ 胚珠
　　ⓑ 精細胞
　　ⓒ 胚珠

> **入試アドバイス**
> - 細胞のつくりでは，動植物の細胞のちがいに注意。
> - 細胞分裂は，染色体の動きに注意して，その順番を覚えておくこと。
> - 生物のふえ方では，被子植物の受精と発生が重要。図をよく見よう。

最重要点チェック
覚えたらシートで赤文字をかくし，重要点をチェックしよう。

① 生物のからだと細胞

□ **細胞のつくり**…動物と植物でちがう点がある。

❶ 動植物の細胞に共通なもの…**細胞膜**，**核**（生命活動の中心，酢酸カーミン液で赤く染まる），**細胞質**（実際に生命活動を行う部分）。

❷ 植物細胞に特有なもの…**細胞壁**，**葉緑体**（光合成を行う），大きく成長した**液胞**。

（図：動物細胞／植物細胞　細胞膜・核・細胞質・細胞壁・葉緑体・液胞）

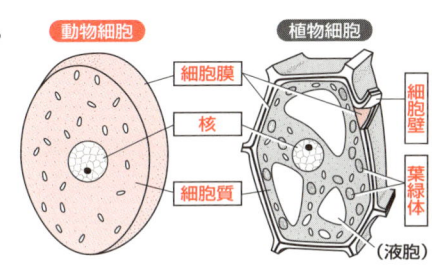

□ **多細胞生物**…多くの細胞からなる生物。

❶ **組織**…形やはたらきの同じ細胞の集まり。
　└表皮組織，神経組織など
❷ **器官**…いくつかの組織が集まって特定のはたらきをする部分。
　└根・茎・葉，胃・心臓・目など

□ **単細胞生物**…1個の細胞からなる生物。ゾウリムシ・アメーバなど。

② 細胞分裂と生物の成長 〇よく出る

□ **細胞分裂**…**核の分裂**（根や茎の先端付近で盛ん）→**細胞質の分裂**の順に起こる。核の分裂では，**染色体の動き**に注目せよ（右図）。

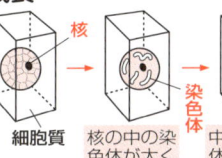

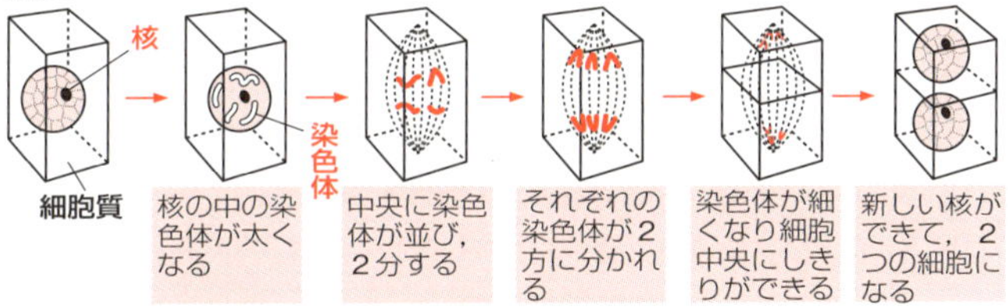

（図：細胞質／核／染色体　核の中の染色体が太くなる → 中央に染色体が並び，2分する → それぞれの染色体が2方に分かれる → 染色体が細くなり細胞中央にしきりができる → 新しい核ができて，2つの細胞になる）

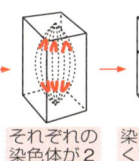

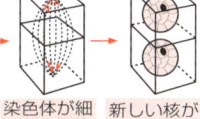

□ **多細胞生物の成長**…細胞分裂で細胞数がふえ，ふえた細胞が大きくなることで成長する。

③ 生物のふえ方

□ **有性生殖と無性生殖**

❶ **有性生殖**…**精子**（雄の精巣でできる）と**卵**（雌の卵巣でできる）が合体（**受精**）してなかまをふやす。精子と卵のように，子孫を残すための特別な細胞を**生殖細胞**という。
　　　　　　　　　　　　　　└ふつうの細胞を体細胞という

❷ **無性生殖**…雌雄に関係なく受精せずになかまをふやす。
　┌ **分裂**…からだが2つに分かれてふえる。
　│　└アメーバ・ゾウリムシなど
　└ **栄養生殖**…根・茎・葉の一部から新個体ができる。
　　　└ジャガイモ・ヤマノイモなど

□ **カエルの発生**…受精してできた**受精卵**が細胞分裂をくり返して**胚**となり，さらに**個体**へと成長する。この過程を**発生**という。

□ **被子植物の受精と発生**（右図）…花粉の**精細胞**（花粉管の中でできる）と胚珠の卵細胞が胚珠の中で受精する。その後，受精卵→**胚**，胚珠→**種子**，子房→**果実**となる。

（図：柱頭・花粉・花粉管・胚珠・精細胞・卵細胞・子房）

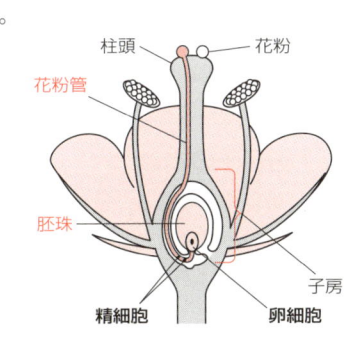

5 遺伝のしくみとDNA

1問1答要点チェック チェックシートで答えをかくし,全問正解まで練習しよう。

① 染色体と細胞分裂

- ① 染色体の数は,生物の種類によって決まっているか。
- ② 体細胞の細胞分裂では,分裂前の染色体数と分裂後の染色体数にちがいはあるか。
- ③ 精子や卵などの生殖細胞をつくるときに起こる,染色体数が半分になる細胞分裂を何というか。
- ④ ③の細胞分裂のとき,対になっている遺伝子がそれぞれ別べつの生殖細胞に入ることを何というか。
- ⑤ 受精卵の染色体数とふつうの細胞(体細胞)の染色体数にちがいはあるか。

解答
① 決まっている
② ない
③ 減数分裂
④ 分離の法則
⑤ ない

② 遺伝とそのしくみ

- ⑥ 親から子へと形質を伝える物質を何というか。
- ⑦ その物質は,核の中の何に含まれているか。
- ⑧ 代を重ねても,同じ形質だけを現すものを何というか。
- ⑨ 右の図はメンデルが行ったエンドウの実験の模式図である。
  - ⓐ 丸形の形質を何というか。
  - ⓑ 親がもつ遺伝子を,丸形=AA,しわ形=aaとすると,子がもつ遺伝子は何か。
  - ⓒ その子がつくる卵細胞は,どのような遺伝子をもつか。
  - ⓓ 上のⓑの子どうしのかけあわせでできる孫には,丸形としわ形がどのような比で現れるか。

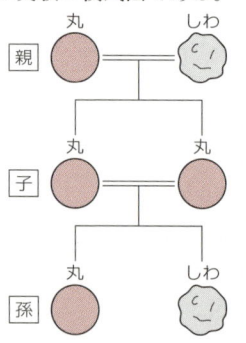

⑥ 遺伝子
⑦ 染色体
⑧ 純系
⑨ = ⓐ 優性形質
  ⓑ Aa
  ⓒ Aまたはa
  ⓓ 丸形:しわ形=3:1

③ 遺伝子の本体

- ⑩ 染色体をつくる,遺伝子の本体となる物質を何というか。
- ⑪ ⑩の物質はどのような構造をしているか。
- ⑫ 遺伝子は不変ではなく,まれに変化することがある。このことを何というか。

⑩ DNA(デオキシリボ核酸)
⑪ 二重らせん構造
⑫ 突然変異

入試アドバイス
- 体細胞分裂と減数分裂による染色体数のちがいに注意。
- 遺伝子の伝わり方を正確におさえておくこと。メンデルの実験についての問題では，優性形質と劣性形質の割合がよく出る。

最重要点チェック　覚えたらシートで赤文字をかくし，重点をチェックしよう。

① 染色体と細胞分裂
- 染色体の数…生物の種類によって，染色体数は決まっている。
- 体細胞分裂と染色体の数…ふつうのからだの細胞が分裂するときには，分裂の前後で染色体数は**変わらない**。
- 減数分裂と染色体の数…生殖細胞をつくるときの細胞分裂を**減数分裂**という。分裂後，染色体数が半分になる。

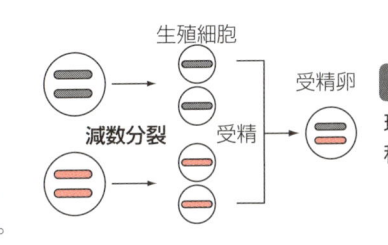

② 遺伝とそのしくみ
- 遺伝と遺伝子…親のもつ形質は，核の中の染色体にある遺伝子によって伝えられる。
  　　　　　　　└特徴的な形や性質
- 純系…何代にもわたって同じ形質だけを現しているもの。
- 親から子への遺伝子の伝わり方(右図)
  ❶ 対立遺伝子をもつ純系の親は，それぞれ**優性遺伝子**(A)と**劣性遺伝子**(a)を対でもつ。
     └優性が大文字　　　└劣性が小文字
  ❷ 子は両親から遺伝子対の片方ずつをもらい，その組み合わせはすべて**Aa**となる。
  ❸ **優性の法則**より，子にはすべて優性形質が現れる。
- 子から孫への遺伝子の伝わり方(右図)
  ❶ **分離の法則**より，子の生殖細胞にはAまたはaが入る。
  ❷ 孫の遺伝子の組み合わせはAA：Aa：aa＝1：2：1。
  ❸ 孫の形質は**優性：劣性＝3：1**で現れる。
     └AAとAa　　└aa

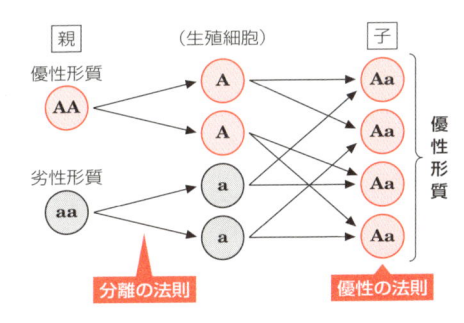

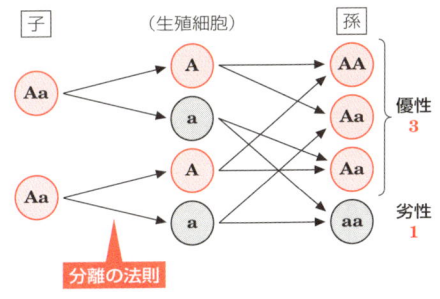

③ 遺伝子の本体
- **DNA**(デオキシリボ核酸)…細胞の核内の染色体に含まれる，**遺伝子の本体**。二重らせん構造をしている。
- 突然変異…遺伝子は絶対的に不変なものではなく，まれに形質が変化することがある。
- 遺伝子の研究…遺伝子やDNAの研究成果は，**農業や医療**など幅広い分野で応用されている。
  　　　　　　　　　　　　　　　　　　　　　　└青いバラの花など

6 火成岩・地震

1問1答要点チェック チェックシートで答えをかくし，全問正解まで練習しよう。

① 火山と火成岩

- □ ① 火山の地下で，どろどろにとけている高温の物質は何か。
- □ ② その物質が地表に出たものを何というか。
- □ ③ 火成岩について，次の岩石は何という種類のものか。
  - ⓐ マグマが地表付近で，急に冷え固まってできる。
  - ⓑ マグマが地下の深い所で，ゆっくり冷え固まってできる。
  - ⓒ 石基と斑晶からできている。
  - ⓓ ほぼ同じ大きさの結晶からできている。
- □ ④ 安山岩・花こう岩・玄武岩のうち，深成岩はどれか。
- □ ⑤ 流紋岩・せん緑岩・はんれい岩のうち，火山岩はどれか。
- □ ⑥ せん緑岩より花こう岩に多く含まれている無色鉱物は何か。
- □ ⑦ 流紋岩・安山岩・玄武岩のうち，最も白っぽい岩石は何か。
- □ ⑧ ⑦の３つの岩石のうち，最も黒っぽい岩石は何か。

解答

① マグマ
② 溶岩
③ ＝ ⓐ 火山岩
　　ⓑ 深成岩
　　ⓒ 火山岩
　　ⓓ 深成岩
④ 花こう岩
⑤ 流紋岩
⑥ セキエイ
⑦ 流紋岩
⑧ 玄武岩

② 地震とそのゆれ

- □ ⑨ 地震が発生した場所を何というか。
- □ ⑩ その真上の地表面上の地点を何というか。
- □ ⑪ 右のグラフについて，
  - ⓐ A，Bはそれぞれ，P波，S波のどちらか。
  - ⓑ 初期微動を起こす波は，A，Bのどちらか。
  - ⓒ Xの時間を何というか。
  - ⓓ P波の伝わる速さはいくらか。
  - ⓔ S波の伝わる速さはいくらか。
  - ⓕ Xが40秒となる地点は，震源からの距離が何kmと考えられるか。 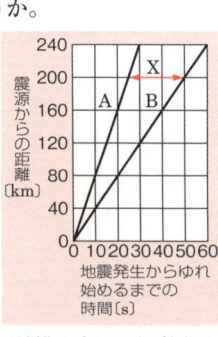
- □ ⑫ 地震のゆれの程度を表すものを何というか。
- □ ⑬ 地震の規模の大小を表すものを何というか。
- □ ⑭ 日本付近での震央は東日本に多いが，太平洋側と日本海側をくらべると，どちらに多いか。

⑨ 震源
⑩ 震央
⑪ ＝ ⓐ A…P波，B…S波
　　ⓑ A
　　ⓒ 初期微動継続時間
　　ⓓ 8km/s
　　 （＝160÷20）
　　ⓔ 4km/s
　　 （＝160÷40）
　　ⓕ 320km
　　 （160：20 ＝ x：40）
⑫ 震度
⑬ マグニチュード
⑭ 太平洋側

入試アドバイス
- 火成岩はひじょうによく出る。下の2つの表は完全に覚えよ。
- 地震では，震源距離を計算させる問題がよく出る。P波，S波の到着時刻のグラフを読みとれるようにしておくこと。

最重要点チェック　覚えたらシートで赤文字をかくし，重要点をチェックしよう。

① 火山と火成岩

- **マグマ**…地下(深さ約100km)の岩石がどろどろにとけた物質。　●よく出る
- **溶岩**…マグマが地表に噴き出したもの。温度は約900〜1200℃。
- **火成岩**…マグマが冷え固まってできた岩石。でき方(つくり)のちがいで，**火山岩**と**深成岩**に分けられる(右図)。
  - 火山岩…流紋岩・安山岩・玄武岩
  - 深成岩…花こう岩・せん緑岩・はんれい岩

	でき方	つくりの特徴	模式図
火山岩	マグマが地表近くで**急に冷え固まって**できた火成岩	**斑状組織**(**石基**と**斑晶**からなる)	斑晶／石基
深成岩	マグマが地下深くで**ゆっくり冷え固まった**火成岩	**等粒状組織**(どの鉱物の結晶も大きい)	

- **火成岩の分類と特徴**(右図)…有色鉱物の割合が多いはんれい岩や玄武岩では，岩石の色が**黒っぽく**なる。

火山岩(斑状組織)	流紋岩	安山岩	玄武岩
深成岩(等粒状組織)	花こう岩	せん緑岩	はんれい岩
密度〔g/cm³〕	2.7 →		3.2
岩石全体の色あい	白っぽい ←		→ 黒っぽい

造岩鉱物の種類と分量の割合〔%〕：セキエイ，チョウ石，カクセン石，キ石，カンラン石，クロウンモ，その他の鉱物（無色鉱物／有色鉱物）

② 地震とそのゆれ

- **地震波の伝わり方**…震源から出た地震波は**同心球状**に伝わる。
- **地震のゆれ**…はじめに**初期微動**(小さいゆれ)，つづいて**主要動**(大きいゆれ)がくる。
- **地震波**…P波とS波がある。
  - ❶ **P波**…**縦**波で，**初期微動**を起こす。(ゆれの方向と進行方向が同じ) 地表付近で**6〜8km/s**。
  - ❷ **S波**…**横**波で，**主要動**を起こす。(ゆれの方向と進行方向が直角) 地表付近で**3〜5km/s**。
- **初期微動継続時間**…**初期微動**と**主要動**が届いた時刻の差。
- **震源距離**…**初期微動継続時間**に比例。
- **日本付近での震源の分布の特徴**
  - ❶ 震源は，関東地方から北海道にかけての**太平洋**側に多い。
  - ❷ 震源の深さは，太平洋側で**浅く**，日本海側に向かうにつれて**深く**なる。

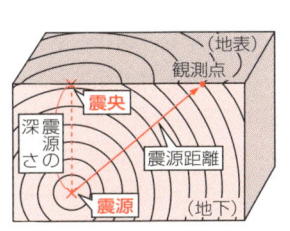

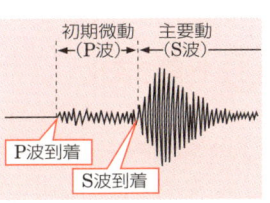

(地表)／観測点／震央／深さ／震源距離／震源／(地下)

初期微動(P波)／主要動(S波)／P波到着／S波到着

理科

55

7 大地の変化

理科／地学分野

1問1答要点チェック　チェックシートで答えをかくし，全問正解まで練習しよう。

① 岩石の風化と流水のはたらき

解答

- □ ① 自然のはたらきにより，岩石が表面からくずれることを何というか。 ① 風化
- □ ② 流れる水が地面や岩石をけずりとるはたらきを何作用というか。 ② 侵食作用
- □ ③ 流れる水が，運んできた土砂などを積もらせるはたらきを何作用というか。 ③ 堆積作用
- □ ④ 流水で運ばれてきた土砂などが海底に堆積し，層状になったものを何というか。 ④ 地層
- ⚠ □ ⑤ ④は，下から上へ順に積もることから考えて，できた年代が古いのは上の層か，下の層か。 ⑤ 下の層
- ⚠ □ ⑥ ④に含まれている粒の形は，角ばっているか，丸みをおびているか。 ⑥ 丸みをおびている

② 地層をつくる岩石と化石

- □ ⑦ 堆積岩と火成岩について，
  - ⓐ 粒の形が丸みをおびているのはどちらか。
  - ⓑ 化石を含むことがあるのはどちらか。

  ⑦ ＝ ⓐ 堆積岩　ⓑ 堆積岩

- □ ⑧ 地層中に次の層があった場合，その層の堆積当時の環境はどのようであったと考えられるか。
  - ⓐ 凝灰岩の層
  - ⓑ アサリの化石を含む層
  - ⓒ サンゴの化石を含む層

  ⑧ ＝ ⓐ 火山活動が盛ん　ⓑ 浅い海　ⓒ 暖かくて浅い海

- ⚠ □ ⑨ 地層の堆積当時の環境を知る手がかりとなる化石を何というか。 ⑨ 示相化石
- □ ⑩ ある地層からアンモナイトの化石が見つかった。この地層ができた年代はいつか。 ⑩ 中生代

③ 地層の変化

- □ ⑪ 地層が，ある面を境にしてずれているものを何というか。 ⑪ 断層
- □ ⑫ 地層が波打ったような状態になっているものを何というか。 ⑫ しゅう曲
- □ ⑬ 海岸段丘は，土地の隆起と沈降のどちらによってできるか。 ⑬ 隆起

入試アドバイス
- 地層の特徴は、地層が堆積岩でできていることから考えよ。
- 示相化石から堆積当時の環境を問う問題はよく出る。
- 地質断面図から、過去の地殻変動の順序を読みとれるようになろう。

最重要点チェック　覚えたらシートで赤文字をかくし、重要点をチェックしよう。

① 岩石の風化と流水のはたらき
- □ 風化…気温の変化や水の凍結などで、岩石が表面からくずれていくこと。
- □ 流水のはたらき…川の水や海の水のはたらき。
  - ❶ 侵食作用…地面や岩石をけずるはたらき。➡V字谷・蛇行を形成。
  - ❷ 運ぱん作用…けずったものを運ぶはたらき。
  - ❸ 堆積作用…運んだものを積もらせるはたらき。➡扇状地・三角州を形成。
- □ 地層のでき方…川から運ばれてきた土砂のうち、同じくらいの大きさの粒が、海底の同じ所に水平に積もる。（小さい粒ほど沖合い）➡下から上へと順に積み重なり、下の堆積物がおし固められてできる。

② 地層をつくる岩石と化石
●よく出る
- □ 堆積岩…堆積物がおし固められてできた岩石で、地層をつくる。右表の特徴を火成岩と比較して覚える。

	堆積岩	火成岩
粒の形	丸みをおびる	角ばっている
粒の大きさ	ほぼ同じ大きさ	大きさはいろいろ
化石	含むことがある	含むことはない

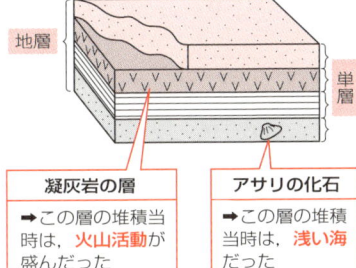

- □ おもな堆積岩（ ）内はもとの堆積物。
  - ❶ 流水のはたらきでできた堆積岩
    れき岩(れき)、砂岩(砂)、泥岩(泥)。これらの区別は、粒の大きさによる。
    （直径2〜0.06mm／直径2mm以上の粒／直径0.06mm以下）
  - ❷ その他の堆積岩
    凝灰岩(火山噴出物)、石灰岩(生物の遺骸など)、
    （塩酸をかけると二酸化炭素が発生）
    チャート(生物の遺骸など)
    （塩酸をかけても変化なし）

凝灰岩の層 ➡この層の堆積当時は、火山活動が盛んだった
アサリの化石 ➡この層の堆積当時は、浅い海だった

- □ 示相化石…地層の堆積当時の自然環境がわかる。
  - ❶ シジミ➡淡水の湖や河口
  - ❷ アサリ・ハマグリ➡浅い海
  - ❸ サンゴ➡暖かくて浅い海
- □ 示準化石…地層の堆積年代がわかる。➡サンヨウチュウ・フズリナ(古生代)、アンモナイト・恐竜(中生代)、ナウマンゾウ・ビカリア(新生代)

③ 地層の変化とプレートの動き
- □ しゅう曲…水平方向からおしあう力で地層が曲がったもの。大規模な山脈のできる原因。（ヒマラヤ山脈、アルプス山脈など）
- □ 断層…地層に力がはたらき、地層が切れてずれたもの。
- □ 海岸段丘…海岸にそって平らな面と急ながけからなる、階段状の地形。土地が隆起してできる。
- □ プレート…地表をおおう、厚さ100kmほどの岩石の層。1年間に数cm動いており、海洋プレートが大陸プレートの下にしずみこんでいる。（ひずみがもとにもどるときに地震が起こる）
- □ 海嶺・海溝…プレートができる所(海嶺)、しずみこむ所(海溝)。（日本付近には日本海溝がある）

8 天気とその変化

理科／地学分野

1問1答要点チェック
チェックシートで答えをかくし，全問正解まで練習しよう。

① 大気中の水蒸気とその変化

- ① 飽和水蒸気量は，気温が高いほどどうなるか。
- ② 水蒸気が凝結し始める温度を何というか。
- ③ 気温20℃の空気1m³に8.65gの水蒸気が含まれているときの湿度は何%か（20℃の飽和水蒸気量…17.3g/m³）。
- ④ 空気のかたまりが上昇して膨張すると，気温はどうなるか。
- ⑤ 雲をつくる水滴ができるのは，温度がどのようになったときか。
- ⑥ 雲ができるのは，上昇気流と下降気流のどちらか。

解答
- ① 多くなる
- ② 露点
- ③ 50%$\left(=\dfrac{8.65}{17.3}\times100\right)$
- ④ 下がる
- ⑤ 露点以下になったとき
- ⑥ 上昇気流

② 大気とその動き

- ⑦ 1気圧は何hPaか。
- ⑧ 風の吹く向きは，気圧が高い所→低い所，低い所→高い所のどちらか。
- ⑨ 地上付近で，風が吹き出すのは高気圧か，低気圧か。
- ⑩ その中心で生じるのは，上昇気流か，下降気流か。

- ⑦ 1013hPa
- ⑧ 高い所→低い所
- ⑨ 高気圧
- ⑩ 下降気流

③ 前線と低気圧

- ⑪ 右のA～Cの前線について，
  - ⓐ それぞれの名称を書け。
  - ⓑ 前線の通過後，気温が急に下がるのはどれか。
  - ⓒ 前線の通過時，弱い雨が長時間ふるのはどれか。
- ⑫ 温帯低気圧の中心から南東方向にのびる前線は何か。
- ⑬ 温帯低気圧の進行方向は，東→西，西→東のどちらか。

- ⑪ ＝ⓐ A…寒冷前線，B…温暖前線，C…停滞前線
  - ⓑ A
  - ⓒ B
- ⑫ 温暖前線
- ⑬ 西→東

④ 天気の変化と日本の天気

- ⑭ 高気圧の中心付近での天気はどうか。
- ⑮ 日本付近の気圧配置は，どちらからどちらへ移動するか。
- ⑯ 日本の南方海上で発生して，夏に日本にくる気団は何か。
- ⑰ 西高東低の気圧配置を示す季節はいつか。
- ⑱ 移動性高気圧と低気圧が交互にやってくる季節はいつか。

- ⑭ よい(晴れ)
- ⑮ 西から東
- ⑯ 小笠原気団
- ⑰ 冬
- ⑱ 春，秋

入試アドバイス
- 湿度の計算式はぜひ覚えておくこと。
- 気温・気圧・湿度などを表したグラフから前線の通過時刻と種類を推測させる問題はよく出る。

最重要点チェック
覚えたらシートで赤文字をかくし，重要点をチェックしよう。

① 大気中の水蒸気とその変化
- □ **飽和水蒸気量**…大気1m³中に最大含むことのできる水蒸気量。気温が高くなるほど多い。
- □ **湿度の求め方**　湿度$[\%] = \dfrac{空気中の水蒸気量[g/m^3]}{その温度での飽和水蒸気量[g/m^3]} \times 100$
- □ **気温と湿度の日変化**…晴れの日➡気温と湿度は逆の関係（グラフは，気温…山型，湿度…谷型）。
- □ **雲のでき方**…空気のかたまりが上昇して冷やされて露点以下になると，含まれていた水蒸気が凝結して，小さな水滴や氷の粒になる。これらが上空に浮かんでいるのが雲である。

② 大気とその動き
- □ **大気圧**…地球をとりまく大気の重さによって生じる圧力。1気圧=1013hPa=760mmHg
- □ **風**…気圧の高い所から低い所へ向かう大気の水平方向の流れ。等圧線の間隔がせまいほど風は強い。
- □ **高気圧・低気圧と風**（北半球の場合）

	風の吹き方	風	気流	天気
高気圧	右回りに吹き出す	弱い	下降気流	よい
低気圧	左回りに吹きこむ	強い	上昇気流	悪い

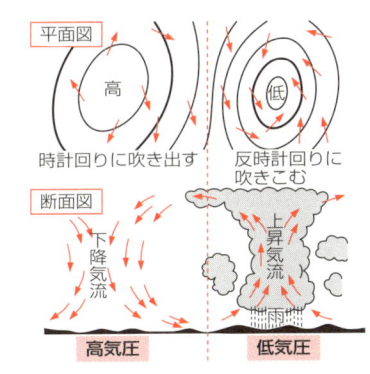

③ 前線と低気圧
- □ **前線**…暖気と寒気がぶつかる所。
- □ **温暖前線・寒冷前線と天気**
  1. **温暖前線**…低気圧の中心から南東へのびる。通過時には，広範囲にわたって弱い雨が長時間ふり続く。
  2. **寒冷前線**…低気圧の中心から南西へのびる。通過時…強い雨がせまい範囲で短時間ふる。通過後…気温低下。
     └風が北寄りになる

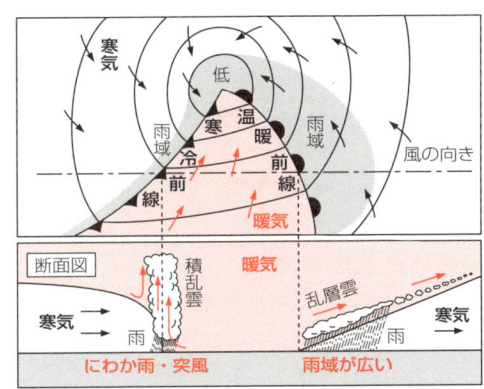

④ 天気の変化と日本の天気
- □ **天気の変化**…気圧配置の変化にともなって，天気は西から東へ変化していく。
  └偏西風にのって，西から東へ移動
- □ **日本の天気**
  1. 冬…日本海側で雪や雨，太平洋側で晴天。
     └西高東低型の気圧配置
  2. 夏…カンカン照りの日が続き，
     └南の海上に小笠原気団
     南高北低型
     雷や夕立ちが多い。
  3. 春・秋…天気が周期的に変化。
     └移動性高気圧と低気圧が交互にくる
  4. 梅雨・秋雨…ぐずついた天気が続く。
     └梅雨前線・秋雨前線などの停滞前線ができる

9 天体の1日の動きと1年の動き

1問1答要点チェック　チェックシートで答えをかくし，全問正解まで練習しよう。

① 地球の自転と天体の日周運動

- ① 地球は1時間に何度回転しているか。
- ② 地球の自転の向きは，東→西，西→東のどちらか。
- ③ 星や太陽は，東→西，西→東のどちらに動いて見えるか。
- ④ 夜，星の動きを調べるため空を撮影した。
  - ⓐ 東の空をうつしたものはどれか。
  - ⓑ アの図で，星はa，bのどちらに動くように見えるか。 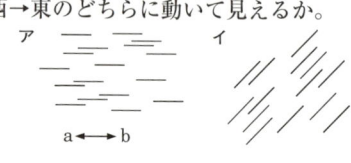 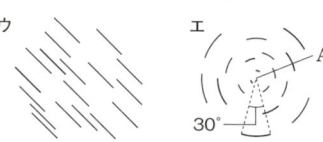
  - ⓒ エの図で，動いていないように見えるAの星は何か。
  - ⓓ エの図で，シャッターをあけていたのは何時間か。
- ⑤ ある日の太陽の動きを，透明半球に記録した。P点は南中したときの位置である。
  - ⓐ 南中高度を記号で表せ。
  - ⓑ A〜Dのうち，東はどれか。

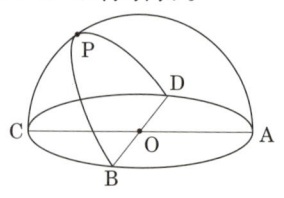

② 地球の公転と天体の年周運動

- ⑥ 地球は，何のまわりを1年で1回転しているか。
- ⑦ 毎日同じ時刻に見られる星の位置は，東→西，西→東のどちらに動いていくか。
- ⑧ その変化の速さは，1日に約何度か。
- ⑨ 午後9時に南中した星は，1か月（30日）後には何時に南中するか。
- ⑩ 右の図は，春分，夏至，秋分，冬至の太陽の1日の運動を記録したものである。
  - ⓐ 夏至の日の道すじはどれか。 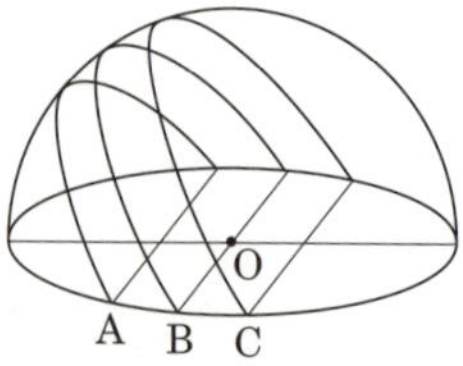
  - ⓑ 8月初めの太陽の道すじは，どことどこの間か。
- ⑪ 夏に見られる最も代表的な星座は何か。

解答

① 15°
② 西→東
③ 東→西
④ = ⓐ イ
　　ⓑ b
　　ⓒ 北極星
　　ⓓ 2時間

⑤ = ⓐ ∠POC
　　ⓑ B

⑥ 太陽
⑦ 東→西
⑧ 約1°
⑨ 午後7時
⑩ = ⓐ C
　　ⓑ BとCの間

⑪ さそり座

入試アドバイス
- 天体が動く向きや地球の自転の向きはよく出る。
- 太陽の日周運動について，透明半球を使った問題がよく出る。
- 季節による太陽の南中高度の変化を理解しておくこと。

最重要点チェック
覚えたらシートで赤文字をかくし，重要点をチェックしよう。

① 地球の自転と天体の日周運動

- □ **地球の自転**…地軸を軸として，**西から東**へ約1日(23時間56分4秒)に1回転(360°)する。
  ←天の北極から見て，反時計回り
  ←北極と南極を結ぶ線

- □ **天体の日周運動**
  ❶ すべての天体は，約1日で天球上を1周する。➡地球の**自転**によって起こる見かけの運動。
  ❷ 日周運動の速さ➡**1時間に15°**の割合。日周運動の向き➡**東**から**西**の方向(地球の自転の逆)。
  ←360°÷24時間

- □ **各方位の天体の動き**
  ❶ 北の空…北極星を中心に**反時計回り**(図A)。
  ←天の北極とほぼ同じ位置
  ❷ 東の空…右ななめ上向きに動く(図B)。
  ←南の空へのぼる
  ❸ 南の空…左から右へ弧をえがく(図C)。
  ←東から西
  ❹ 西の空…右ななめ下向きに動く(図D)。
  ←北のほうへおりる

- □ **太陽の日周運動**…北半球では，太陽は一定の速さで天球上を動き，東の空からのぼり，南の空を通って西の空にしずむ。

- □ **南中**…天体が真南の空にくること。また，そのときの高さを**南中高度**という。

② 地球の公転と天体の年周運動

- □ **地球の公転と天体の年周運動**
  ❶ すべての天体は，1年で天球上を1周する。➡地球の**公転**によって起こる見かけの運動。
  ❷ 年周運動の速さ➡**1日に約1°**の割合。年周運動の向き➡**東**から**西**の方向。
  ←360°÷365日≒1, 1か月に30°
  ←地球の公転の向きと逆

- □ **星の年周運動**
  ❶ 同じ星座が同じ時刻に見える位置➡1日に約**1**°ずつ東から西へ移っていく。
  ❷ 同じ星座が同じ位置に見える時刻➡1日に約**4分**ずつ早くなる。
  ←1時間で15°より，60分÷15=4分

- □ **季節と星座**…各季節に見られる代表的な星座は次のとおり。
  春…しし座・おとめ座　　夏…**さそり座**　　秋…ペガスス座　　冬…**オリオン座**

- □ **季節と太陽の南中高度**
  ❶ **夏至**…南中高度が1年中で最も**高い**。昼の長さが最も長い。6月下旬。
  ❷ **冬至**…南中高度が1年中で最も**低い**。昼の長さが最も短い。12月下旬。
  ❸ **春分**・**秋分**…南中高度は夏至と冬至の中間。昼の長さが夜の長さとほぼ同じ。
  ←太陽は真東から出て，真西にしずむ
  春分➡3月下旬。秋分➡9月下旬。

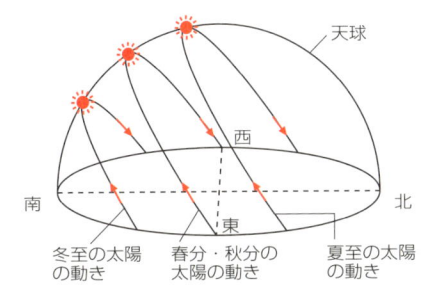

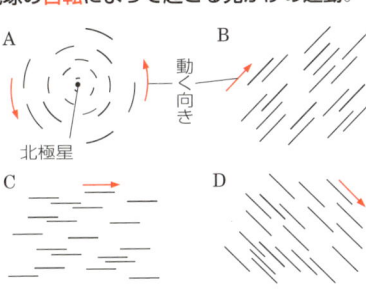

10 太陽系

理科／地学分野

1問1答要点チェック
チェックシートで答えをかくし，全問正解まで練習しよう。

① 地球・太陽・月

解答

① 地球と太陽との間の距離はおよそ何kmか。 — ① 約1億5000万km
② 日食が起こるとき，太陽，地球，月はどのように並ぶか。太陽から並ぶ順に書け。 — ② 太陽－月－地球
③ 太陽の表面の状態は固体，液体，気体のどれか。 — ③ 気体
④ 太陽の表面の温度は，およそ何℃か。 — ④ 約6000℃
⑤ 太陽の表面に見られる，まわりよりも温度が低いため，黒く見える点を何というか。 — ⑤ 黒点
⑥ 太陽の半径は地球の半径のおよそ何倍か。 — ⑥ 約109倍
⑦ 右の図は太陽，月，地球の位置関係を示した模式図である。
　ⓐ 月の公転の向きはA，Bのどちらか。
　ⓑ 上弦の月が見えるのはa～hのどのときか。 — ⑦ ⓐ A　ⓑ e

② 太陽系・銀河系

⑧ 地球のすぐ外側を公転している天体を何というか。 — ⑧ 火星
⑨ 惑星を北から見たとき，公転の方向はどちら回りか。 — ⑨ 反時計回り
⑩ 明けの明星，よいの明星とよばれている惑星は何か。 — ⑩ 金星
⑪ よいの明星は，いつごろ，どちらの方角に見えるか。 — ⑪ 日没後，西の空
⑫ 金星と火星のうち，大きく満ち欠けして見えるのは，どちらの惑星か。 — ⑫ 金星
⑬ 金星と火星のうち，真夜中に見えることがあるのは，どちらの惑星か。 — ⑬ 火星
⑭ 自分で光を出し，一般に星座を形づくっている天体は何か。 — ⑭ 恒星
⑮ 太陽系のなかで，恒星とよばれるものはどれか。 — ⑮ 太陽
⑯ 地球のまわりを公転している衛星を何というか。 — ⑯ 月
⑰ 火星と木星の間に多数ある，小さな天体を何というか。 — ⑰ 小惑星
⑱ 恒星が数億～数千億個集まった天体の大集団を何というか。 — ⑱ 銀河
⑲ 太陽系を含む⑱を何というか。 — ⑲ 銀河系

> **入試アドバイス**
> - 太陽の黒点の見え方と表面温度に注意。
> - 太陽，月，地球の位置関係と月の満ち欠けはよく出る。
> - 金星の動きと見え方については，図で必ず理解せよ。

最重要点チェック　覚えたらシートで赤文字をかくし，重要点をチェックしよう。

① 地球・太陽・月

□ **地球のようす**…太陽系中の惑星の1つ。
- ❶ 半径が約 **6400km** の球形，全周は約 **4万km**。
  └ 赤道半径が，極半径より21km長い
- ❷ 地球上の位置は，緯度（南北），経度（東西）で表す。➡ 北半球の緯度＝北極星の高度

□ **太陽のようす**…高温のガス体で，太陽系でただ1つの恒星。
- ❶ 自転している。地球からの距離は約 **1億5000万km**。
- ❷ 半径が地球の約 **109倍** の球形。➡ 周縁部ほど黒点の形がゆがみ，黒点の移動速度が遅いことから，球形だとわかる。
- ❸ 表面温度は約 **6000℃**，黒点の部分は約 **4000℃**。
  └ まわりより低いから黒く見える

□ **月のようす**…地球の衛星。満ち欠けして見える（下図）。
- ❶ 半径が地球の $\frac{1}{4}$ の球形。地球からの距離は約 **38万km**。
- ❷ 重力は，地球上での大きさの $\frac{1}{6}$。

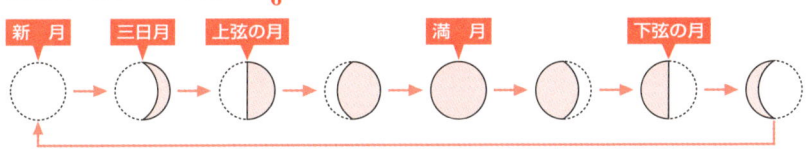

新月 → 三日月 → 上弦の月 → 満月 → 下弦の月

□ **日食**…太陽・月・地球の順に一直線に並び，**太陽が月にかくされてしまう現象**。太陽がすっぽりとかくれる日食を **皆既日食** といい，月の外側に太陽がはみ出して，光の輪のように見える日食を **金環日食** という。日食が起こるのは，**新月** のときだけ。
└ 太陽の大きさは月の約400倍，地球からの距離も約400倍なので，大きさが同じくらいに見える

□ **月食**…太陽・地球・月の順に一直線に並び，月が地球のかげに入ってかくされてしまう現象。月食が起こるのは，**満月** のときだけ。

② 太陽系・銀河系

□ **太陽系**…太陽・惑星・衛星・小惑星・すい星などからなる集団。
　└ 太陽系唯一の恒星　└ 惑星のまわりを公転している天体

□ **太陽系の惑星**…太陽に近いほうから，水星・**金星**・地球・**火星**・木星・**土星**・**天王星**・海王星の8つ。
　　　　　　　　　　　　　　　　　└ 恒星の集団

□ **銀河系**…太陽系を含む，星団や星雲，多数の恒星がつくる天体の大集団。
　　　　　　　　　　　　　　└ ガス状物質の集まり

□ **金星の動きと見え方**…日の出前の **東** の空，また
は日没後の **西** の空に見える。見かけの大きさは変化し，大きく **満ち欠け** する。

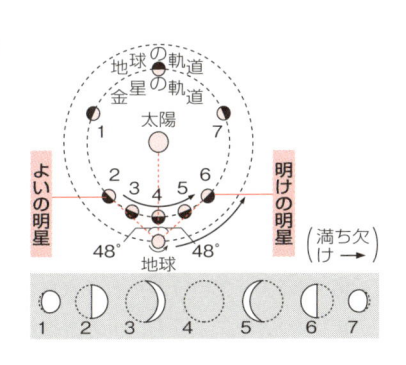

（よいの明星・明けの明星／48°）

11 物質の分類と気体の性質

1問1答要点チェック チェックシートで答えをかくし，全問正解まで練習しよう。

① 物体と物質

- ① 上皿てんびんや電子てんびんではかることのできる物質の量を何というか。
- ② 物質1cm³あたりの質量を何というか。
- ③ ある物質は，体積20cm³で質量が54gであった。この物質の②はいくらか。

解答
① 質量
② 密度
③ 2.7g/cm³
（＝54÷20）

② 金属

- ④ 金属には，金属特有のかがやきが見られる。このかがやきを何というか。
- ⑤ 磁石に引きつけられるのは，金属の共通の性質といえるか。
- ⑥ 金属は電気や熱をどうする特徴があるか。
- ⑦ 金属以外の物質を何というか。
- ⑧ ガラスは，それらのうちのどちらの物質か。

④ （金属）光沢
⑤ いえない
⑥ よく通す
⑦ 非金属
⑧ 非金属

③ 炭素を含む物質・含まない物質

- ⑨ 砂糖やデンプンなど，炭素を含む物質を何というか。
- ⑩ ⑨の物質を燃やすと，気体の物質と液体の物質ができる。これらの物質の名前は何か。
- ⑪ 金属やガラスなど，炭素を含まない物質を何というか。
- ⑫ 二酸化炭素や一酸化炭素は炭素を含んでいるが，⑨と⑪のどちらに分類されるか。
- ⑬ ペットボトルや消しゴムなど，さまざまな製品に用いられ，石油などを原料としてつくられた物質を何というか。
- ⑭ ⑬の物質は，⑨と⑪のどちらに分類されるか。

⑨ 有機物
⑩ 二酸化炭素，水
⑪ 無機物
⑫ ⑪
⑬ プラスチック
⑭ ⑨

④ 気体の性質

- ⑮ ア…水素，イ…二酸化炭素，ウ…アンモニア，エ…酸素のうち，亜鉛にうすい塩酸を加えたとき発生する気体はどれか。
- ⑯ ⑮のア～エのうち，石灰水を白くにごらせる気体はどれか。
- ⑰ ⑮のア～エのうち，上方置換法で集める気体はどれか。

⑮ ア
⑯ イ
⑰ ウ

入試アドバイス
- 密度は物質を区別する手がかりとなる。計算できるようにしておこう。
- 二酸化炭素や一酸化炭素などは無機物であることに注意。
- おもな性質や捕集法などから，気体名を推定させる問題も多い。

最重要点チェック　覚えたらシートで赤文字をかくし，重要点をチェックしよう。

① 物体と物質

- 物体…ものさしやコップなど，具体的な形を有する物。
- 物質…物体をつくりあげている材料の種類。
  └ガラス，ゴム，木など。材質ともいう
- 質量…てんびんではかることのできる物質の量。重さは，物体が
  地球の重力に引っ張られて生じる力の大きさ。
  └はかる場所によって変わることがある
- 密度…物質 $1\,\mathrm{cm}^3$ あたりの質量。密度は，物質ごとに異なるので，
  密度で物質を区別することができる。

$$密度〔\mathrm{g/cm}^3〕= \frac{物質の質量〔\mathrm{g}〕}{物質の体積〔\mathrm{cm}^3〕}$$

おもな物質の密度

アルミニウム	$2.70\,\mathrm{g/cm}^3$
鉄	$7.87\,\mathrm{g/cm}^3$
銅	$8.96\,\mathrm{g/cm}^3$
水	$1.00\,\mathrm{g/cm}^3$
エタノール	$0.79\,\mathrm{g/cm}^3$
酸素	$1.33\,\mathrm{g/L}$
二酸化炭素	$1.84\,\mathrm{g/L}$

② 金属
　　└鉄，銅，亜鉛，アルミニウム，銀，金など
- 金属…(金属)光沢がある，電気や熱をよく通す，細い線状やうすい板の状態にのばすことがで
  └みがくと光る
  きる，などの共通の性質がある物質。
- 非金属…金属ではない物質。物質は，金属と非金属のどちらかに分けられる。
  └木，プラスチック，ゴムなど

③ 炭素を含む物質・含まない物質

- 有機物…炭素を含む物質。おもに，生物のからだをつくっている物質である。燃やすと二酸化炭
  └紙，ロウ，プラスチックなど　　　　　　　　　　　　　　　　　　　　炭酸マグネシウムや，炭酸ナトリウムなど┐
  素と水を発生する。炭素を含んでいても，一酸化炭素や二酸化炭素，炭酸を含む化合物などは
  └プラスチックには燃やすと有害な物質が出るものもある
  無機物としてあつかっている。
- 無機物…炭素を含まない物質。燃やしても二酸化炭素は発生しない。
  └食塩，金属など
- プラスチック…石油などを原料としてつくられた物質で，さまざまな用途で用いられる。
  　　　　　　　　　　　　　　　　　　　　└ペットボトル，ホース，食品容器など┘

④ 気体の性質

- 水素H_2…亜鉛にうすい塩酸。無色・無臭。ポッという音をたてて燃える。
  　　　　└製法　└オキシドール
- 酸素O_2…過酸化水素水に二酸化マンガン。無色・無臭。物が燃えるのを助ける。
  　　　　└製法　　　　　　└過酸化水素の分解を助ける
- 二酸化炭素CO_2…石灰石にうすい塩酸。
  　　　　　　　　└製法
  無色・無臭。石灰水を白くにごらせる。
  水に少し溶け，弱い酸性を示す。
  　　　　└炭酸水
- アンモニアNH_3…刺激臭。水に
  非常によく溶け，アルカリ性を示す。
- 気体の捕集法…右図。　　水上置換法　　上方置換法　　　　　下方置換法

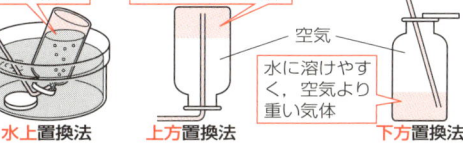

（水に溶けにくい気体／水に溶けやすく，空気より軽い気体／空気／水に溶けやすく，空気より重い気体）

12 水溶液の性質と状態変化

理科／化学分野

1問1答要点チェック チェックシートで答えをかくし，全問正解まで練習しよう。

① 水溶液の性質

- □ ① 砂糖水において，ⓐ溶質，ⓑ溶媒にあたるものをそれぞれ答えよ。
- □ ② いくつかの物質が混じり合ったものを何というか。
- □ ③ 物質がそれ以上溶けることのできない水溶液を何というか。
- □ ④ 100gの水に溶けるだけ溶かしたときの物質の量を何というか。
- □ ⑤ 60℃の水100gに，12gのホウ酸が溶けている。溶解度は，20℃で4.9g，60℃で15gである。
  - ⓐ この水溶液の温度を下げるとホウ酸の結晶が出てきた。この現象を何というか。
  - ⓑ 20℃にしたとき，出てきたホウ酸は何gか。
- □ ⑥ 食塩20gに水を加えてつくった食塩水100gの質量パーセント濃度は何%か。
- □ ⑦ 100gの水に食塩を溶かして20%の食塩水をつくるとき，何gの食塩が必要か。

② 状態変化

- □ ⑧ 次の変化は，加熱，冷却のどちらで起こるか。
  水蒸気(気体)→水(液体)→氷(固体)
- □ ⑨ 質量9.0g，体積10.0cm³の氷の密度はいくらか。
- □ ⑩ ⑨の氷を水(密度1.0g/cm³)に入れると，浮くか，沈むか。
- □ ⑪ 固体がとけて液体になる変化を何というか。
- □ ⑫ ⑪の現象が起こるときの温度を何というか。

③ 混合物の分離

- □ ⑬ 右の装置で食塩と水を分離する方法を何というか。
- □ ⑭ 右の装置で，
  - ⓐ 沸騰石を入れた理由は何か。
  - ⓑ 試験管にたまった液体は何か。

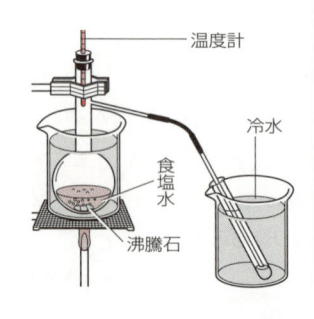

解答

- ① ＝ ⓐ 砂糖
  ⓑ 水
- ② 混合物
- ③ 飽和水溶液
- ④ 溶解度
- ⑤ ＝ ⓐ 再結晶
  ⓑ **7.1g**
  (＝12−4.9)
- ⑥ **20%**
  $\left(=\dfrac{20}{100}\times 100\right)$
- ⑦ **25g**
  $\left(\dfrac{x}{100+x}\times 100=20\right)$
- ⑧ 冷却
- ⑨ **0.90g/cm³**
  (＝9.0÷10.0)
- ⑩ 浮く
- ⑪ 融解
- ⑫ 融点
- ⑬ 蒸留
- ⑭ ＝ ⓐ 突沸を防ぐため
  ⓑ 水(蒸留水)

> **入試アドバイス**
> - 溶解度曲線から，結晶が出てくる温度や質量を求める問題がよく出る。
> - 質量パーセント濃度の求め方を理解しておくこと。
> - 純粋な物質と混合物の加熱曲線のちがいをつかもう。

最重要点チェック　覚えたらシートで赤文字をかくし，重要点をチェックしよう。

① 水溶液

- □ **水溶液**…物質が水に溶けたもの。透明で，こさは一様。（色がついているものもある）
- □ **溶質・溶媒・溶液**…水溶液の性質を決めるのは溶質。溶液＝溶質＋溶媒
  - 溶質…溶液に溶けている物質
  - 溶媒…溶質を溶かしている液体
- □ **純粋な物質**…1種類の物質でできているもの。（砂糖）
- □ **混合物**…何種類かの物質が混じっているもの。
- □ **飽和水溶液**…物質がそれ以上溶けることができない水溶液。（水道水にはいろいろな物質が溶けているので混合物）
- □ **溶解度**…水100gに溶ける溶質の最大量のグラム数。（物質の種類によって決まっている）
- □ **結晶**…いくつかの平面で囲まれた，規則正しい形の固体。
- □ **再結晶**…固体の物質をいったん水に溶かし，再び結晶としてとり出すこと。次の2つの方法がある。
  - ❶ 水溶液を冷却…温度に対する溶解度の差が大きい物質。（硝酸カリウム）
  - ❷ 水を蒸発させる…温度に対する溶解度の差が小さい物質。（塩化ナトリウム）

（グラフ：硝酸カリウム／塩化ナトリウムの溶解度曲線。結晶となって出てくる量 50−22＝28g）

- □ 質量パーセント濃度〔％〕＝ $\dfrac{溶質の質量〔g〕}{溶液の質量〔g〕} \times 100 = \dfrac{溶質の質量〔g〕}{溶質の質量〔g〕＋溶媒の質量〔g〕} \times 100$

② 状態変化

- □ **物質の三態**…気体・液体・固体
- □ **状態変化**…温度変化によって物質の状態が変わること。物質そのものは変化しない。状態変化すると体積は増減するが，質量(重さ)は変わらない。
- □ **純粋な物質の沸点・融点**…沸騰中，あるいは融解中の温度が一定であれば，純粋な物質である。（この温度が沸点，あるいは融点）
  - ➡ グラフでは水平部分が現れる。
- □ **混合物の沸点・融点**…沸騰中，あるいは融解中の温度が一定でなければ，混合物である。
  - ➡ グラフでは水平部分が現れない。

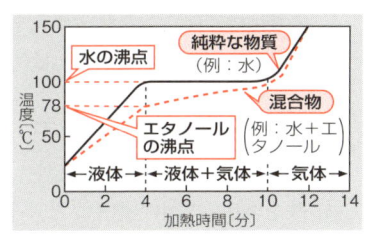

（グラフ：純粋な物質（例：水）と混合物（例：水＋エタノール）の加熱曲線。水の沸点100℃，エタノールの沸点78℃）

③ 混合物の分離

- □ **混合物を純粋な物質に分離する方法**
  - ❶ **ろ過**…水などの溶媒に溶けない物質はろ紙上に残り，溶媒に溶ける物質はろ紙を通過するので，両者を分離できる。（例：食塩とデンプンの混合物／デンプン／食塩）
  - ❷ **蒸留**…溶液を加熱し，溶媒を気体にしてとり出すことで，溶質と分離することができる。（例：食塩水／水／食塩）

13 化学変化のきまりと酸化・還元

1問1答要点チェック チェックシートで答えをかくし，全問正解まで練習しよう。

① いろいろな化学変化

① 炭酸水素ナトリウムを加熱した。
　ⓐ このとき発生した，石灰水を白くにごらせる気体は何か。
　ⓑ 加熱している試験管の口付近に液体ができた。この液体を調べるには，何という試験紙を使うか。
　ⓒ 加熱後，試験管に残った白い固体は何という物質か。

② 水の電気分解で，陰極（－極側）に発生する気体は何か。

③ 鉄粉と硫黄の粉末を混ぜあわせて加熱した。
　ⓐ このときできた物質は何か。
　ⓑ この物質は磁石につくか，つかないか。
　ⓒ このように，2種類以上の物質が別の1種類の物質になる化学変化を何というか。

解答
① = ⓐ 二酸化炭素
　ⓑ 塩化コバルト紙
　ⓒ 炭酸ナトリウム
② 水素（H_2）
③ = ⓐ 硫化鉄
　ⓑ つかない
　ⓒ 化合

② 酸化と還元

④ 酸化銅の粉末と炭素の粉末をよく混ぜて試験管に入れ，加熱したところ，試験管の先から気体が発生し，試験管には赤茶色の物質が残った。
　ⓐ 発生した気体は何か。
　ⓑ 試験管に残った物質は何か。
　ⓒ 酸化銅に起こった化学変化を何というか。
　ⓓ 炭素に起こった化学変化は何か。

④ = ⓐ 二酸化炭素
　ⓑ 銅
　ⓒ 還元
　ⓓ 酸化

③ 化学変化のきまりと原子・分子

⑤ 鉄を空気中で燃やすと，質量はどうなるか。
⑥ 鉄を密閉容器中で燃やすと，全体の質量はどうなるか。
⑦ 化学変化の前後で物質全体の質量は変わらない。この法則名を答えよ。
⑧ 銅と酸素がちょうど化合するときの質量の割合は？
⑨ 水の電気分解で発生する水素と酸素の体積比は？
⑩ ⓐ酸素とⓑアンモニアを化学式で表せ。
⑪ ⑩のⓐ，ⓑのうち，化合物はどちらか。
⑫ 水素と酸素から水ができるときの変化を化学反応式で書け。

⑤ 増える
⑥ 変わらない
⑦ 質量保存の法則
⑧ 銅：酸素＝4：1
⑨ 水素：酸素＝2：1
⑩ = ⓐ O_2　ⓑ NH_3
⑪ ⓑ
⑫ $2H_2 + O_2 \longrightarrow 2H_2O$

入試アドバイス

- 分解では，炭酸水素ナトリウムの加熱分解，化合では，硫黄と鉄の化合がよく出る。
- 酸化や還元は，酸化銅と炭素の反応についての出題が多い。
- 化学変化の質量関係は，まずグラフや表から質量比を求めること。

最重要点チェック　覚えたらシートで赤文字をかくし，重要点をチェックしよう。

□ **いろいろな化学変化**…別の物質に変わる変化が化学変化。
　❶ **分解**…1種類の物質が，**2種類以上**の別の物質に分かれる変化。
　　└炭酸水素ナトリウムの加熱，酸化銀の加熱
　❷ **化合**…2種類以上の物質が結びついて，**1種類の別の物質**になる変化。
　　└鉄と硫黄，銅と酸素，マグネシウムと酸素
□ **化学反応式**…化学変化を**化学式**を使って表した式。
　　　　　　　　　　　　　　└物質を原子の記号で表したもの
□ **酸化**…物質が**酸素**と化合する反応。
□ **酸化物**…酸素と化合した物質。
□ **還元**…酸化物が**酸素**を失う反応。
□ **化学変化のきまり**…右のグラフを見ながら整理せよ。
　❶ 化学反応に関係するすべての物質の質量の総和は，反応の前後で変わらない（**質量保存の法則**）。
　❷ 化学反応に関係する物質の質量の比は一定で，**化合物の種類**によって決まっている。

　例　銅と酸素の化合

	2Cu	+	O₂	→	2CuO
（質量比）	4	:	1	:	5

グラフ：酸化銅中の銅の質量（実線），酸化銅の質量（点線）。どこをとっても 銅：酸素 = 4：1。銅 4，酸素 1，酸化銅 5。

例題研究　化学変化と質量関係—銅の加熱

右のグラフは，銅の質量とそれを完全に酸素と化合させた後の酸化銅の質量の関係を表している。次の各問いに答えよ。

(1) 0.4gの銅と化合した酸素の質量は何gか。
(2) 銅と化合した酸素の質量の比を，最も簡単な整数比で示せ。
(3) 2.0gの酸化銅に含まれる酸素は何gか。
(4) この化学変化をモデルで表すと右のようになる。この反応を化学反応式で書け。

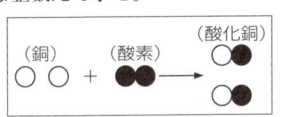

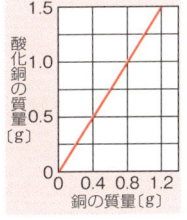

モデル：（銅）○○ ＋ （酸素）●● → （酸化銅）○●○●

考え方&解

(1) グラフより，0.4gの銅に**酸素**が結びついて0.5gの酸化銅ができるとわかる。よって，**0.5−0.4＝0.1〔g〕**が化合した酸素の質量である。
　　→ 銅と化合した酸素のぶんだけ重くなる。

(2) (1)より，銅の質量：化合した酸素の質量＝**0.4：0.1＝4：1**
　　→ この比は**一定**

(3) (1)より，酸化銅の質量：含まれている酸素の質量＝0.5：0.1＝5：1
　　よって，$2.0 \times \dfrac{1}{5} = 0.4$〔g〕

(4) モデルは，銅原子Cu **2**個と酸素分子O₂ **1**個がちょうど反応して，銅原子Cu 1個と酸素原子O 1個が結びついた**酸化銅CuO** 2個ができたことを示す。よって，**2Cu＋O₂ → 2CuO**
　　→ 反応式の係数＝**分子の数**，化学式の右下の小さい数字＝**原子の数**

解　(1) **0.1g**，(2) 銅：酸素＝**4：1**，(3) **0.4g**，(4) **2Cu＋O₂ → 2CuO**

14 イオンと電気分解・電池

1問1答要点チェック
チェックシートで答えをかくし，全問正解まで練習しよう．

❶ イオン

- □ ① 塩化ナトリウム，砂糖，鉄について，
  - ⓐ 固体の状態で電流を流す物質はどれか．
  - ⓑ 水に溶けたとき，水溶液が電流を流す物質はどれか．
  - ⓒ ⓑのような性質をもつ物質を何というか．
  - ⓓ 水に溶けても，水溶液が電流を流さない物質はどれか．
  - ⓔ ⓓのような性質をもつ物質を何というか．
- □ ② 電解質水溶液中で，電気を運ぶものは何か．
- □ ③ 原子が電子を失うと，何イオンになるか．
- □ ④ 原子が電子をうけとると，何イオンになるか．
- □ ⑤ 塩化銅が水に溶けると，2種類のイオンに分かれる．
  - ⓐ この現象を何というか．
  - ⓑ 2種類のイオンをイオン式で書け．
- □ ⑥ 次は，電離を表した式である．空らんにあてはまるイオン式や係数を答えよ．
  - ⓐ NaOH ⟶ Na$^+$ + 〔　〕　　ⓑ HCl ⟶ 〔　〕+ Cl$^-$
  - ⓒ H$_2$SO$_4$ ⟶ 〔　〕+ SO$_4$$^{2-}$

解答
- ① = ⓐ 鉄
  - ⓑ 塩化ナトリウム
  - ⓒ 電解質
  - ⓓ 砂糖
  - ⓔ 非電解質
- ② イオン
- ③ 陽イオン
- ④ 陰イオン
- ⑤ = ⓐ 電離
  - ⓑ Cu^{2+}とCl$^-$
- ⑥ = ⓐ OH$^-$
  - ⓑ H$^+$
  - ⓒ 2H$^+$

❷ 電気分解

- □ ⑦ 塩化銅水溶液の電気分解で，陽極には何が発生するか．
- □ ⑧ 塩化銅水溶液の電気分解で，陰極には何が発生するか．
- □ ⑨ 塩酸の電気分解で，陰極に移動するイオンは何か．イオン式で答えよ．
- □ ⑩ 電解質水溶液の電気分解において，水溶液中のイオンに電子を与える極板は，陽極，陰極のどちらか．

- ⑦ 塩素(Cl$_2$)
- ⑧ 銅(Cu)
- ⑨ H$^+$
- ⑩ 陰極

❸ 電池

- □ ⑪ 右図のようにして，電流をとり出す装置を何というか．
- □ ⑫ 右図で，+極になるのは銅か，亜鉛か．
- □ ⑬ 右図で，両方の極板を銅板にしたとき，電流は流れるか．

- ⑪ 電池
- ⑫ 銅
- ⑬ 流れない

入試アドバイス
- 電気分解では，塩化銅水溶液と塩酸の２つ，電池では，亜鉛板と銅板の化学電池が出る。
- 陽極（＋極），陰極（－極）それぞれに発生する気体や物質を確実に覚えておく。
- 電極での電子のやりとりをモデルで理解しておこう。

最重要点チェック　覚えたらシートで赤文字をかくし，重要点をチェックしよう。

① イオン
- □ **電解質**…水に溶かしたとき，水溶液に電流が流れる物質。
- □ **非電解質**…水に溶かしたとき，水溶液が電流を流さない物質。
- □ **原子の構造**…中心に<u>原子核</u>があり，そのまわりに－の電気をもつ<u>電子</u>がある。原子核は，＋の電気をもつ<u>陽子</u>と電気をもたない<u>中性子</u>からなる（右図）。

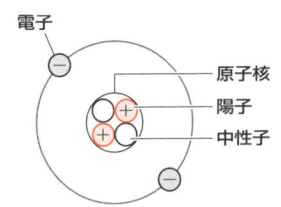

② 電気分解
- □ **塩化銅の電離**
  $$CuCl_2 \longrightarrow Cu^{2+} + 2Cl^{-}$$
  （銅イオン）　　（塩化物イオン）
- □ **塩化銅水溶液の電気分解**…電子のやりとりに注目！（右図）　**○よく出る**
  ① **陽極**…陰イオンのCl^{-}が引きよせられる➡電子を放出してCl（塩素原子）になる➡Clが<u>2</u>個結合してCl_2（塩素分子（気体））になって発生。
  ② **陰極**…陽イオンのCu^{2+}が引きよせられる➡電子を<u>2</u>個うけとり，Cu（銅（金属））となって電極に付着。
- □ **塩酸の電気分解**…塩化水素の電離　$HCl \longrightarrow H^{+} + Cl^{-}$
  （塩化水素の水溶液）
  ① 陽極…Cl_2（<u>塩素</u>）発生。　② 陰極…H_2（<u>水素</u>）発生。

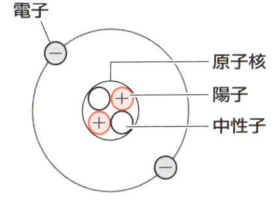

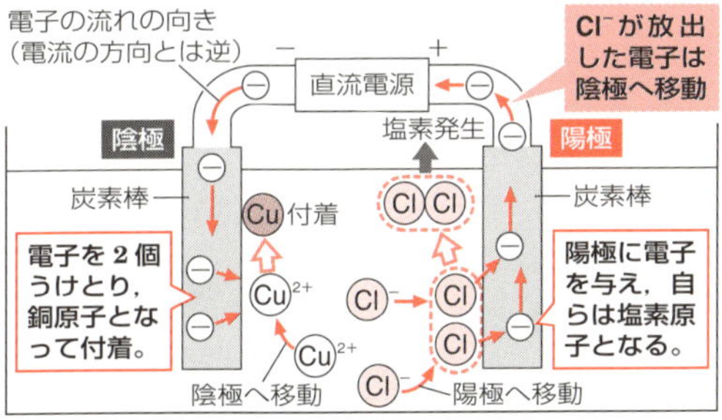

③ 電池
- □ **化学電池**…化学エネルギーを電気エネルギーに変える装置。　**○よく出る**
- □ **亜鉛板と銅板を用いた電池**（右図）
  ① **＋極**…塩酸の<u>水素イオンH^{+}</u>が引きよせられる➡電子を1個受けとり，H（水素原子）になる➡Hが<u>2</u>個結合してH_2（水素分子（気体））になって発生。
  ② **－極**…亜鉛板の表面のZnが電子を放出してZn^{2+}となり，水中に溶けだす。

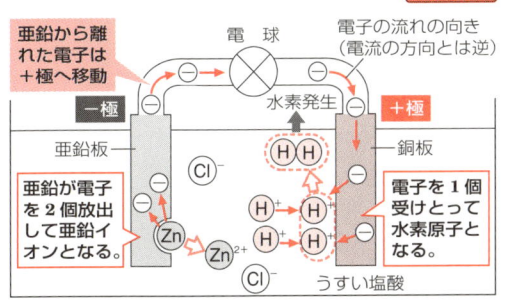

15 酸・アルカリと中和

1問1答要点チェック　チェックシートで答えをかくし，全問正解まで練習しよう。

① 酸・アルカリとその性質

□① 次のア〜キから，ⓐ酸が示す共通の性質，ⓑアルカリが示す共通の性質を，それぞれ選べ。いくつ選んでもよい。
　ア　BTB溶液を青色にする　　イ　BTB溶液を黄色にする
　ウ　リトマス紙を赤色にする　　エ　においがある
　オ　リトマス紙を青色にする
　カ　石灰水を白くにごらせる
　キ　フェノールフタレイン溶液を赤色にする

□② 酸性の水溶液の共通性を示すイオンを，イオン式で書け。

□③ アルカリ性の水溶液の共通性を示すイオンを，イオン式で書け。

□④ 次の各物質の水溶液が酸であればA，アルカリであればBと書け。
　ⓐ H_2SO_4　　ⓑ NaOH　　ⓒ $Ca(OH)_2$　　ⓓ HCl

② 中　和

□⑤ 水素イオンと水酸化物イオンが結びついて水ができる反応を何というか。

□⑥ ⑤の反応をイオン式で書け。

□⑦ 次の中和によってできる塩を，化学式で書け。
　ⓐ 水酸化ナトリウム水溶液にうすい塩酸を加える。
　ⓑ うすい硫酸に水酸化バリウム水溶液を加える。

□⑧ 右のグラフは，⑦のⓐの反応のときの，混合溶液中の水酸化物イオンの数の変化を表している。
　ⓐ 完全に中和したのは，塩酸を何cm^3加えたときか。
　ⓑ このときの水素イオンの数の変化を表すグラフは，ア〜ウのどれか。
　ⓒ 塩酸のかわりに同じ濃度の硫酸を用いて同じ実験をすると，完全に中和するのに何cm^3の硫酸が必要か。

解答

①＝ⓐ イ，ウ
　　ⓑ ア，オ，キ

② H^+

③ OH^-

④＝ⓐ A
　　ⓑ B
　　ⓒ B
　　ⓓ A

⑤ 中和

⑥ $H^+ + OH^- \longrightarrow H_2O$

⑦＝ⓐ NaCl
　　ⓑ $BaSO_4$

⑧＝ⓐ 20cm^3
　　ⓑ ウ
　　ⓒ 10cm^3
　　　（＝20÷2）

入試アドバイス
- 酸とアルカリの性質は，両者を比較しながらしっかり理解！
- 中和は，塩酸と水酸化ナトリウム，硫酸と水酸化バリウムの2つの例が最もよく出る。
- イオンの数の変化を表したグラフの問題に慣れておこう。

最重要点チェック　覚えたらシートで赤文字をかくし，重要点をチェックしよう。

□ **酸・アルカリの性質**

❶ 酸（電離してH^+を出すもの）…BTB溶液を**黄色**にしたり，リトマス紙を**赤色**にしたりする性質
　　↳塩酸・硫酸・酢酸・硝酸など
　（**酸性**）をもつ物質。
　　↳水溶液を亜鉛や鉄などに加えると，水素を発生

❷ アルカリ（電離してOH^-を出すもの）…BTB溶液を**青色**にしたり，リトマス紙を**青色**にしたり
　　↳水酸化ナトリウム水溶液・アンモニア水・石灰水など
　する性質（**アルカリ性**）をもつ物質。
　　↳フェノールフタレイン溶液を赤変

□ **pH**…水溶液の酸性やアルカリ性の強さ。pHの値が**7**のとき中性。pHの値が7より小さいほど酸性が強く，7より大きいほどアルカリ性が強い。

□ **中和**…酸とアルカリの物質が，互いに性質を**打ち消し合う**反応。酸のH^+とアルカリのOH^-が結
　　　　↳完全に中和したとき中性になる
　びついて，**水**H_2Oが生成する。

□ **塩**…中和の反応のとき，水と1種類の物質ができる。この物質を**塩**という。酸とアルカリの種
　　↳塩酸と水酸化ナトリウム水溶液のとき食塩，硫酸と水酸化バリウム水溶液のとき硫酸バリウム
　類によって，塩となる物質は変わる。

例題研究　中和─水酸化ナトリウム水溶液と塩酸

一定濃度の水酸化ナトリウム水溶液をA，B，Cのビーカーに20cm³ずつとり，BTB溶液を1，2滴加えた後，うすい塩酸を表のように加えた。その結果，Bの水溶液は緑色に変化した。

	A	B	C
水酸化ナトリウム水溶液〔cm³〕	20	20	20
うすい塩酸〔cm³〕	15	30	45

(1) ビーカー Aの溶液は何色になったか。次のア～エから選べ。
　　ア　赤　　イ　黄　　ウ　青　　エ　緑

(2) ビーカー Aの溶液中のナトリウムイオンと塩化物イオンの数の比を答えよ。

(3) ビーカー Cで，反応によって生じた水の分子数の変化を表すグラフは，右のア～エのどれか。縦軸は水の分子数，横軸は塩酸の体積〔cm³〕。

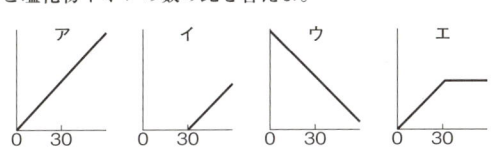

　　ア　　　　イ　　　　ウ　　　　エ
　　（0〜30のグラフ4つ）

(4) この実験のように，酸とアルカリから水ができる反応を何というか。

考え方&解

(1) Bの状態は，酸とアルカリが完全に中和して**中性**である。よって，Aは**アルカリ**のほうが**酸**より多く，BTB溶液は**青色**になる。　←　(BTB溶液)　アルカリ性⇒青　中性⇒緑　酸性⇒黄

(2) 水酸化ナトリウム水溶液**20cm³**中のNa^+の数＝うすい塩酸**30cm³**中のCl^-の数。また，Aの溶液中のCl^-の数はBの溶液中のCl^-の数の**半分**。したがって，Aの溶液において，$Na^+ : Cl^- = $ **2 : 1**

(3) $H^+ + OH^- \longrightarrow H_2O$の反応が起こったのは，うすい塩酸を**30cm³**加えたときまでである。さらに塩酸を加えてH^+を供給しても，OH^-がないのでH_2Oはできない。

解 (1) **ウ**，(2) ナトリウムイオン：塩化物イオン＝**2：1**，(3) **エ**，(4) **中和**

16 光・音・力

1問1答要点チェック　チェックシートで答えをかくし，全問正解まで練習しよう。

① 光の性質

① 図Aのように，鏡と60°の角をなす方向から光を当てた。反射角は何度か。
② 図Bのように，空気中から水中へ光が進むとき，正しい光の進路はどれか。
③ 凸レンズに光軸と平行な光を当てたとき，光が集まる点を何というか。
④ 凸レンズによってできる実像は，正立か，倒立か。
⑤ 凸レンズによって虚像ができるのは，物体を焦点より内側に置いたときか，外側に置いたときか。

解答
① **30°**（= 90 − 60）
② **ウ**
③ **焦点**
④ **倒立**
⑤ **内側に置いたとき**

② 音の性質

⑥ 船から海底に向けて音を出すと，4.0秒後に反射音が聞こえた。音が海水中を伝わる速さが毎秒1500mとすると，海の深さは何mか。
⑦ 高い音が出るのはどちらか。それぞれ答えよ。
　ⓐ 太い弦と細い弦
　ⓑ 強く張った弦と弱く張った弦
　ⓒ モノコードの弦の下にことじを入れる前と入れた後
⑧ 弦の振幅が大きいとき，どんな音が出るか。

⑥ **3000m**
　$\left(= 1500 \times \dfrac{4.0}{2}\right)$
⑦ = ⓐ **細い弦**
　ⓑ **強く張った弦**
　ⓒ **入れた後**
⑧ **大きな音**

③ 力と圧力

⑨ 力のはたらきには，「物体の形を変える」，「物体を支える」のほかに何があるか。
⑩ 地球が，地球上の物体をその中心に向かって引っ張ろうとする力を何というか。
⑪ 1Nの力の大きさは，およそ何gの物体にかかる重力と等しいか。
⑫ 物体を水中にしずめたとき，水圧の大きさが大きいのは，上面と下面のどちらか。
⑬ 底面積が0.05m²で600gの物体を床に置いたとき，床が物体から受ける圧力は何N/m²(Pa)か。

⑨ **物体の運動のようすを変える**
⑩ **重力**
⑪ **100g**
⑫ **下面**
⑬ **120N/m²(Pa)**
　（= 6 ÷ 0.05）

入試アドバイス
- 凸レンズによってできる像の作図ができるようにする。
- 弦の状態を変えると，音がどう変わるかをまとめておく。
- ばねののびと力の大きさの比例関係を理解しておくこと。

最重要点チェック
覚えたらシートで赤文字をかくし，重要点をチェックしよう。

1 光の性質

□ **光の進み方**…空気中・水中・ガラス中などを<u>直進</u>する。

❶ **光の反射**…光が反射するとき，<u>入射角</u>と<u>反射角</u>は等しい。（←反射の法則）

❷ **光の屈折**…光が<u>空気中</u>から<u>水中</u>へ進むとき，入射角＞屈折角。<u>水中</u>から<u>空気中</u>へ進むとき，入射角＜屈折角。（←右図）

❸ **全反射**…入射角がある大きさ以上になると，全部の光が反射する現象。（←水で約49°）

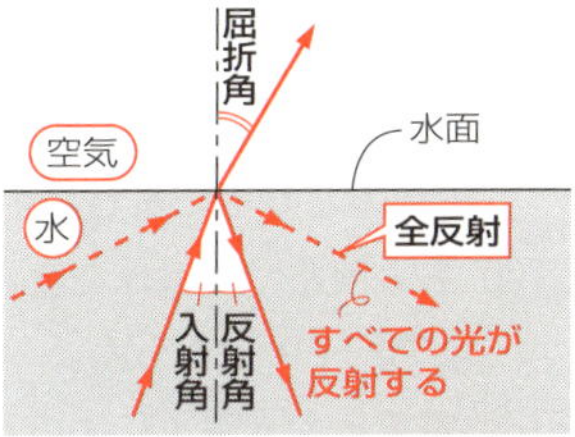

□ **凸レンズのはたらき**…光軸に平行な光は<u>焦点</u>に集まる。

❶ **実像**…実際に光が集まったところにできる像。（←倒立。スクリーンにうつる）（←焦点の外側に物体を置いたときにできる）

❷ **虚像**…屈折した光がやってきたように見えるところにできる像。実際には光が集まっていない。（←焦点の内側に物体を置いたときにできる）（←正立。スクリーンにうつらない）

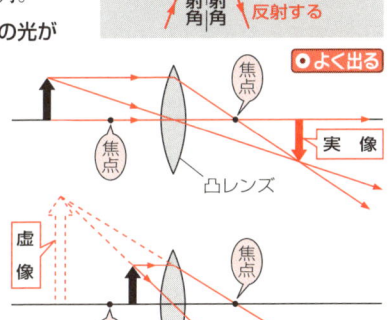

2 音の性質

□ **音の大小と高低** ❶ 大きな音➡振幅が<u>大きい</u>。 ❷ 高い音➡振動数が<u>多い</u>。

□ **弦の振動**…弦の長さ・弦の<u>太さ</u>・弦を張る力を変えると，音の高さが変わる。

高い音	短い弦	細い弦	弦を強く張る
低い音	長い弦	太い弦	弦を弱く張る

3 力と圧力

□ **力**…力のはたらきは，「物体の形を変える」，「物体を支える」，「物体の<u>運動のようすを変える</u>」

□ **力の表し方**…矢印の向きと長さで表す。単位は**N**（ニュートン）。1 Nは，100gの物体にはたらく地球の<u>重力</u>とほぼ同じ。（←力の大きさに比例）

□ **フックの法則**…ばねののびは，ばねを引く力の大きさに<u>比例する</u>（右図）。

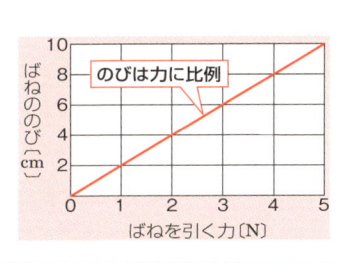

□ **圧力**…面積1 m²あたりにはたらく力の大きさ。単位は**N/m²**，**Pa**（パスカル）。（←1N/m²＝1Pa）

$$圧力 (N/m^2) = \frac{力の大きさ (N)}{力がはたらく面積 (m^2)}$$

□ **水圧**…水の重さによる圧力。水の深さが深くなるほど<u>大きく</u>なる。物体の上面と下面の水圧の差によって，物体にはたらく上向きの力を<u>浮力</u>という。

□ **大気による圧力**…空気にはたらく重力による圧力。海面で約**1013hPa**（ヘクトパスカル）（＝1気圧）。（←1hPa＝100Pa）

17 電流の流れ方と発熱

1問1答要点チェック チェックシートで答えをかくし，全問正解まで練習しよう。

① 電流の流れ方

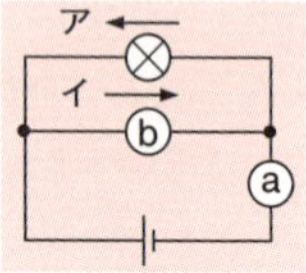

- □① 右の回路図中の@，⑥は，電流計，電圧計のどちらにあたるか。
- □② 右の回路で，電球を流れる電流の向きはア，イのどちらか。
- □③ 電流計の−端子に次のものを選ぶと，指針は右のようになった。電流は何Aか。 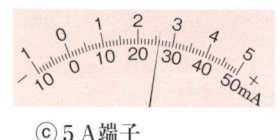
  - ⓐ50mA端子　ⓑ500mA端子　ⓒ5A端子
- □④ 右図について，ⓐ〜ⓕの各値を答えよ。 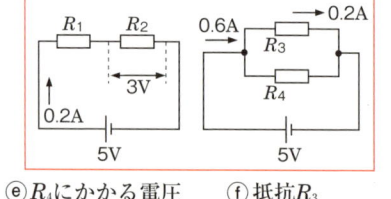
  - ⓐ R_1 に流れる電流
  - ⓑ R_1 にかかる電圧
  - ⓒ 抵抗 R_2
  - ⓓ R_4 に流れる電流　　ⓔ R_4 にかかる電圧　　ⓕ 抵抗 R_3
- □⑤ 20Ωと30Ωの抵抗を直列につなぐと，全抵抗は何Ωか。
- □⑥ 20Ωと30Ωの抵抗を並列につなぐと，全抵抗は何Ωか。

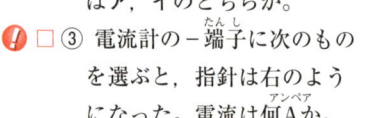

② 電流による発熱

- □⑦ 電気器具の能力の大きさを表すのに使われる値は何か。
- □⑧ ⑦の値の単位は何か。
- □⑨ 6Vの電圧で，0.3Aの電流が流れたときの電力はいくらか。
- □⑩ 100V—500Wの表示がある電気器具を，100Vの電源につなぐと，何Wの電力を消費するか。
- □⑪ ⑩の器具の電気抵抗は何Ωか。
- □⑫ ⑩の器具を100Vの電源につなぎ，30分間電流を流すと，消費される電力量は何Whか。
- □⑬ 電熱線などから発生する熱量の単位には何が使われるか。
- □⑭ 1Wの電力を1秒間使用したときの熱量はいくらか。
- □⑮ 50Wの電熱線を30分間使用したときの，電熱線から発生した熱量はいくらか。

解答

① ＝ⓐ **電流計**
　　ⓑ **電圧計**
② **イ**
③ ＝ⓐ **0.026A**
　　ⓑ **0.26A**
　　ⓒ **2.6A**
④ ＝ⓐ **0.2A**
　　ⓑ **2V** （＝5−3）
　　ⓒ **15Ω** （＝3÷0.2）
　　ⓓ **0.4A**
　　　（＝0.6−0.2）
　　ⓔ **5V**
　　ⓕ **25Ω** （＝5÷0.2）
⑤ **50Ω** （＝20＋30）
⑥ **12Ω** $\left(\frac{1}{R}=\frac{1}{20}+\frac{1}{30}\right)$

⑦ **電力**
⑧ **ワット（W）**
⑨ **1.8W** （＝6×0.3）
⑩ **500W**
⑪ **20Ω**
　$\left(500=100\times\dfrac{100}{x}\right)$
⑫ **250Wh**
　（＝500×30÷60）
⑬ **ジュール（J）**
⑭ **1J**
⑮ **90000J**
　（＝50×30×60）

> **入試アドバイス**
> - 直列か並列かに注意して，電圧や電流が等しいのはどこかを見分けよう。
> - 電流による発熱を求めるには，電力×時間を使う方法と，水の温度上昇から求める方法がある。適当なほうを選ぼう。

最重要点チェック
覚えたらシートで赤文字をかくし，重要点をチェックしよう。

① 電流の流れ方

- □ **電流計・電圧計のつなぎ方**…電流計は回路に**直列**に，電圧計は回路に**並列**につなぐ。
  - 端子の数値の大きいほうからつなぐ
- □ **回路の種類と電流・電圧・抵抗**…下の表にまとめた内容は，確実に理解！　●よく出る

	〔電流〕	〔電圧〕	〔抵抗〕
直列回路	●回路のどの部分でも等しい $I=I_1=I_2$	●全電圧 ＝部分電圧の和 $V=V_1+V_2$	●全抵抗 ＝各抵抗の和 $R=R_1+R_2$
並列回路	●全電流 ＝部分電流の和 $I=I_1+I_2=I'$	●全電圧 ＝部分電圧 $V=V_1=V_2$	●各抵抗の逆数の和 ＝全抵抗の逆数 $\dfrac{1}{R}=\dfrac{1}{R_1}+\dfrac{1}{R_2}$

- □ **電圧と電流の関係**…電流は電圧に比例する➡**オームの法則**
  - グラフは原点を通る直線（右図）
- □ **抵抗（電気抵抗）**…電流の流れにくさの度合い。
  - 右のグラフの傾き。単位はオーム〔Ω〕
  - $1Ω$ ➡ $1V$の電圧を加えたとき，$1A$の電流が流れる抵抗
- □ **電流・電圧・抵抗の関係式**…変形式もつくれるように！

$$\text{抵抗}=\dfrac{\text{電圧}}{\text{電流}} \Rightarrow R=\dfrac{V}{I} \xrightarrow{\text{(変形)}} I=\dfrac{V}{R} \xrightarrow{\text{(変形)}} V=RI$$

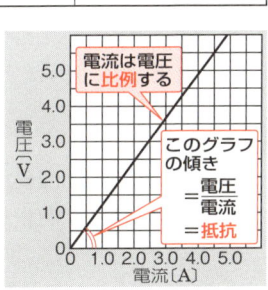

右のグラフの傾き

（グラフ：電流〔A〕と電圧〔V〕のグラフ。電流は電圧に比例する。このグラフの傾き＝電圧／電流＝抵抗）

② 電流による発熱

- □ **電力**…電気器具の**能力**の大小を表している。単位は**ワット（W）**。
  - 「$100V-700W$」➡$100V$の電源につなぐと$700W$の電力を消費する
  - 消費電力ともいう

$$\text{電力}(P)＝\text{電圧}(V)×\text{電流}(I)$$

- □ **電力量**…電流のはたらきの総量。**単位はジュール（J）**，ワット時（Wh），キロワット時（kWh）。
  - 電力量〔J〕＝電力〔W〕×時間〔s〕
  - $1Wh=3600J(=1W×3600秒)$
- □ **熱量**…発生した**熱の量**。**単位はジュール（J）**。電流による発熱量は次の式で求められる。
  - 1gの水を1℃上昇させる熱量=約4.2J

$$\text{電熱線の発熱量〔J〕＝電力〔W〕×時間〔s〕}$$

$$\text{水が得た熱量〔J〕＝4.2×水の質量〔g〕×上昇した温度〔℃〕}$$

18 電流と電子・磁界

1問1答要点チェック　チェックシートで答えをかくし，全問正解まで練習しよう。

❶ 電流と電子

	解答
① ストロー2本を布でこすり，右の図のようにしてストローどうしを近づけた。このとき，ストローAはa，bのどちらに動くか。	① a
② ストローAが動いたのは，何の力がはたらいたからか。	② 電気(静電気)
③ 同じ種類の電気どうしではどのような力がはたらくか。	③ しりぞけ合う力
④ 真空に近い状態にした空気中で起こる放電を何というか。	④ 真空放電
⑤ ④のとき，陰極から出ている線を何というか。	⑤ 陰極線(電子線)
⑥ ⑤の線がもっている電気は，＋の電気か－の電気か。	⑥ －の電気
⑦ ⑤の線の正体は何か。	⑦ 電子の流れ
⑧ 金属中を自由に動きまわることのできる電子を何というか。	⑧ 自由電子
⑨ 電流の向きと電子の流れる向きは同じか，反対か。	⑨ 反対
⑩ 電流が流れるとき，電子は電池の何極から流れ出ているか。	⑩ －極

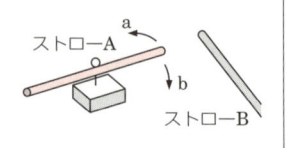

❷ 電流と磁界

⑪ 磁界の中に磁針を置くとき，N極のさす向きを何というか。	⑪ 磁界の向き
⑫ 磁力線は磁石の何極から出て何極へはいるか。	⑫ N極からS極
⑬ 右のⓐ，ⓑで，⇨の向きに電流を流したときにできる磁界の向きを，それぞれ記号で答えよ。	⑬ ＝ⓐア　ⓑイ
⑭ 右のⓑのコイルの内部に鉄心を入れて電流を流すと，磁界の強さは強くなるか，弱くなるか。	⑭ 強くなる
⑮ 右のⓒで，⇨の向きに電流を流すと⇨の向きに導線が動いた。磁石のN極はア，イのどちらか。	⑮ ア
⑯ コイルに磁石を近づけたとき，電流が生じる。その電流によってできる磁力線の向きは，磁石の磁力線と，ア…同じ向き，イ…反対向きのどちらか。	⑯ イ
⑰ ⑯のとき生じる電流を何というか。	⑰ 誘導電流

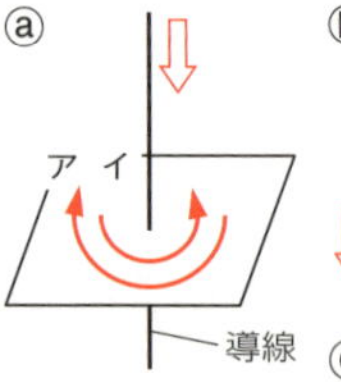

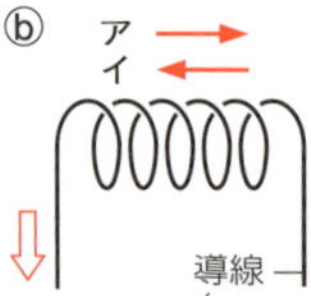

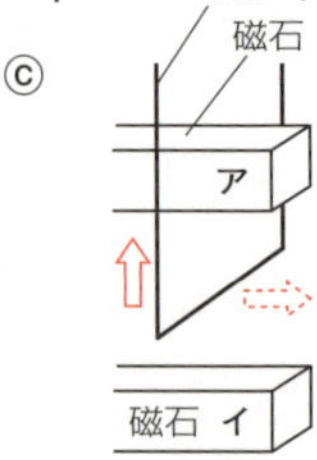

入試アドバイス
- 静電気がどのようなしくみで起こるか覚えておこう。
- 陰極線の性質、電子の移動方向をおさえておくこと。
- 電流と磁界の向きの関係、誘導電流の流れる向きを確実に理解しよう。

最重要点チェック
覚えたらシートで赤文字をかくし、重要点をチェックしよう。

① 電流と電子

- **静電気**…2種類の物体をこすり合わせると、一方は**＋の電気**をおび、もう一方は**－の電気**をおびる。このような電気を**静電気**という。（電気をおびることを**帯電する**という。）
- **電気の種類**…電気には＋の電気と－の電気があり、＋の電気と－の電気は**引き合い**、同じ種類の電気どうしは**しりぞけ合う**。
- **放電**…たまっていた電気が流れたり、**電気が空間を移動**したりする現象。（いなずま）
- **陰極線の性質**…－極からとび出す**電子**の流れを**陰極線**（電子線）という。
  - ❶ **直進**する。
  - ❷ **質量**をもつ。
  - ❸ **－の電気**をおびている（右図）。

　　電気の力で曲がる　　磁力で曲がる

- **自由電子**…金属中で自由に動きまわっている電子のこと。
- **電流の正体**…－の電気をもった**電子**の流れ。
  - ❶ **電子の移動方向**…－極から＋極に向かう向き（電流の流れの向きの反対であることに注意）
  - ❷ **電流の流れの向き**…＋極から－極に向かう向きと決められている。

② 電流と磁界

- **磁界の向き**…磁界の中の点で、**磁針のN極**がさす向き。（方位磁針、コンパスともいう）
- **電流による磁界**…導線に電流を流すと、導線のまわりに磁界ができる。
  - ❶ **直線電流のつくる磁界**（図A）
    （巻き数を多くする、電流を強くすると磁界も強くなる）
  - ❷ **コイルのつくる磁界**（図B）…親指の向きが**磁界**の向きになる。　●よく出る
- **磁界の中の電流**…U字形磁石の磁界の中で導線に電流を流すと、**U字形磁石による磁界**と、電流による磁界の作用で、**導線が動く**。導線は、磁界を**強め合うほうから弱め合うほう**へと動く（右図）。
- **電磁誘導**…コイル内の磁界の変化をさまたげるような磁界をつくる向きに**誘導電流**が流れる。

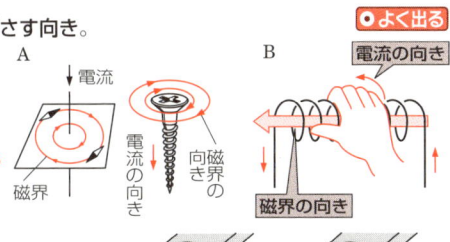

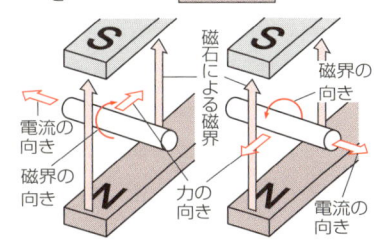

19 力のつり合いと合力・分力

1問1答要点チェック チェックシートで答えをかくし，全問正解まで練習しよう。

❶ 力のつり合い

□① 物体に力がはたらいても物体が動かない状態を何というか。
□② 物体に2つの力がはたらいてつり合っているとき，2力の大きさはどうなっているか。
□③ ②のとき，2力の向きはどうなっているか。
□④ 右図のように机の上に物体を置いた。
　ⓐ 物体の重力とつり合う力はア～ウのどれか。
　ⓑ ⓐの力を何というか。
　ⓒ ⓐの力は，ア～ウあるいは重力のどの力の反作用として生じたものか。 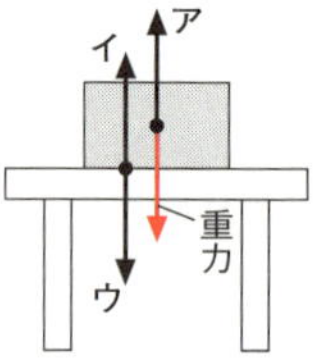
□⑤ 物体と物体がふれ合っている面で，物体の運動をさまたげる方向にはたらく力は何か。
□⑥ 水平面で物体を押しても動かないとき，物体を押す力と⑤の力はどうなっているか。

❷ 力の合成・分解

□⑦ 物体にはたらくいくつかの力と同じはたらきをする力を何というか。
□⑧ 次のⓐ～ⓒの合力を求めよ（「右向き，1N」というように答えよ）。

ⓐ 5N ← → 3N
ⓑ → 5N ← 5N
ⓒ ← 5N → 5N

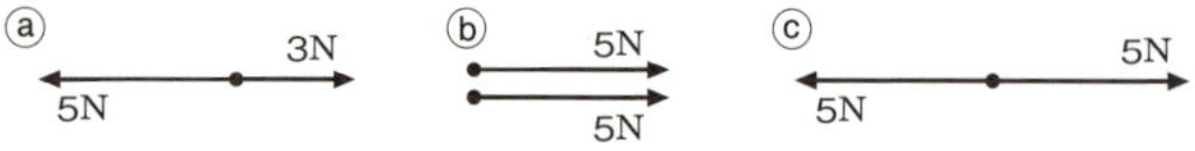

□⑨ 方向のちがう2力の合力は，どんな図形の何で表されるか。
□⑩ 1つの力を，それと同じはたらきをする2つの力に分けたとき，その分けた力を何というか。
□⑪ 右のような斜面に5Nの物体を置いた。この物体の重力について，
　ⓐ 斜面にそった方向の分力
　ⓑ 斜面に垂直な方向の分力
　の大きさを，それぞれ求めよ。
（15cm, 25cm, 20cm, 5N）

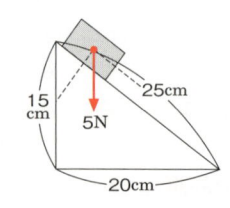

解答

① つり合い
② 等しい(同じ)
③ 反対
④ = ⓐ イ
　ⓑ (垂直)抗力
　ⓒ ウ
⑤ 摩擦力
⑥ つり合っている

⑦ 合力
⑧ = ⓐ 左向き，2N
　ⓑ 右向き，10N
　ⓒ 0
⑨ 平行四辺形の対角線
⑩ 分力
⑪ = ⓐ 3N
　$\left(=5\times\dfrac{15}{25}\right)$
　ⓑ 4N
　$\left(=5\times\dfrac{20}{25}\right)$

入試アドバイス
- つり合う2力の条件を覚えておこう。
- 力の合成・分解を矢印で表せるようにすること。
- 斜面上の物体には,どのような力がはたらくか理解しよう。

最重要点チェック
覚えたらシートで赤文字をかくし,重要点をチェックしよう。

① 力のつり合い

□ **力のつり合い**…2力がはたらいている物体が**静止**しているとき,はたらいている2つの力は**つり合っている**。
　←運動している物体は等速直線運動をする
つり合っている2力について,次のことがいえる。

　❶ 2力は,**一直線上にある**。(同一作用線上にある。)
　　　　　←ずれていると,物体は回転する。
　❷ 2力の向きは,**反対**である。
　❸ 2力の大きさは,**等しい**。
　　　　　←等しくないと,物体は力の大きいほうへ移動

□ **抗力(垂直抗力)**…机や床に物体を置いたとき,机や床から物体にはたらく**上向きの力**。重力とつり合う。

□ **摩擦力**…物体の運動をさまたげる方向にはたらく力。加えた力の向きと反対向きにはたらく。

□ **作用・反作用の法則**…物体がほかの物体に力を加えると,同時に同じ**大きさで反対向き**の力を受ける。

（図：物体は静止／同一直線上／向きは反対／大きさが等しい／抗力／物体を押す力／机／摩擦力／重力）

② 力の合成・分解

□ **力の合成**…物体にいくつかの力が同時にはたらいているとき,それらの力を1つの力に合成すること。
　←全部の力と同じはたらきをする1つの力を合力という

　❶ 同じ向きの2力の合力…
　　　{ 大きさ…2力の大きさの**和**
　　　　向　き…2力と同じ }

　❷ 反対向きの2力の合力…
　　　{ 大きさ…2力の大きさの**差**
　　　　向　き…大きいほうの力と同じ }

　❸ 方向のちがう2力の合力…2つの力の矢印を2辺とする**平行四辺形の対角線**(上図)。

（図：合力）

□ **力の分解**…1つの力をそれと同じはたらきをする2つの力に分けること。
　←分解されたそれぞれの力を分力という

□ **斜面上の物体にはたらく力**…右の図のように物体にはたらく**重力W**を,斜面にそった方向の分力**A**と,斜面に垂直な方向の分力**B**に分解して考える。

　❶ 斜面にそった方向の分力**A**は,ばねばかりで引く**力Q**と**つり合っている**。
　❷ 斜面に垂直な方向の分力**B**は,斜面から物体にはたらく**抗力N**と**つり合っている**。

| 斜面にそった方向の分力 = 重力 × 垂辺/斜辺 | 斜面に垂直な方向の分力 = 重力 × 底辺/斜辺 |

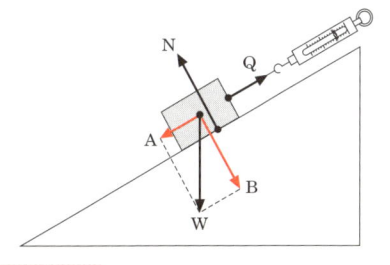

20 運動とエネルギー

理科／物理分野

1問1答要点チェック チェックシートで答えをかくし，全問正解まで練習しよう。

① いろいろな運動と速さ

□① 下の図はある物体に記録テープをつけ，運動させて打点したものである。記録タイマーは $\frac{1}{50}$ 秒ごとに打点する。
　ⓐ 5打点する時間は何秒か。
❗ ⓑ AからDまでの平均の速さは何cm/sか。
❗ ⓒ Cを打ったときの瞬間の速さは何cm/sか。

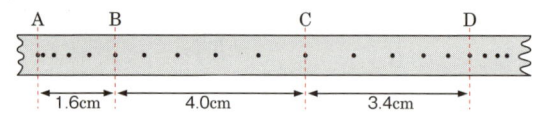

（A～Dの記録テープ図：A-B間 1.6cm，B-C間 4.0cm，C-D間 3.4cm）

□② 運動方向と同じ向きの力がはたらくと，速さはどうなるか。
□③ 次のⓐ～ⓓの関係を表すグラフを，下のア～エから選べ。
　（横軸は時間，縦軸は速さ，あるいは移動距離を示す。）
❗ ⓐ 物体が斜面をすべり落ちるときの速さと時間
　ⓑ なめらかでない水平面上を走らせた台車の速さと時間
❗ ⓒ なめらかな水平面上を走らせた台車の速さと時間
　ⓓ なめらかな水平面上を走らせた台車の移動距離と時間

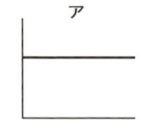

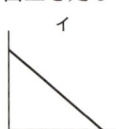

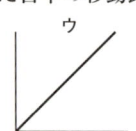

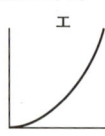

（ア：一定　イ：右下がり直線　ウ：右上がり直線　エ：右上がり曲線）

□④ ③のⓒ，ⓓの台車のような運動を何というか。
□⑤ 物体に力がはたらかなければ，ⓐ静止している物体，ⓑ運動している物体は，それぞれどうなるか。
□⑥ ⑤のような性質を何というか。

② 力学的エネルギー

❗ □⑦ 重さ300Nの物体を2m引き上げるときの仕事はいくらか。
□⑧ ⑦の仕事をするのに15秒かかるとき，仕事率はいくらか。
□⑨ 動滑車を1個使って⑦の仕事をするとき，何N必要か。
□⑩ 高いところにある物体がもつエネルギーを何というか。
□⑪ 運動している物体がもつエネルギーを何というか。
□⑫ ⑩，⑪のエネルギーの和を何というか。

解答

①＝ⓐ **0.1秒** $\left(=\frac{1}{50}\times 5\right)$
　ⓑ **30cm/s** $\left(=\frac{1.6+4.0+3.4}{0.1\times 3}\right)$
　ⓒ **37cm/s** $\left(=\frac{4.0+3.4}{0.2}\right)$

② **速くなる**

③＝ⓐ **ウ**
　ⓑ **イ**
　ⓒ **ア**
　ⓓ **ウ**

④ **等速直線運動**

⑤＝ⓐ **静止したまま**
　ⓑ **等速直線運動を続ける**

⑥ **慣性**

⑦ **600J**（ジュール）$(=300\times 2)$
⑧ **40W**（ワット）$(=600\div 15)$
⑨ **150N** $\left(=300\times\frac{1}{2}\right)$
⑩ **位置エネルギー**
⑪ **運動エネルギー**
⑫ **力学的エネルギー**

入試アドバイス
- 記録タイマーを用いた実験についての問題がよく出る。
- いろいろな運動の，時間，速さ，移動距離の関係をグラフで理解しておこう。
- 仕事や仕事率の求め方を覚えておくこと。

最重要点チェック　覚えたらシートで赤文字をかくし，重要点をチェックしよう。

① いろいろな運動と速さ

- □ **速さ（平均の速さ）**
  └単位；cm/s, m/s
  $$速さ〔cm/s〕= \frac{物体が進んだ距離〔cm〕}{かかった時間〔s〕}$$

- □ **いろいろな運動**　速さが一定な運動と，速さが変化する運動がある。 ●よく出る

  ❶ **等速直線運動**　一定の速さで一直線上を動く運動。
  　①速さは時間によらずつねに一定
  　②移動距離は時間に比例

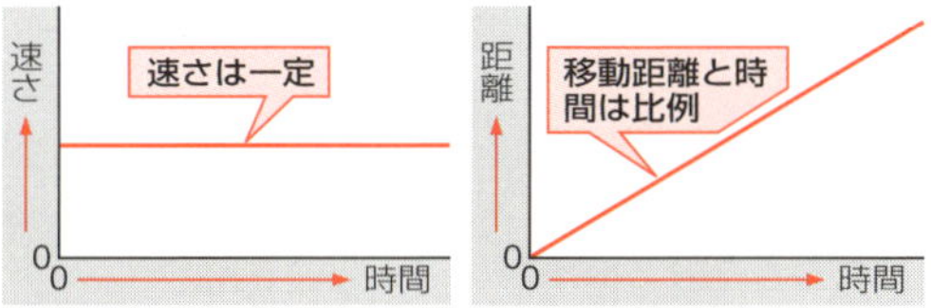

  （速さは一定のグラフ／移動距離と時間は比例のグラフ）

  ❷ 速さが一定の割合で増しながら，一直線上を動く運動
  　例　斜面上をころがるボールの運動

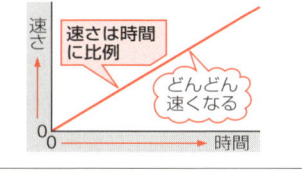

  （速さは時間に比例／どんどん速くなる）

- □ **自由落下**…物体が自然に落下するときの運動。
- □ **慣性の法則**…物体に力がはたらかないと，静止している物体は静止を続け，運動している物体は等速直線運動を続ける。このような性質を慣性という。

② 力学的エネルギー

- □ **仕事**
  └単位はジュール（J）
  $$仕事〔J〕= 力の大きさ〔N〕× 力の向きに動いた距離〔m〕$$

- □ **道具を使った仕事**…道具を使わずに物体を動かす場合とくらべると，
  ❶ **定滑車**…力は物体の重さと同じ，物体を動かす距離も同じ。
  ❷ **動滑車**…力は物体の重さの $\frac{1}{2}$，物体を動かす距離は2倍。
  　└道具を使っても仕事の大きさは変わらないことを，仕事の原理という

- □ **仕事率**…一定の時間にする仕事。
  └単位はワット（W）
  $$仕事率〔W〕= \frac{仕事〔J〕}{かかった時間〔s〕}$$

- □ **力学的エネルギー**
  ❶ **位置エネルギー**…物体の位置で決まるエネルギー。
  　└物体の質量と高さに比例
  ❷ **運動エネルギー**…運動している物体がもっているエネルギー。
  　└物体の速さの二乗と質量に比例
  ❸ **力学的エネルギー**…位置エネルギーと運動エネルギーの和を力学的エネルギーという。物体のもつ力学的エネルギーは，一定に保たれる。
  　└力学的エネルギー保存の法則

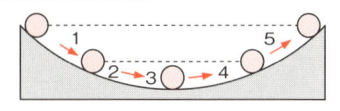

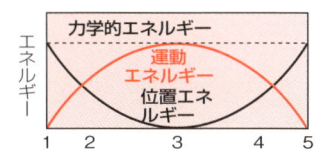

理科

83

21 自然と人間と科学技術

1問1答要点チェック チェックシートで答えをかくし，全問正解まで練習しよう。

① 生物どうしのつながり

解答

- □ ① 生態系の中で，無機物から有機物をつくり出す生物は何か。 … ① 生産者
- □ ② ①がつくった有機物を，直接あるいは間接にとり入れて生きている生物を何というか。 … ② 消費者
- □ ③ 生物どうしの食べる－食べられるのつながりを何というか。 … ③ 食物連鎖
- □ ④ 菌類・細菌類のように，生物の死がいやふんなどの有機物を無機物に分解する生物を何というか。 … ④ 分解者
- □ ⑤ ④によって，有機物は何という物質にまで分解されるか。おもなものを2つ書け。 … ⑤ 水と二酸化炭素
- □ ⑥ 炭素はどのような形で空気中に存在しているか。 … ⑥ 二酸化炭素
- □ ⑦ ⑥をとり入れて，有機物にしている生物は何か。 … ⑦ 植物
- □ ⑧ 炭素を空気中に放出する生物のはたらきを何というか。 … ⑧ 呼吸

② 自然環境と人間の生活

- □ ⑨ 近年，地球の平均気温が上昇していることを，何というか。 … ⑨ 地球温暖化
- □ ⑩ ⑨の現象が起こったのは，おもに，何という気体が空気中にふえたことが原因と考えられているか。 … ⑩ 二酸化炭素
- □ ⑪ ある燃料を大量に使用することによって，⑨の気体の濃度が高まった。ある燃料とは何か。 … ⑪ 化石燃料
- □ ⑫ フロンなどのガスで，地球の大気の外側にある層が少なくなったと考えられている。何という層か。 … ⑫ オゾン層
- □ ⑬ 海底で地震が起こったときに起こると考えられる，災害の原因となる現象は何か。 … ⑬ 津波
- □ ⑭ 将来，洪水などの災害を最小限にすることを目的としてつくられた，災害の予想図を何というか。 … ⑭ ハザードマップ

③ いろいろなエネルギー

- □ ⑮ 電球では，何エネルギーが何エネルギーに変わっているか。 … ⑮ 電気エネルギーから光エネルギー
- □ ⑯ スピーカーは何エネルギーを何エネルギーに変える装置か。 … ⑯ 電気エネルギーから音エネルギー
- □ ⑰ エネルギーの変換の前後で，エネルギーの総量は変わるか。 … ⑰ 変わらない
- □ ⑱ ⑰のことを何の法則というか。 … ⑱ エネルギー保存の法則

入試アドバイス
- 食物連鎖における，生物の量のつり合いのしくみを理解すること。
- 自然界での物質の循環では，炭素の循環が最もよく出る。
- 地球温暖化の原因を整理しておこう。

最重要点チェック
覚えたらシートで赤文字をかくし，重要点をチェックしよう。

① 生物どうしのつながり

□ **生産者・消費者・分解者**
　❶ **生産者**…無機物から有機物をつくる生物➡**植物**
　　　　　　└二酸化炭素・水・窒素化合物など┘　└デンプン・タンパク質・脂肪など┘
　❷ **消費者**…生産者のつくった有機物を消費する生物➡**動物**
　❸ **分解者**…動植物の死がいや排出物を無機物にまで分解する生物➡**土の中の小動物**や**菌類・細菌類**

□ **食物連鎖**…生物どうしの「**食べる－食べられる**」のつながり。
　❶ **生物量ピラミッド**…上の図のような**食物連鎖の数量関係を表した図**。一時的にピラミッドの形がくずれても，まもなくもとの形にもどる。
　　　　　　└えさとなる生物が増加したらふえ，減少したら減る┘

□ **炭素の循環**…炭素は，空気中の**二酸化炭素**に含まれている。**光合成**によって植物にとりこまれ，生物間を移動して，**呼吸**によって空気中に放出される。これをくり返しながら**自然界を循環**している（右図）。

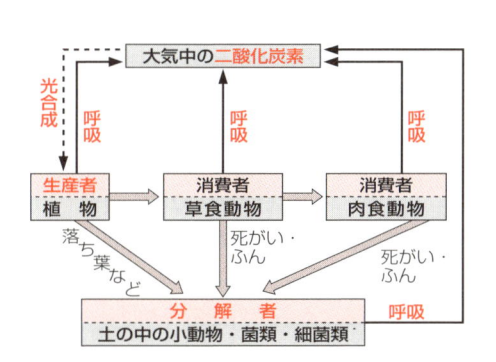

② 自然環境と人間の生活

□ **地球温暖化**…**化石燃料の燃焼**などにより**温室効果**のある二酸化炭素が大量に放出される。その濃度が高くなると，地上の熱が宇宙空間に出ていきにくくなり地球の平均気温が上昇すると考えられている。
　　　　　└石油・石炭・天然ガスなど┘

□ **オゾン層の破壊**…**フロン**の大量使用により，上空の**オゾン層**が破壊される。太陽からの**紫外線**を弱めるはたらきが失われる。
　　　　　　　　　　　　　　　　　　　　　　　　　　　　　└皮ふがん・農作物の減少などを起こす┘

□ **火山・地震**…火山や震源はプレートの境目に多く，プレートどうしが押し合ったり，引っぱり合ったりする力が原因で火山活動や地震が起こる。

□ **地震情報**…**初期微動**と**主要動**の起こる時間差を利用して，**緊急地震速報**が出される。

□ **ハザードマップ**…予想される災害の程度や範囲，避難場所や避難ルートがかかれた地図。

③ いろいろなエネルギー

□ **エネルギーの移り変わり**…エネルギーは，たがいに別のエネルギーに変換される。
　　　　　└エネルギーの種類が変わっても，その総量は変化しないことをエネルギーの保存（エネルギー保存の法則）という┘
　❶ **火力発電**…化学エネルギー→熱エネルギー→運動エネルギー→電気エネルギー
　　　　　　└化石燃料┘　　　└ボイラー┘　　　└タービン┘　　　└発電機┘
　❷ **ソーラーカー**…光エネルギー→電気エネルギー→運動エネルギー

1 正負の数・正負の数の計算・素因数分解

数学 数と式

最重要点復習チェック　チェックシートで赤文字をかくし，重要点を確認しよう。

絶対値
- □ **絶対値**　数を数直線上に表したとき，原点からその数までの距離のこと。正負の数の＋や－を取り去った数ともいえる。0の絶対値は **0** である。
- □ **数の大小**　正の数では絶対値が大きいほど**大きい**。
  負の数では絶対値が大きいほど**小さい**。

加法・減法
- □ **同符号の加法**　絶対値の**和**に**共通**の符号をつける。
  例　$(+3)+(+5)=+(3+5)=+8$　　$(-2)+(-6)=-(2+6)=-8$
- □ **異符号の加法**　絶対値の**差**に絶対値の**大きい方**の符号をつける。
  例　$(+3)+(-5)=-(5-3)=-2$　　$(-2)+(+6)=+(6-2)=+4$
- □ **減法**　ひく数の符号をかえて加える。
  例　$(-2)-(+6)=(-2)+(-6)=-(2+6)=-8$

乗法・除法
- □ **同符号の乗法**　絶対値の**積**に**＋**の符号をつける。
  例　$(+2)\times(+3)=+(2\times3)=+6$　　$(-4)\times(-7)=+(4\times7)=+28$
- □ **異符号の乗法**　絶対値の**積**に**－**の符号をつける。
  例　$(+2)\times(-3)=-(2\times3)=-6$　　$(-4)\times(+7)=-(4\times7)=-28$
- □ **除法**　わる数の**逆数**をかける。　　（＋4の逆数は $\frac{1}{4}$）
  例　$(-12)\div(+4)=(-12)\times\left(+\frac{1}{4}\right)=-\left(12\times\frac{1}{4}\right)=-3$
- □ **累乗の計算**　同じ数の積は**累乗**の形に表す。指数はかける**回数**を表す。
  例　$(-3)^3=(-3)\times(-3)\times(-3)=-27$　　$-2^3=-(2\times2\times2)=-8$

整数の性質（発展）
- □ **10進法**　10の累乗を単位として，0～9の10個の数字を使って表す。
  例　$4305=4\times10^3+3\times10^2+0\times10+5\times1$
- □ **10進数**　10進法で表された数を**10進数**という。
- □ **2進法**　2の累乗 $2, 2^2, 2^3, \cdots$ を単位として，0，1の2個の数で表す。
  ★　コンピュータの内部では，電気的にONかOFFの状態になっている。数学的には1か0で示されることを基本にしている。つまり，コンピュータは2進法を応用しているのである。

素因数分解
- □ **素数**　1とその数のほかに約数がない数。**1**は素数ではない。
- □ **素因数分解**　1つの自然数を素数の積で表すこと。
  例　90を素因数分解するには，右のようにする。
  $90=2\times3\times3\times5=2\times3^2\times5$　←累乗で表す

$$\begin{array}{r} 2\,\underline{)90} \\ 3\,\underline{)45} \\ 3\,\underline{)15} \\ 5 \end{array}$$

入試アドバイス
- 公立高校の入試における正負の数の計算はやさしいので，計算ミスに注意して得点源にしよう。
- 素数・素因数分解を利用する問題の形を覚えておこう。

例題解法復習チェック　チェックシートで赤文字をかくし，解法のコツをマスターしよう。

□ 〈正負の数の計算〉　次の計算をせよ。

① $4+(-6)$　　② $3-15$　　❗③ $\dfrac{1}{4}-\dfrac{2}{5}$

④ $(-6)\times 3$　　⑤ $\dfrac{7}{2}\times\left(-\dfrac{8}{21}\right)$　　⑥ $16\div\left(-\dfrac{3}{4}\right)$

解き方 符号をきめてから絶対値の計算をする。

① $4+(-6)=-(6-4)=$ **-2** …答　　② $3-15=-(15-3)=$ **-12** …答

③ $\dfrac{1}{4}-\dfrac{2}{5}=\dfrac{5}{20}-\dfrac{8}{20}=-\dfrac{3}{20}$ …答　　④ $(-6)\times 3=$ **-18** …答

⑤ $\dfrac{7}{2}\times\left(-\dfrac{8}{21}\right)=-\dfrac{7}{2}\times\dfrac{8}{21}=-\dfrac{4}{3}$ …答　　⑥ $16\div\left(-\dfrac{3}{4}\right)=-16\times\dfrac{4}{3}=-\dfrac{64}{3}$ …答

□ 〈正負の数の計算〉　次の計算をせよ。

① $30+(-21)-(-24)-37+12$　　❗② $1\dfrac{1}{2}\times\left(-\dfrac{2}{3}\right)\div\left(-\dfrac{1}{3}\right)\div 6$

❗③ $(-2)^3\times 3-(-3^2)\times 2$

解き方 ① かっこをはずして，前から順に計算する。$+(-a)\to -a,\ -(-a)\to +a$

与式 $=30-21+24-37+12=9+24-37+12=33-37+12=-4+12=$ **8** …答

② 除法は逆数をかける乗法になおして計算する。乗除だけの計算だから結果の符号は $+$

与式 $=\dfrac{3}{2}\times\left(-\dfrac{2}{3}\right)\times(-3)\times\dfrac{1}{6}=+\dfrac{3\times 2\times 3}{2\times 3\times 6}=\dfrac{1}{2}$ …答

③ 累乗の指数はかける回数を表している。符号に特に注意。

$(-2)^3=(-2)\times(-2)\times(-2)=-8,\ -3^2=-3\times 3=-9$

だから　与式 $=(-8)\times 3-(-9)\times 2=-24+18=$ **-6** …答

> （3数以上の乗法・除法）
> 負の数が**偶数個**→符号は $+$
> 負の数が**奇数個**→符号は $-$

❗□ 〈素因数分解〉　525 に，0 でないなるべく小さい整数をかけて，整数の平方の形になるようにするには，どんな数をかければよいか。

解き方 525 を素因数分解して，各素数の累乗の指数が 2（偶数）になるようにするには，どんな数をかければよいか。右のようにして　$525=5^2\times 3\times 7$
3 と 7 をかけると，$5^2\times 3^2\times 7^2=105^2$ となるので，かける数は　$3\times 7=$ **21** …答

```
5 ) 525
5 ) 105
3 )  21
      7
```

練習

❶ 絶対値が 2 以下の整数はいくつあるか。
❷ 3 数 $2^2\times 3^3,\ 2^3\times 3^2,\ 2^3\times 3^2\times 5$ の最大公約数と最小公倍数を求めよ。

❶ $-2,\ -1,\ 0,\ 1,\ 2$ の **5 個**
❷ 最大公約数　$2^2\times 3^2=36$
　最小公倍数　$2^3\times 3^3\times 5=$ **1080**

2 式の計算

数学 / 数と式

最重要点復習チェック チェックシートで赤文字をかくし，重要点を確認しよう。

文字式の扱い

□ **文字式の表し方** （文字に数を代入するときは省略した記号を補って式を作る。）
  ① 乗法の記号×**は省略**し，数は**文字の前**に書く。文字は**アルファベットの順**に書く。
  ② 同じ文字の積は**累乗の形**に書く。　例　$x×y×x×y×x=x^3y^2$
  ③ 除法の記号÷は使わないで，**分数の形**で書く。

□ **単項式** 数と文字の積で表された式。
  例　$-5x^2y$　この単項式の**係数**は -5，次数(かけ合わされている文字の個数)は **3**

□ **多項式** 単項式の和の形で表される式。多項式を和の形で表したとき，おのおのの単項式が**項**，各項の次数のうち最高のものが，**多項式の次数**。
  例　$x^2y-3xy+5y=x^2y+(-3xy)+5y$　この多項式の次数は **3**（x^2y の項は 3 次）

□ **同類項** 多項式の項のうち，文字の部分が同じであるもの。
  例　$3x^2-5xy+4y^2+xy-2x$ の $-5xy$ と xy は**同類項**，$3x^2$ と $-2x$ は同類項ではない。

加法・減法

□ **加法・減法** かっこをはずし，同類項があれば 1 つにまとめる。
  例　$2x+3x=\mathbf{5x}$　　$3a^2+2a-a^2=\mathbf{2a^2}+2a$
  例　$\left(\dfrac{x}{2}+3\right)-\left(\dfrac{1}{2}-\dfrac{3}{4}x\right)=\dfrac{x}{2}+3-\dfrac{1}{2}+\dfrac{3}{4}x=\left(\dfrac{1}{2}+\dfrac{3}{4}\right)x+\left(3-\dfrac{1}{2}\right)=\mathbf{\dfrac{5}{4}x}+\dfrac{5}{2}$
  例　$(x^2-3x-1)+(-3x^2+x-2)=x^2-3x-1-3x^2+x-2=\mathbf{-2x^2-2x-3}$

乗法・除法

□ **単項式×単項式** 係数の**積**と文字の**積**をかける。
  例　$8a^2b×(-3ab)=\{8×(-3)\}×(a^2b×ab)=-24\mathbf{a^3b^2}$

□ **単項式÷単項式** 係数の**商**と文字の**商**をかける。
  例　$12x^2y÷(-6xy)=\dfrac{12}{(-6)}×\dfrac{x^2y}{xy}=\mathbf{-2x}$　←与式$=\dfrac{12x^2y}{-6xy}=-2x$ としてもよい。

□ **累乗の乗除** 同じ文字の累乗の乗除
  $a^m×a^n=a^{m+n}$　　$(a^m)^n=a^{m×n}$　　$(ab)^n=a^nb^n$
  $a^m÷a^n=\dfrac{a^m}{a^n}$　　$\dfrac{a^m}{a^n}=a^{m-n}(m>n)$　　$\dfrac{a^m}{a^n}=1(m=n)$　　$\dfrac{a^m}{a^n}=\dfrac{1}{a^{n-m}}(m<n)$
  例　$(-3x^2y)^2×3y^2=(-3)^2(x^2)^2y^2×3y^2=\mathbf{9x^4y^2}×3y^2=\mathbf{27x^4y^4}$

□ **多項式×単項式** 多項式の各項に単項式をかける。かけ忘れに注意。
  例　$(2x^2-3x+1)×(-4xy)=2x^2×(\mathbf{-4xy})-3x×(\mathbf{-4xy})+1×(\mathbf{-4xy})$
  　　　　　　　　　　　$=-8x^3y+12x^2y-4xy$

□ **多項式÷単項式** 多項式の**各項**を単項式でわる。
  例　$(-8x^3y+12x^2y-4xy)÷(-4xy)=\dfrac{\mathbf{-8x^3y}}{\mathbf{-4xy}}+\dfrac{\mathbf{12x^2y}}{\mathbf{-4xy}}+\dfrac{\mathbf{-4xy}}{\mathbf{-4xy}}=2x^2-3x+1$

入試アドバイス
- 数×多項式では，数をどの項にもかけること。
- 同類項は1つにまとめて簡単にしておくこと。
- 累乗や乗除は加減より先に計算する。

例題解法復習チェック　チェックシートで赤文字をかくし，解法のコツをマスターしよう。

□〈式の値〉　$a=-2$，$b=3$ のとき，$3a^2+2ab$ の値を求めよ。

解き方　文字の値を代入したとき，文字式の省略された記号を補って式を作る。
　　$a=-2$，$b=3$ を代入すると　$3\times(-2)^2+2\times(-2)\times 3=12-12=0$ …答

□〈加法・減法〉　次の計算をせよ。
① $a+4+(-5a+3)$
② $(2x^2+3x+1)-(2x^2+x-2)$
③ $2a-3(5-a)$
④ $2(5x+y)-3(x-2y)$
⑤ $\dfrac{3a-4b}{5}-\dfrac{a-3b}{10}$
⑥ $\dfrac{1}{4}(5x+3)-\dfrac{1}{6}(7x-1)$

解き方　$+(x-y+z)=x-y+z$，$-(x-y+z)=-x+y-z$，$a(x-y+z)=ax-ay+az$

① $a+4+(-5a+3)=a+4-5a+3=(1-5)a+7=-4a+7$ …答
② $(2x^2+3x+1)-(2x^2+x-2)=2x^2+3x+1-2x^2-x+2=2x+3$ …答
③ $2a-3(5-a)=2a-15+3a=5a-15$ …答
④ $2(5x+y)-3(x-2y)=10x+2y-3x+6y=7x+8y$ …答
⑤ $\dfrac{3a-4b}{5}-\dfrac{a-3b}{10}=\dfrac{2(3a-4b)-(a-3b)}{10}=\dfrac{6a-8b-a+3b}{10}=\dfrac{5a-5b}{10}=\dfrac{a-b}{2}$ …答
⑥ $\dfrac{1}{4}(5x+3)-\dfrac{1}{6}(7x-1)=\dfrac{5x+3}{4}-\dfrac{7x-1}{6}=\dfrac{3(5x+3)-2(7x-1)}{12}=\dfrac{15x+9-14x+2}{12}$
$=\dfrac{x+11}{12}$ …答

□〈乗法・除法〉　次の計算をせよ。
① $-\dfrac{9}{2}ab^2\div\left(-\dfrac{3}{4}ab^3\right)\times\dfrac{1}{3}a^2b$
② $6x^2y\div(-3x)^2\div\dfrac{y}{3}$
③ $3ab+2a\times(-4b)$
④ $3a(3a+2)-4a$
⑤ $(12ab^2-6ab)\div 2ab$

解き方　加減と乗除の混じった計算では，乗除を加減より先に計算する。

① 与式$=-\dfrac{9}{2}ab^2\times\left(-\dfrac{4}{3ab^3}\right)\times\dfrac{1}{3}a^2b=\dfrac{9\times 4}{2\times 3\times 3}\times\dfrac{ab^2\times a^2b}{ab^3}=2a^2$ …答
② 与式$=6x^2y\div 9x^2\div\dfrac{y}{3}=6x^2y\times\dfrac{1}{9x^2}\times\dfrac{3}{y}=\dfrac{6\times 3}{9}\times\dfrac{x^2y}{x^2y}=2$ …答
③ $3ab+2a\times(-4b)=3ab-8ab=-5ab$ …答
④ $3a(3a+2)-4a=9a^2+6a-4a=9a^2+2a$ …答
⑤ 与式$=\dfrac{12ab^2}{2ab}-\dfrac{6ab}{2ab}=6b-3$ …答

練習
❶ $a=8$，$b=-4$ のとき，$a^2b\div ab^2$ の値を求めよ。
❷ $a=3$，$b=2$ のとき，$(-6a^2+3ab)\div 3a$ の値を求めよ。

❶ $a^2b\div ab^2=\dfrac{a}{b}$　値は -2
❷ $(-6a^2+3ab)\div 3a=-2a+b$
　値は -4

3 多項式の乗法・因数分解

最重要点復習チェック チェックシートで赤文字をかくし，重要点を確認しよう．

多項式の乗法

□ **展開** 多項式の積を1つの多項式にすることを**展開する**という。

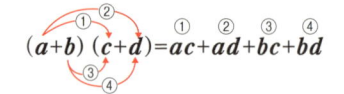

$$(a+b)(c+d) = ac+ad+bc+bd$$

例 $(3x+4)(2x-1) = 6x^2-3x+8x-4 = 6x^2+5x-4$

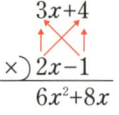

〔たて書きの計算〕

$$\begin{array}{r} 3x+4 \\ \times)\ 2x-1 \\ \hline 6x^2+8x \\ -3x-4 \\ \hline 6x^2+5x-4 \end{array}$$

乗法公式

□ **乗法公式** 積を展開するのに公式として用いる。

① 2項式の積　$(x+a)(x+b) = x^2+(a+b)x+ab$　例 $(x+2)(x+3) = x^2+5x+6$

② 和の平方　$(a+b)^2 = a^2+2ab+b^2$　例 $(x+3)^2 = x^2+6x+9$

③ 差の平方　$(a-b)^2 = a^2-2ab+b^2$　例 $(y-2)^2 = y^2-4y+4$

④ 和と差の積　$(a+b)(a-b) = a^2-b^2$　例 $(x+5)(x-5) = x^2-25$

□ **乗法公式の利用** 3つ以上の項をもつ多項式の積も乗法公式で展開できる。

例 $(a+b+c)(a-b-c) = \{a+(b+c)\}\{a-(b+c)\} = a^2-(b+c)^2$
　　　　　　　　　　$= a^2-(b^2+2bc+c^2) = a^2-b^2-2bc-c^2$

因数分解

□ **因数分解** 展開とは逆に，1つの多項式を単項式や多項式の積の形にすること。

① 共通因数があればくくり出す。$ma+mb = m(a+b)$

例 $3x^2y-6x^2y^2+9xy^2 = 3xy \times x - 3xy \times 2xy + 3xy \times 3y = 3xy(x-2xy+3y)$

② 因数分解の公式を用いる。（乗法公式を逆向きに使う）

$x^2+(a+b)x+ab = (x+a)(x+b)$　例 $x^2+8x+15 = x^2+(3+5)x+3\times 5$
　　　　　　　　　　　　　　　　　　$= (x+3)(x+5)$

$a^2+2ab+b^2 = (a+b)^2$　例 $x^2+8x+16 = x^2+2\times x\times 4+4^2 = (x+4)^2$

$a^2-2ab+b^2 = (a-b)^2$　例 $y^2-4y+4 = y^2-2\times y\times 2+2^2 = (y-2)^2$

$a^2-b^2 = (a+b)(a-b)$　例 $z^2-49 = z^2-7^2 = (z+7)(z-7)$

③ まず**共通因数**をくくり出し，さらに**因数分解**の公式を用いる。

例 $2x^2-50 = 2(x^2-25) = 2(x+5)(x-5)$

④ 項の組み合わせを考えて**共通因数**を見つけたり，因数分解の公式と結びつける。

例 $ax-ay+bx-by = a(x-y)+b(x-y) = (a+b)(x-y)$

□ **因数分解の利用** 式の値を求めるのに代入しやすい形を作ってから代入する。

例 $x+y=3$，$xy=2$ のとき，x^2+y^2 の値を求めるには
　　$x^2+y^2 = (x^2+2xy+y^2)-2xy = (x+y)^2-2xy = 3^2-2\times 2 = 5$

入試アドバイス
- 乗法公式にあてはめる際の計算ミスに特に注意。
- 式の展開・因数分解で，1つの式を1つの文字と同じように見られるようにしておこう。
- 式の展開と因数分解は逆の操作。

例題解法復習チェック
チェックシートで赤文字をかくし，解法のコツをマスターしよう。

□ 〈式の計算〉 次の式を計算せよ。
① $(x-4)(x+6)$　　② $(x+3)^2$　　③ $(a+1)(a-1)$
④ $(x+2)^2-(x+3)(x-3)$　　⑤ $(x+5)(x-1)-2x$

解き方 乗法公式にあてはめて，能率よく計算する。
① $(x+a)(x+b)=x^2+(a+b)x+ab$ にあてはめると
　$(x-4)(x+6)=x^2+(-4+6)x+(-4)\times 6=x^2+2x-24$ … 答
② $(a+b)^2=a^2+2ab+b^2$ にあてはめると　$(x+3)^2=x^2+2\times x\times 3+3^2=x^2+6x+9$ … 答
③ $(a+b)(a-b)=a^2-b^2$ にあてはめると　$(a+1)(a-1)=a^2-1^2=a^2-1$ … 答
④ $(x+2)^2-(x+3)(x-3)=x^2+4x+4-(x^2-9)=x^2+4x+4-x^2+9=4x+13$ … 答
⑤ $(x+5)(x-1)-2x=x^2+4x-5-2x=x^2+2x-5$ … 答

□ 〈因数分解〉 次の式を因数分解せよ。
① $(a-b)^2-4(a-b)$　　② $x^2-13x+36$　　③ $x^2+5x-24$
④ x^2-16　　⑤ $x^2+4xy-12y^2$　　⑥ $(x+1)^2-4$
⑦ $(x-2)^2+5x-6$　　⑧ x^2y-y　　⑨ $a^2-4a+4-b^2$

解き方 因数分解では，式の形をよく見て，見通しを立ててとりかかることが大切。
① $a-b$ が共通因数だから　$(a-b)^2-4(a-b)=(a-b)(a-b-4)$ … 答
② $x^2+(a+b)x+ab=(x+a)(x+b)$ にあてはめる。
　$36=(-4)\times(-9)$，$(-4)+(-9)=-13$ だから　$x^2-13x+36=(x-4)(x-9)$ … 答
③ $-24=8\times(-3)$，$8+(-3)=5$ だから　$x^2+5x-24=(x+8)(x-3)$ … 答
④ $a^2-b^2=(a+b)(a-b)$ にあてはめて　$x^2-16=x^2-4^2=(x+4)(x-4)$ … 答
⑤ $-12y^2=6y\times(-2y)$，$6y+(-2y)=4y$ だから　$x^2+4xy-12y^2=(x+6y)(x-2y)$ … 答
⑥ $(x+1)^2-4=(x+1)^2-2^2=(x+1+2)(x+1-2)=(x+3)(x-1)$ … 答
⑦ 展開して整理すると　$(x-2)^2+5x-6=x^2-4x+4+5x-6=x^2+x-2=(x+2)(x-1)$ … 答
⑧ まず y をくくり出すと　$x^2y-y=y(x^2-1)=y(x+1)(x-1)$ … 答
⑨ 前の3項に着目して　$a^2-4a+4-b^2=(a-2)^2-b^2=(a-2+b)(a-2-b)=(a+b-2)(a-b-2)$ … 答

練習
❶ $(2x+y)^2-(2x-y)^2$ を簡単にせよ。
❷ x^4-1 を因数分解せよ。
❸ $109\times 109-2\times 109\times 106+106\times 106$ を計算せよ。
❹ $a=273$，$b=127$ のとき，$a^2-ab-2b^2$ の値を求めよ。

❶ 与式$=4x^2+4xy+y^2-(4x^2-4xy+y^2)$
　$=8xy$
❷ $x^4-1=(x^2)^2-1=(x^2+1)(x^2-1)$
　$=(x^2+1)(x+1)(x-1)$
❸ 与式$=(109-106)^2=3^2=9$
❹ $a^2-ab-2b^2=(a+b)(a-2b)$
　$=(273+127)(273-254)=7600$

4 方程式と不等式・連立方程式

最重要点復習チェック チェックシートで赤文字をかくし，重要点を確認しよう。

方程式と不等式

- □ **方程式** $3x-5=2x+1$ のように，文字 x がある**特定な値**（この場合は6）をとるときに限って成り立つ等式。$2(x+1)=2x+2$ は等式ではあるが**方程式ではない**。
- □ **方程式の解** 方程式を成り立たせる文字の値。$3x-5=2x+1$ の解は $x=6$
- □ **不等式** $x-5>2y$ のように，不等号を使って数量の関係を表した式。

等式の性質・1次方程式

- □ **等式の性質** 等式を変形するには，次の性質を用いる。　　　　$A=B$ のとき
  - ① 両辺に同じ数または式をたしても，等式は成り立つ。　　　$A+C=B+C$
  - ② 両辺から同じ数または式をひいても，等式は成り立つ。　　$A-C=B-C$
  - ③ 両辺に同じ数または式をかけても，等式は成り立つ。　　　$AC=BC$
  - ④ 両辺を0でない同じ数または式でわっても，等式は成り立つ。　$\dfrac{A}{C}=\dfrac{B}{C}(C\neq 0)$
- □ **移項** 等式の一方の辺の項を，**符号を変えて**他方の辺に移すこと。
- □ **1次方程式の解き方**　　　　　　　　　　　　例　$1.2x-2=0.7x+0.5$
  - ① 両辺を何倍かして**係数を整数**にする。　　　　$12x-20=7x+5$
  - ② 移項して整理し，$ax=b$ の形にする。　　　　$12x-7x=5+20$　　$5x=25$
  - ③ 両辺を a でわり，x の値を求める。　　　　　$x=5$

連立方程式

- □ **連立方程式と解** 方程式 $x+y=4$ を満たす x と y の組はいくつもあるが，これと $x-y=2$ を同時に成り立たせる x と y の組は，$x=3, y=1$ のただ1組である。

  連立方程式 $\begin{cases} x+y=4 \\ x-y=2 \end{cases}$ の解は $\begin{cases} x=3 \\ y=1 \end{cases}$ である。$(x, y)=(3, 1)$ とも書く。

- □ **連立方程式の解き方** 文字の消去のしかたには代入法と加減法がある。

  例　〔代入法〕 $\begin{cases} x=3y-4 \cdots\cdots ① \\ y=2x-7 \cdots\cdots ② \end{cases}$

  ②を①に代入すると
  　$x=3(2x-7)-4$
  これを解いて　$x=5 \cdots\cdots ③$
  ③を②に代入して　$y=10-7=3$
  解は　$x=5, y=3$

  例　〔加減法〕 $\begin{cases} 3x-2y=11 \cdots\cdots ① \\ 2x+3y=3 \cdots\cdots ② \end{cases}$

  ①×3　$9x-6y=33$
  ②×2　$4x+6y=6$　　　←y の係数の絶対値をそろえる。
  ①×3+②×2　$13x=39$　$x=3 \cdots\cdots ③$
  ③を②に代入して　$6+3y=3$　$y=-1$
  解は　$x=3, y=-1$

方程式の応用

- □ **応用問題（文章題）を解く手順**
  - ① 何を $x(y)$ で表すかをきめる。
  - ② 数量を $x(y)$ を用いて表す。
  - ③ 方程式（連立方程式）を作る。
  - ④ 方程式（連立方程式）を解く。
  - ⑤ 求めた解が問題に適するかどうかを調べる。

入試アドバイス
- 分母を払うとき，数のかけ忘れのないように注意する。
- 式に数をかけるときは，かっこを使ってミスを防ぐ。
- 応用問題は何がわかって何を求めるかをしっかりつかむ。

例題解法復習チェック　チェックシートで赤文字をかくし，解法のコツをマスターしよう。

□ 〈不等式〉　時速 v km で t 分歩いたが，ℓ km は歩けなかった。
このことを，不等式を用いて表しなさい。

解き方　距離＝速さ×時間　単位に注意。

$v \times \dfrac{t}{60} < \ell$ …**答**

□ 〈1次方程式〉　次の方程式を解け。
① $5x=3(x-1)+9$　　② $\dfrac{y}{2}+7=\dfrac{y}{4}+\dfrac{5}{2}$

解き方　①はまずかっこをはずす。②は両辺を4倍して，分母を払う。

① $5x=3(x-1)+9$　　$5x=3x-3+9$
　$5x-3x=-3+9$　　$2x=6$
　$x=3$ …**答**

② $\dfrac{y}{2}+7=\dfrac{y}{4}+\dfrac{5}{2}$　　$2y+28=y+10$
　$2y-y=10-28$　　$y=-18$ …**答**

□ 〈連立方程式〉　次の連立方程式を解け。
$2x-y=3x+y=5$

解き方　$A=B=C$ の形の連立方程式は，$A=C$，$B=C$ などの形にして解けばよい。

$\begin{cases} 2x-y=5 \cdots ① \\ 3x+y=5 \cdots ② \end{cases}$　①+②より　$5x=10$　$x=2$ ……③
③を②に代入して　$6+y=5$　$y=-1$　解は　$x=2$，$y=-1$ …**答**

□ 〈連立方程式の応用〉　A，B2人が同じ所を同時に出発して，周囲が1200mの池のまわりを同じ方向に歩くと，120分後にはじめてAがBを追いぬき，反対方向に歩くと，8分後に出会う。Aがこの池のまわりを1周するのに何分かかるか。

解き方　Aの歩く速さがわかれば，1周するのにかかる時間はわかる。
Aの歩く速さを毎分 x m，Bの歩く速さを毎分 y m とすると

$\begin{cases} 120(x-y)=1200 \\ 8(x+y)=1200 \end{cases}$　簡単にして　$\begin{cases} x-y=10 \\ x+y=150 \end{cases}$　これを解くと　$\begin{cases} x=80 \\ y=70 \end{cases}$　$1200 \div 80 = 15$(分) …**答**

練習
❶ $\dfrac{x}{3}+\dfrac{y}{2}=1$ を y について解け。
❷ x についての方程式 $x+a=11-ax$ の解が3のとき，a の値を求めよ。
❸ 6%の食塩水が50gある。水で薄めて4%の食塩水にするには，水を何g加えるとよいか。

❶ $2x+3y=6$ より　$y=\dfrac{6-2x}{3}$
❷ x に3を代入して　$3+a=11-3a$　これを解いて　$a=2$
❸ x gの水を加えるとすると　$0.06 \times 50 = 0.04(x+50)$　$x=25$(g)

5 平方根・2次方程式

数学 / 数と式

最重要点復習チェック チェックシートで赤文字をかくし，重要点を確認しよう。

平方根

- □ **平方根** 平方して a になる数を a の平方根といい，正の方を $\sqrt{a}$，負の方を $-\sqrt{a}$（まとめて $\pm\sqrt{a}$）と表す。0 の平方根は **0** で，負の数の**平方根**は**ない**。
  - 例 9 の平方根は **3**，**-3**(**±3**)　　2 の平方根は **$\sqrt{2}$**，**$-\sqrt{2}$**(**$\pm\sqrt{2}$**)
- □ **平方根の性質**
  - $(\sqrt{a})^2 = $ **a**，$(-\sqrt{a})^2 = $ **a**　　$0 < a < b$ のとき　$\sqrt{a} < \sqrt{b}$

平方根の計算

- □ **平方因数と平方根**　$a>0$，$b>0$ のとき　$\sqrt{a^2} = $ **a**，$\sqrt{a^2 b} = $ **$a\sqrt{b}$**
  - 例 $\sqrt{12} = \sqrt{2^2 \times 3} = $ **$2\sqrt{3}$**　　$\sqrt{72} = \sqrt{6^2 \times 2} = $ **$6\sqrt{2}$**
    - $a \times \sqrt{b} = a\sqrt{b}$
    - $\sqrt{a} \times \sqrt{b} = \sqrt{ab}$
- □ **加法・減法**　$m\sqrt{a} + n\sqrt{a} = $ **$(m+n)\sqrt{a}$**
  - 例 $2\sqrt{3} + 3\sqrt{3} = $ **$5\sqrt{3}$**　　$\sqrt{32} - \sqrt{8} = $ **$4\sqrt{2} - 2\sqrt{2} = 2\sqrt{2}$**
- □ **乗法・除法**　$a>0$，$b>0$ のとき　$\sqrt{a}\sqrt{b} = $ **$\sqrt{ab}$**，$\dfrac{\sqrt{a}}{\sqrt{b}} = $ **$\sqrt{\dfrac{a}{b}}$**
  - 例 $\sqrt{2}\sqrt{6} = \sqrt{12} = $ **$2\sqrt{3}$**　　$\dfrac{\sqrt{12}}{\sqrt{3}} = $ **$\sqrt{\dfrac{12}{3}} = \sqrt{4} = 2$**
- □ **分母の有理化**　分母に平方根を含まない形にすること。$(\sqrt{a})^2 = a$ を用いる。
  - 例 $\dfrac{2}{\sqrt{3}} = \dfrac{2\sqrt{3}}{\sqrt{3}\sqrt{3}} = $ **$\dfrac{2\sqrt{3}}{3}$**　　$\dfrac{\sqrt{3}}{\sqrt{8}} = \dfrac{\sqrt{3}}{2\sqrt{2}} = $ **$\dfrac{\sqrt{3}\sqrt{2}}{2\sqrt{2}\sqrt{2}} = \dfrac{\sqrt{6}}{4}$**
- □ **平方根の近似値**　$\sqrt{2} = 1.414$，$\sqrt{20} = 4.472$ である。
  - 例 $\sqrt{2000} = 10\sqrt{20} = $ **44.72**　　$\sqrt{200} = 10\sqrt{2} = $ **14.14**　　$\sqrt{0.02} = \dfrac{1}{10}\sqrt{2} = $ **0.1414**

2次方程式

- □ **2次方程式**　(x の 2 次式)$=0$ の形で表される方程式。一般に 2 つの解をもつ。
- □ **2次方程式の解き方**　$ax^2 + bx + c = 0\,(a \neq 0)$ は次のどれかで解く。
  - ① **因数分解を用いる**　$(x-a)(x-b) = 0$ ならば $x = $ **a** または $x = $ **b**　解は　$x = a, b$
    - 例 $x^2 - 2x - 15 = 0$　左辺を因数分解して $(x-5)(x+3) = 0$　解は　$x = $ **5**，**-3**
  - ② **完全平方式を作る**　$(x-a)^2 = b$ ならば $x - a = $ **$\pm\sqrt{b}$**　解は　$x = a \pm \sqrt{b}$
    - 例 $x^2 - 2x - 15 = 0$　　$x^2 - 2x = 15$　　$x^2 - 2x + $**$1$**$ = 15 + $**$1$**
      $(x-1)^2 = 16$　　$x - 1 = \pm 4$　解は　$x = $ **5**，**-3**
  - ③ **解の公式を用いる。**
    - 〔解の公式〕$ax^2 + bx + c = 0$ の解は　$x = \dfrac{-b \pm \sqrt{b^2 - 4ac}}{2a}$
    - 例 $x^2 - 2x - 15 = 0$　$x = \dfrac{-(-2) \pm \sqrt{(-2)^2 - 4 \times 1 \times (-15)}}{2 \times 1} = \dfrac{2 \pm \sqrt{64}}{2} = \dfrac{2 \pm 8}{2}$
      解は　$x = $ **5**，**-3**

入試アドバイス
- 乗法公式を利用する平方根の計算を確実に。
- 2次方程式の解法では，因数分解が大切。
- 2次方程式の解の意味から，係数を求める問題も多い。

例題解法復習チェック
チェックシートで赤文字をかくし，解法のコツをマスターしよう。

□ 〈平方根〉 $\sqrt{5} < n < \sqrt{60}$ を成り立たせる整数 n をすべて求めよ。

解き方 各数を平方してくらべる。$(\sqrt{5})^2 < n^2 < (\sqrt{60})^2$ より $5 < n^2 < 60$ ……①
$2^2=4$, $3^2=9$, …, $7^2=49$, $8^2=64$ であるから，①を満たす整数 n は $n=3, 4, 5, 6, 7$ … 答

□ 〈平方根の計算〉 次の計算をせよ。
① $\sqrt{18}-\sqrt{8}$ ② $(\sqrt{7}+\sqrt{3})(\sqrt{7}-\sqrt{3})$ ③ $(\sqrt{18}-\sqrt{12})(\sqrt{2}+\sqrt{3})$
④ $(2+\sqrt{5})^2-4(2+\sqrt{5})$ ⑤ $\left(\sqrt{20}-\dfrac{15}{\sqrt{5}}\right)^2$

解き方 平方因数を根号の外に出すこと，分母を有理化することが計算の原則。
① $\sqrt{18}-\sqrt{8}=\sqrt{3^2\times 2}-\sqrt{2^2\times 2}=3\sqrt{2}-2\sqrt{2}=\sqrt{2}$ … 答
② 和と差の積の公式により $(\sqrt{7}+\sqrt{3})(\sqrt{7}-\sqrt{3})=(\sqrt{7})^2-(\sqrt{3})^2=7-3=4$ … 答
③ $(\sqrt{18}-\sqrt{12})(\sqrt{2}+\sqrt{3})=(3\sqrt{2}-2\sqrt{3})(\sqrt{2}+\sqrt{3})$
$\qquad =3(\sqrt{2})^2+(3-2)\sqrt{2}\sqrt{3}-2(\sqrt{3})^2=6+\sqrt{6}-6=\sqrt{6}$ … 答
④ $(2+\sqrt{5})^2-4(2+\sqrt{5})=4+4\sqrt{5}+5-8-4\sqrt{5}=1$ … 答
⑤ $\sqrt{20}-\dfrac{15}{\sqrt{5}}=2\sqrt{5}-\dfrac{15\sqrt{5}}{(\sqrt{5})^2}=2\sqrt{5}-3\sqrt{5}=-\sqrt{5}$ なので $\left(\sqrt{20}-\dfrac{15}{\sqrt{5}}\right)^2=(-\sqrt{5})^2=5$ … 答

□ 〈2次方程式〉 次の2次方程式を解け。
① $x^2-x=6$ ② $x(x+3)=2$ ③ $(x-2)^2=6-3x$

解き方 $ax^2+bx+c=0$ の形に整理し，因数分解を利用するか，解の公式を利用する。
① $x^2-x-6=0$ 因数分解すると $(x-3)(x+2)=0$ 解は $x=3, -2$ … 答
② $x^2+3x-2=0$ 解の公式により $x=\dfrac{-3\pm\sqrt{3^2-4\times 1\times(-2)}}{2\times 1}=\dfrac{-3\pm\sqrt{17}}{2}$ … 答
③ $x^2-4x+4-6+3x=0$ $x^2-x-2=0$ $(x-2)(x+1)=0$ 解は $x=2, -1$ … 答

□ 〈2次方程式の解〉 2次方程式 $x^2+x+a=0$ の解の1つは3である。もう1つの解を求めよ。

解き方 解を x に代入すると $3^2+3+a=0$ ゆえに $a=-12$
$x^2+x-12=0$ の解は，$(x-3)(x+4)=0$ より $x=3, -4$ 答 もう1つの解は -4

練習
❶ $x=1+\sqrt{2}$ のとき，x^2-2x の値を求めよ。
❷ $(x-1)^2-5(x-1)-6=0$ を解け。
❸ ある正の数 x の平方は x の5倍より24だけ大きい数になる。x を求めよ。

❶ $(1+\sqrt{2})^2-2(1+\sqrt{2})=1$
❷ $x(x-7)=0$ 解は $x=0, 7$
❸ $x^2=5x+24$ $(x-8)(x+3)=0$ $x=8, -3$ $x>0$ より $x=8$

6 比例と反比例・1次関数

数学／関数

最重要点復習チェック チェックシートで赤文字をかくし，重要点を確認しよう。

比例

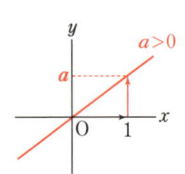

- **比例** $y=ax$（aは比例定数，$a \neq 0$）で表される関数。
  2変数 x, y の関係が $y=ax$ のとき，y は x に比例する。
- **$y=ax$ のグラフ** 原点を通る直線で，a の絶対値が大きいほど傾きは急。
  $a>0$ のとき右上がりの直線　$a<0$ のとき右下がりの直線

反比例

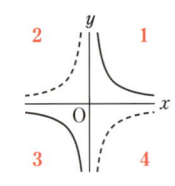

- **反比例** $y=\dfrac{a}{x}$（$a \neq 0$）で表される関係を y は x に反比例するという。x と y の積が一定で a に等しい。
- **反比例のグラフ** 原点について対称な双曲線となる。
  $\begin{cases} a>0 \text{ のとき……第 1, 3 象限（右の図の実線）} \\ a<0 \text{ のとき……第 2, 4 象限（右の図の破線）} \end{cases}$

1次関数

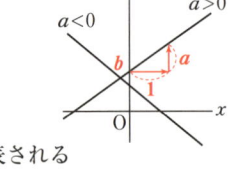

- **1次関数** $y=ax+b$（$a \neq 0$）で表される関数。
  変化の割合 $= \dfrac{y \text{ の増加量}}{x \text{ の増加量}} = a$（つねに一定）
- **$y=ax+b$ のグラフ** 傾きが a，切片が b の直線。
  グラフが直線である関数の式（直線の式）は　$y=ax+b$
  例　点 $(-1, 3)$ を通り傾き 2 の直線の式……$y=2x+b$ と表されるので，$x=-1$, $y=3$ を代入すると　$3=-2+b$　$b=5$　よって　$y=2x+5$
  例　2点 $(-2, -3)$, $(2, 5)$ を通る直線の式……$y=ax+b$ に通る点の座標を代入し，$-3=-2a+b$, $5=2a+b$　これを解くと　$a=2$, $b=1$　よって　$y=2x+1$

2元1次方程式

- **2元1次方程式 $ax+by=c$ のグラフ**　グラフは直線である。
  ① $a \neq 0$, $b \neq 0$ のとき　$y=-\dfrac{a}{b}x+\dfrac{c}{b}$ ……傾き $-\dfrac{a}{b}$, 切片 $\dfrac{c}{b}$ の直線
  ② $a \neq 0$, $b=0$ のとき　$x=\dfrac{c}{a}$ ……点 $\left(\dfrac{c}{a}, 0\right)$ を通る y 軸に平行な直線
  ③ $a=0$, $b \neq 0$ のとき　$y=\dfrac{c}{b}$ ……点 $\left(0, \dfrac{c}{b}\right)$ を通る x 軸に平行な直線
- **連立方程式の解とグラフ**
  連立方程式 $\begin{cases} 2x+y=4 \\ y=x+1 \end{cases}$ の解 $\begin{cases} x=1 \\ y=2 \end{cases}$ は，2直線 $2x+y=4$, $y=x+1$ の交点の座標が $(1, 2)$ であることを示す。
  2直線の交点の座標は連立方程式の解として求められる。

入試アドバイス
- 1次関数のグラフをかくこと，グラフを読むことを確実に。
- 通る点の座標や傾きを使って式を作るとき，計算ミスに注意。
- 図形の性質や連立方程式を使って点の座標を求めること。

例題解法復習チェック　チェックシートで赤文字をかくし，解法のコツをマスターしよう。

□ 〈比例と反比例〉　y は x の関数で，$x=3$ のとき $y=4$ である。
① y が x に比例するとき，y を x の式で表せ。
❗② y が x に反比例するとき，$y=-6$ のときの x の値を求めよ。

解き方　まず，比例定数を a として式で表し，a の値を求める。
① $y=ax$ と表され，$4=3a$ より　$a=\dfrac{4}{3}$　　ゆえに　$y=\dfrac{4}{3}x$ … 答
② $y=\dfrac{a}{x}$ と表され　$a=3\times4=12$　$y=\dfrac{12}{x}$ で $-6=\dfrac{12}{x}$ より　$x=-2$ … 答

❗□ 〈直線の式〉　2点 A$(-4, -1)$，B$(1, 4)$ がある。次の直線の式を求めよ。
① A を通り傾きが 2 の直線　　② 直線 AB　　③ B を通り x 軸に平行な直線

解き方　傾き $a=$変化の割合 である。x 軸に平行な直線の式は　$y=k$ (k は定数)
① $y=2x+b$ とおく。$(-4, -1)$ を通るので　$-1=-8+b$　　$b=7$　　ゆえに　$y=2x+7$ … 答
② $a=\dfrac{4-(-1)}{1-(-4)}=1$ より $y=x+b$ とおく。$(1, 4)$ を通るので　$4=1+b$，$b=3$　ゆえに　$y=x+3$ … 答
③ x 軸に平行だから $y=k$ の形で，点 $(1, 4)$ を通るから　$y=4$ … 答

❗□ 〈1次関数のグラフ〉　点 A$(0, 8)$，B$(6, 0)$ は直線 ℓ 上の点で，C は線分 AB の中点である。直線 $y=ax-1$ が線分 BC と交わるような a の値の範囲を求めよ。

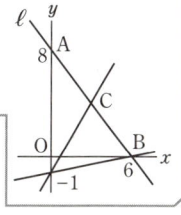

解き方　中点 C の座標は $(3, 4)$ である。直線 $y=ax-1$ が C を通るとき，$4=3a-1$ より　$a=\dfrac{5}{3}$　　B を通るとき，$0=6a-1$ より　$a=\dfrac{1}{6}$
よって，直線 $y=ax-1$ が線分 BC と交わるような a の値の範囲は　$\dfrac{1}{6}\leqq a\leqq\dfrac{5}{3}$ … 答

❗□ 〈面積と直線の式〉　直線 $y=x+2$ と x 軸，y 軸との交点を A，B，この直線と原点 O を通る直線 ℓ が $x>0$ の範囲で交わる点を P とする。△PBO$=2$△AOB であるとき，直線 ℓ の式を求めよ。

解き方　BO を底辺と見れば，△PBO，△AOB の高さの比は $2:1$ である。A の x 座標は，$0=x+2$ より　$x=-2$　よって，P の x 座標は　$x=2$AO$=4$，y 座標は $y=4+2=6$ となり，直線 ℓ の式は　$y=\dfrac{3}{2}x$ … 答

練習
● 直線 $3x+4y=12$ と x 軸，y 軸の交点を A，B とし，線分 AB の 3 等分点を P, Q とする。△OPQ の面積を求めよ。
● △OPQ$=\dfrac{1}{3}$△OAB$=\dfrac{1}{3}\times\dfrac{4\times3}{2}=2$

7 いろいろな関数

最重要点復習チェック チェックシートで赤文字をかくし，重要点を確認しよう。

いろいろな関数

□ **比例関係** □＝a×○（a は比例定数，$a \neq 0$）の形で表される関係。
① 比例　$y=ax$（y は x に比例する）
② 反比例　$y=\dfrac{a}{x}$（y は x に反比例する）　　$y=a \times \dfrac{1}{x}$（y は $\dfrac{1}{x}$ に比例する）
③ 2乗に比例　$y=ax^2$（y は x^2 に比例する）
④ 1次関数の見方　$y=ax+b \rightarrow y-b=ax$（$y-b$ は x に比例する）

□ **階段状のグラフになる関数** 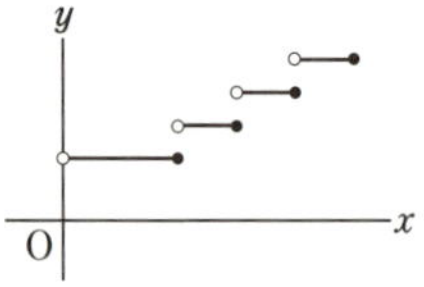
　例　タクシーの走行距離（x 軸）と料金（y 軸）の関係
　　　荷物の重さ（x 軸）と配送料金（y 軸）の関係

□ **いくつかのグラフをつないだ関数** 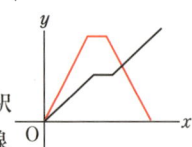
　例　目的地に到着するまでに，途中1回休けいを入れた。
　　　（時間：x 軸，進んだ距離：y 軸）…黒の線
　　　電車が A 駅から B 駅まで行って，一定時間停車した後に A 駅
　　　まで戻ってきた。（時間：x 軸，A 駅からの距離：y 軸）…赤の線

2乗に比例する関数

□ **$y=ax^2$ のグラフ**　右の図のような**原点**を頂点とし，**y** 軸について対称な放物線。 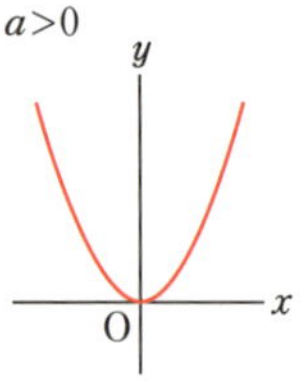 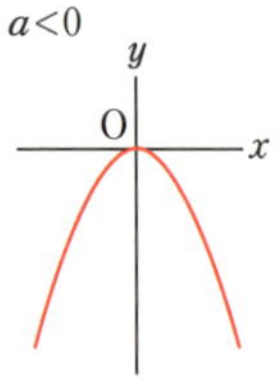
① $a>0$ のとき**上**に開き，$a<0$ のとき**下**に開く。
② a の絶対値が大きいほど開きは小さい。
③ $a>0$ のとき $y \geqq 0$，$a<0$ のとき $y \leqq 0$
④ 変化の割合は一定ではない。
　例　$y=ax^2$ のグラフが**点 $(-1, 2)$ を通る**とき，$2=a \times (-1)^2$ より　$a=2$　$y=2x^2$
　　　直線 $y=8$ との交点は，$8=2x^2$ より，$x=\pm 2$ だから　$(-2, 8)$，$(2, 8)$

□ **$y=ax^2$ と 1 次関数** 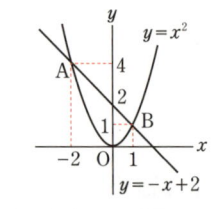
① **x の変域と y の変域**
　　x の変域が $-2 \leqq x \leqq 1$ のとき
　　$y=-x+2$ の y の変域は　**$1 \leqq y \leqq 4$**
　　　　　　　　　　　　　　　　$x=1$ のとき↗　　↖$x=-2$ のとき
　　$y=x^2$ の y の変域は　**$0 \leqq y \leqq 4$**
　　　　　　　　　　　　　　　$x=0$ のとき↗　　↖$x=-2$ のとき
② **2次方程式の解とグラフ**　$y=x^2$ のグラフと直線 $y=-x+2$ の交点の x 座標は，
　　2次方程式 $x^2=-x+2$ の解である。
　　$x^2=-x+2 \rightarrow x^2+x-2=0$　　$(x+2)(x-1)=0$　　解は　$x=-2, 1$
　　$y=x^2$ で $x=-2$ のとき $y=4$，$x=1$ のとき $y=1$　交点 $A(-2, 4)$，$B(1, 1)$

入試アドバイス
- いろいろな関数のグラフの形を頭に入れておこう。
- 放物線の通る点などを使って，$y=ax^2$ の式を求めること。
- y の変域を求めるとき，x の変域に 0 を含む場合に注意。

例題解法復習チェック　チェックシートで赤文字をかくし，解法のコツをマスターしよう。

□ 〈変化の割合・y の変域〉　関数 $y=3x^2$ について，次の問いに答えよ。
① x の値が 2 から 4 まで増加したときの変化の割合を求めよ。
② x の変域が $-2≦x≦3$ のとき，y の変域を求めよ。
③ グラフが $y=3x^2$ のグラフと x 軸について対称である関数の式を求めよ。

解き方 ① 変化の割合 $=\dfrac{y\,の増加量}{x\,の増加量}=\dfrac{3×4^2-3×2^2}{4-2}=$ **18** …答

② $y≧0$ で，$x=3$ のとき　$y=3×3^2=27$　　y の変域は　**$0≦y≦27$** …答

③ $y=ax^2$ のグラフと $y=-ax^2$ のグラフは **x 軸**について対称だから　$y=$ **$-3x^2$** …答

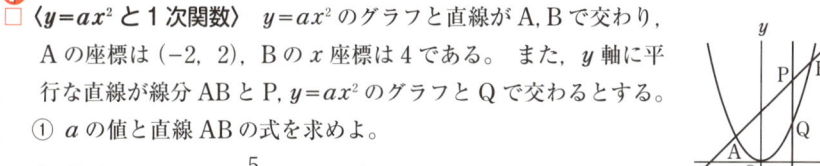

□ 〈$y=ax^2$ と 1 次関数〉　$y=ax^2$ のグラフと直線が A, B で交わり，A の座標は $(-2,\ 2)$，B の x 座標は 4 である。また，y 軸に平行な直線が線分 AB と P，$y=ax^2$ のグラフと Q で交わるとする。
① a の値と直線 AB の式を求めよ。
② 線分 PQ の長さが $\dfrac{5}{2}$ となるような P の x 座標をすべて求めよ。
③ △AQP と △BPQ の面積の比が 2：1 であるとき，線分 PQ の長さを求めよ。

解き方 ① $y=ax^2$ のグラフは点 $(-2,\ 2)$ を通るから　$2=$ **$4a$**　　$a=$ **$\dfrac{1}{2}$** …答

このとき，B の y 座標は **8** だから，A$(-2,\ 2)$，B$(4,\ 8)$ を通る直線の式は，y 切片を b とすると
$y=\dfrac{8-2}{4-(-2)}x+b=x+b$　　これは $(-2,\ 2)$ を通るから　$2=-2+b$　　$b=4$
よって　$y=$ **$x+4$** …答

② P の x 座標を t とすると，y 座標は　$t+$ **4**，Q の y 座標は　**$\dfrac{1}{2}t^2$**　　ゆえに　$t+4-\dfrac{1}{2}t^2=\dfrac{5}{2}$
整理すると　t^2- **$2t$** $-3=0$　　　$(t-3)(t+1)=0$　　$t=$ **3**，**-1** …答

③ P の x 座標を s とおく。△AQP，△BPQ で辺 PQ を底辺と見ると，
△AQP の高さは　$s-(-2)=s+2$，△BPQ の高さは　$4-s$
△AQP と △BPQ の面積の比は高さの比に等しいから
　$(s+2):(4-s)=2:1$　　$s+2=2(4-s)$　　$s+2=8-2s$
よって　$s=2$　　PQ$=2+4-\dfrac{1}{2}×2^2=6-2=$ **4** …答

練習
● x^2 と x が等しくなる x の値を求めよ。また，$0<x<1$ のとき，x^2 と x はどちらが大きいか。

● $x=$ **0**，**1** のとき等しい。
　$y=x^2$ と $y=x$ のグラフから　**$x^2<x$**

8 図形の基礎

最重要点復習チェック　チェックシートで赤文字をかくし，重要点を確認しよう。

直線と角

- □ **対頂角**　2直線が交わってできる対頂角は等しい。
- □ **平行線の性質**　平行な2直線に1直線が交わってできる
  ① 同位角は等しい　② 錯角は等しい（同側内角の和は180°）
- □ **平行線の条件**　2直線に1直線が交わってできる
  同位角または錯角が等しいとき，2直線は平行である。

点の集合と図形

- □ **点の集合と図形**　図形の作図では次のことを利用する。
  ① 1点から等しい距離にある点の集合→その点を中心とする円
  ② 2点から等しい距離にある点の集合→2点を結ぶ線分の垂直二等分線
  ③ 1直線から等しい距離にある点の集合→2本の平行線
  ④ 交わる2直線から等しい距離にある点の集合→角の二等分線
- □ **図形の移動**　① 平行移動　② 回転移動　③ 対称移動

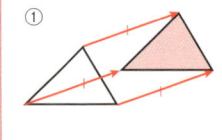

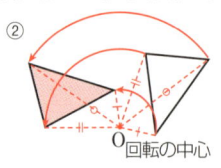

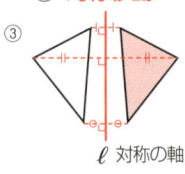

● これらの移動によってできる図形と，もとの図形とは合同。

空間図形の見方

- □ **空間図形の位置関係**　ねじれの位置に注意。

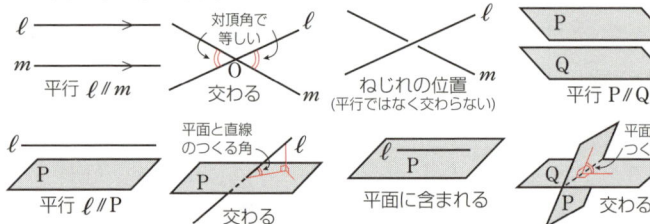

● 平行な2直線，交わる2直線は1つの平面を決定するので，平面上の場合と同じ。

● 平行な2平面に1平面が交わるとき，交わりの直線は平行。

- □ **立方体の断面**

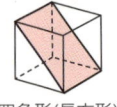

四角形(長方形)　三角形(正三角形)　四角形(台形)　五角形　六角形

- □ **正多面体**

	正多面体	正四面体	正六面体	正八面体	正十二面体	正二十面体
面の形		正三角形	正方形	正三角形	正五角形	正三角形

- □ **回転体**　円錐・円柱・球は直角三角形・長方形・半円を回転させた回転体。
- □ **投影図**　平面図と立面図を組み合わせてかいたもの。
  真上から見た図　　真正面から見た図

入試アドバイス
- 対頂角，平行線と同位角・錯角は基本中の基本。
- 図形の移動もしっかり理解しておこう。
- 空間図形では切断面の形を正しく判断すること。

例題解法復習チェック　チェックシートで赤文字をかくし，解法のコツをマスターしよう。

□ **〈平行線の性質〉** 右の図で，2直線 ℓ と m が平行であるとき，∠ABC の大きさを求めよ。

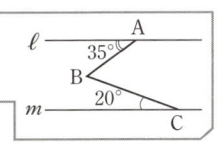

解き方 点Bを通り ℓ に平行な直線 BD をひく。**錯角は等しい**ので
∠ABC＝∠ABD＋∠DBC＝**35°**＋**20°**＝**55°** … 答

□ **〈作図〉** 2点 A，B と直線 ℓ が与えられたとき，ℓ 上にあってA，Bから等しい距離にある点 P を作図せよ。

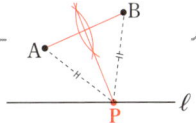

解き方 2点から**等しい**距離にある点の集合は，2点を結ぶ線分の**垂直二等分線**であるから，線分 AB の垂直二等分線と ℓ との交点を P とする。

□ **〈直線と平面の位置関係〉** 直線 ℓ は平面 P に垂直である。ℓ を含む平面を Q とするとき，2つの平面 P と Q はどんな位置関係にあるか。

解き方 平面に垂直な直線は，その平面上のどんな直線とも**垂直**である。したがって，2つの平面 P と Q のつくる角も **90°** となる（前ページ参照）。　　**答** P⊥Q

★ ℓ⊥P であることを示すには……直線 ℓ と平面 P との交点 O を通る P 上の2直線を a，b とするとき，ℓ⊥a，ℓ⊥b であることを示せばよい。

□ **〈立方体の切断〉** 右の立方体を次の①〜③の平面で切断したとき，その切断面はどんな形をしているか。 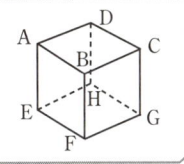
① 辺 CD を含む平面　　② 頂点 A，C，F を含む平面
③ 辺 AB，BC，CG，HG，EH，AE の各中点を通る平面

解き方 平行な2平面に1平面が交わるとき，交わりの直線（交線）は**平行**であることに注意する。
① 辺 CD を含む平面はいろいろあるが，どの場合も切り口は**長方形**… 答
② AC，CF，FA が切り口の辺となり，長さが**等しい**から**正三角形**… 答
③ 向かい合った面上の切り口の**辺は平行**で，しかも長さが**等しい**ので，切り口は**正六角形**… 答

練習
① 立方体の1つの辺とねじれの位置にある辺は何本あるか。
② 最も面の数の少ない多面体は何面体か。
③ 立方体を1つの頂点を通る平面で切るとき，切り口の多角形のうち，辺の数が最も多いものは何角形か。
④ 右の図で直線 ℓ を回転の軸として長方形を1回転させると，どんな立体ができるか。

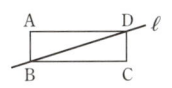

① **4本**
② **四面体**
③ **五角形**
④ **右の図**

数学

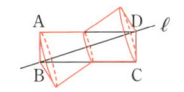

9 三角形

最重要点復習チェック
チェックシートで赤文字をかくし，重要点を確認しよう。

三角形の角
- □ **三角形の角の和** 三角形の3つの内角の和は180°である。
- □ **内角と外角** 三角形の外角は，それと隣りあわない2つの内角の和に等しい。右の図で ∠ACD＝∠A＋∠B

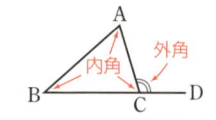

三角形の合同条件
- □ **合同な図形の性質** 合同な図形では，対応する線分や角は等しい。
- □ **三角形の合同条件** 2つの三角形は，次のどれかが成り立てば合同である。
  - ① 3組の辺がそれぞれ等しい
  - ② 2組の辺とその間の角がそれぞれ等しい
  - ③ 1組の辺とその両端の角がそれぞれ等しい
- □ **直角三角形の合同条件** 2つの直角三角形は次のどれかが成り立てば合同である。
  - ① 斜辺と1つの鋭角がそれぞれ等しい
  - ② 斜辺と他の1辺がそれぞれ等しい
- □ **証明** 筋道を立てて仮定から結論を導くこと。
- □ **逆** 「aならばbである」の逆は「bならばaである」 逆は正しいとは限らない。

二等辺三角形
- □ **二等辺三角形の定義** 2辺が等しい三角形を二等辺三角形という。
- □ **二等辺三角形の性質**
  - ① 二等辺三角形の2つの底角は等しい
  - ② 二等辺三角形の頂角の二等分線は底辺を垂直に2等分する
  - ③ 2つの角が等しい三角形は二等辺三角形である

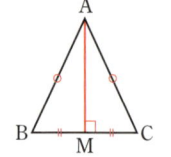

中点連結定理
- □ **中点連結定理** 三角形の2辺の中点を結ぶ線分は，残りの辺に平行で，長さはその半分に等しい。
  - 例 $\begin{matrix} AM=MB \\ AN=NC \end{matrix} \Bigr\} \to MN \mathbin{/\mkern-5mu/} BC,\ MN=\dfrac{1}{2}BC$
- □ **中点連結定理の逆** 三角形の1辺の中点を通り，他の1辺に平行な直線は，残りの辺の中点を通る。 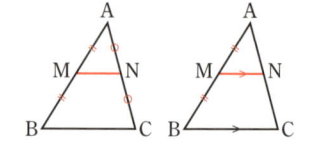

重心（発展）
- □ **中線** 三角形の頂点と対辺の中点を結ぶ線分。
- □ **重心** 三角形の3つの中線は1点で交わる。その交点（重心）は中線を2：1に分ける。
  - 例 △ABCで，AL，BM，CNが中線，Gが重心のとき
    AG：GL＝BG：GM＝CG：GN＝2：1

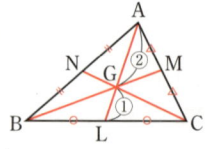

入試アドバイス

- 三角形の内角の和・外角は必ず覚えておこう。
- 合同条件，二等辺三角形の性質，中点連結定理を用いる証明や三角形の重心の性質もしっかり理解しておく。

例題解法復習チェック　チェックシートで赤文字をかくし，解法のコツをマスターしよう。

□ 〈三角形の合同〉　右の図は△ABCの外側にAB，ACをそれぞれ1辺とする正三角形をかいたものである。DC=BEであることを証明せよ。

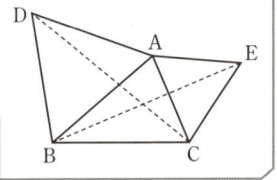

解き方　△ADCと△ABEにおいて，正三角形の辺だから
AD=**AB**，AC=**AE**，∠DAC=60°+∠**BAC**=∠BAE
よって　△ADC≡△**ABE**（2組の辺とその間の角の相等）　　ゆえに　DC=BE　←対応する辺は等しい

□ 〈二等辺三角形〉　AB=ACである△ABCで，辺AB，ACの中点をそれぞれM，Nとする。BN，CMの交点をPとすると，△PBCも二等辺三角形であることを証明せよ。

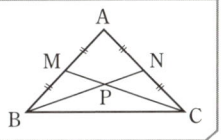

解き方　△BMCと△CNBにおいて　BC=CB（共通）
∠MBC=∠**NCB**（二等辺三角形の底角），AB=AC（仮定）より　MB=**NC**
よって　△BMC≡△**CNB**（2組の辺とその間の角の相等）　　ゆえに　∠PCB=∠**PBC**
2つの角が等しいから，△PBCは二等辺三角形である。

□ 〈中点連結定理〉　AD∥BCである台形で，AB，CDの中点をそれぞれM，Nとすると，MN=$\frac{1}{2}$(AD+BC)であることを証明せよ。

解き方　ACをひき，**中点**をPとすると，中点連結定理により
MP∥**BC**，MP=$\frac{1}{2}$**BC**，PN∥**AD**，PN=$\frac{1}{2}$**AD**
AD∥BCであるからPN∥BCで，**MP**，**PN**は同一直線である。
よって　MN=MP+PN=$\frac{1}{2}$BC+$\frac{1}{2}$AD=$\frac{1}{2}$(AD+BC)

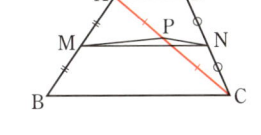

□ 〈直角三角形の重心〉　斜辺の長さが18cmの直角三角形の重心は，直角の頂点から何cmのところにあるか。

解き方　∠Aが直角の直角三角形ABCで，斜辺BCの中点をMとすると　**AM=BM=CM=9cm**
重心GはAMを**2：1**に分けるので　AG=9×$\frac{2}{3}$=6(cm) … 答

練習

❶ 二等辺三角形の頂角が50°のとき，1つの底角の大きさを求めよ。

❷ 頂角が60°の二等辺三角形はどんな三角形か。

❶ (180°−50°)÷2=**65°**

❷ 正三角形

10 四角形

最重要点復習チェック チェックシートで赤文字をかくし，重要点を確認しよう。

多角形

- **多角形の角**
  ① n 角形の内角の和 $= 180° \times (n-2)$ ← 1つの頂点からひいた対角線で $n-2$ 個の三角形に分けられる
  ② n 角形の外角の和 $= 360°$
  ③ 正 n 角形の1つの外角 $= \dfrac{360°}{n}$
  ④ 正 n 角形の1つの内角 $= 180° - \dfrac{360°}{n}$

- **対角線の数** n 角形の対角線の数 $= \dfrac{n(n-3)}{2}$

平行四辺形

- **平行四辺形の定義** 2組の対辺がそれぞれ**平行**な四角形を**平行四辺形**という。
- **平行四辺形の性質**
  ① 平行四辺形の2組の**対辺**はそれぞれ等しい
  ② 平行四辺形の2組の**対角**はそれぞれ等しい
  ③ 平行四辺形の対角線はそれぞれの**中点**で交わる

  ●平行四辺形の隣りあう2つの内角の和は180°である。

- **平行四辺形になる条件** 四角形は次のどれかが成り立てば平行四辺形である。
  ① 2組の対辺がそれぞれ**平行**であるとき（定義）
  ② 2組の対辺がそれぞれ**等しい**とき
  ③ 2組の**対角**がそれぞれ等しいとき
  ④ **対角線**がそれぞれの中点で交わるとき
  ⑤ 1組の対辺が**平行**でその**長さ**が等しいとき

いろいろな四角形

- **いろいろな四角形**
  ① 台形　　**1組**の対辺が平行な四角形
  ② 長方形　4つの**角**が等しい四角形（角はすべて90°）
  ③ ひし形　4つの**辺**が等しい四角形
  ④ 正方形　4つの**角**が等しく，4つの**辺**が等しい四角形

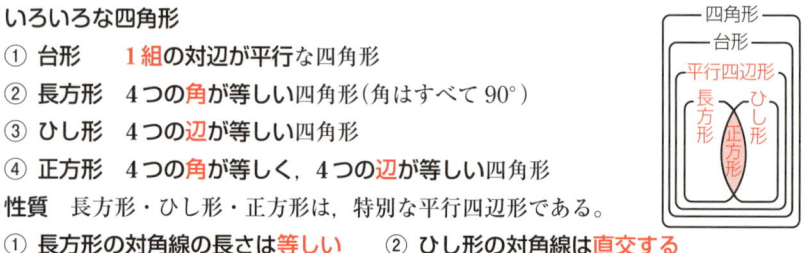

- **性質**　長方形・ひし形・正方形は，特別な平行四辺形である。
  ① 長方形の対角線の長さは**等しい**　　② ひし形の対角線は**直交する**
  ③ 正方形の対角線は長さが等しく，直交する

等積変形

- **等積変形**　底辺，高さの等しい三角形の**面積**は等しい。
  例　四角形 ABCD の頂点 D を通り，AC に平行な直線と BC の延長との交点を E とすると　△ACD＝**△ACE**
  　　四角形ABCD＝△ABC＋△ACD
  　　　　　　　＝△ABC＋**△ACE**＝**△ABE**

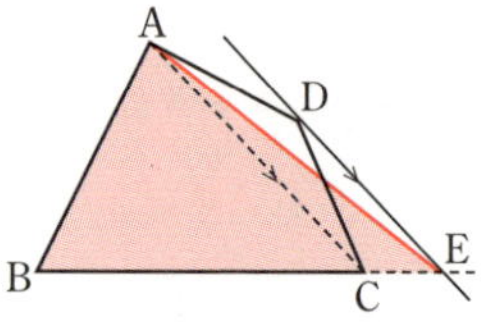

入試アドバイス
- 平行四辺形の性質，平行四辺形になる条件を場合に応じて使い分けられること。
- いろいろな四角形の性質も正しく理解しておこう。
- 等積変形は作図と絡めて出題されることもある。

例題解法復習チェック　チェックシートで赤文字をかくし，解法のコツをマスターしよう。

□ 〈平行四辺形の性質〉　平行四辺形 ABCD の対角線 AC の中点 O を通る直線が辺 AD，BC と交わる点をそれぞれ P，Q とするとき，OP=OQ であることを証明せよ。

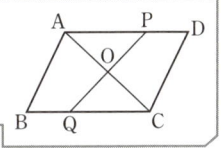

解き方　△AOP と △COQ において　AO=CO（仮定）
∠AOP=∠COQ（対頂角）　また，AD∥BC だから　∠PAO=∠QCO（錯角）
よって　△AOP≡△COQ（1組の辺とその両端の角の相等）　ゆえに　OP=OQ

□ 〈平行四辺形になる条件〉　平行四辺形 ABCD の対角線 AC，BD 上に，AE=CG，BF=DH となる点を図のようにとるとき，四角形 EFGH は平行四辺形となることを示せ。

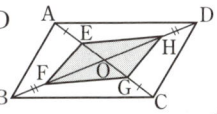

解き方　平行四辺形の対角線はそれぞれの中点で交わるから　AO=CO，BO=DO
仮定より，AE=CG だから　AO−AE=CO−CG　すなわち　EO=GO　同様に　FO=HO
よって，対角線がそれぞれの中点で交わるから，四角形 EFGH は平行四辺形である。

□ 〈いろいろな四角形〉　四角形 ABCD の各辺の中点を頂点とする四角形 PQRS が，①長方形，②ひし形，③正方形となるのは，対角線 AC，BD がそれぞれどんな条件を満たす場合か。

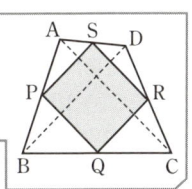

解き方　中点連結定理により　PQ∥SR∥AC，PQ=SR=$\frac{1}{2}$AC，
PS∥QR∥BD，PS=QR=$\frac{1}{2}$BD
したがって，①AC⊥BD　②AC=BD　③AC⊥BD，AC=BD … **答**

□ 〈等積変形〉　平行四辺形 ABCD で，対角線 BD と平行な直線が辺 BC，CD と交わる点をそれぞれ E，F とするとき，△ABE=△AFD であることを証明せよ。

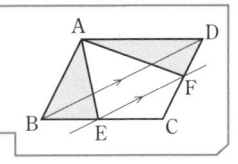

解き方　AD∥BE であるから　△ABE=△DBE
EF∥BD であるから　△DBE=△DBF
AB∥DF であるから　△DBF=△AFD　よって　△ABE=△AFD

練習
❶ 1つの内角が 108°の正多角形の辺の数を求めよ。
❷ △ABC の辺 AB，AC の中点をそれぞれ M，N とし，線分 MN の延長上に MN=ND である点 D をとる。四角形 MBCD は平行四辺形であることを示せ。

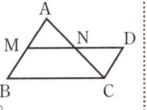

❶ $180-\frac{360}{n}=108$ より　$n=5$
❷ 中点連結定理により　MN∥BC，
MN=$\frac{1}{2}$BC　　MD=2MN=BC
これより　MD=BC，MD∥BC

11 相似

最重要点復習チェック
チェックシートで赤文字をかくし，重要点を確認しよう．

相似・三角形の相似条件

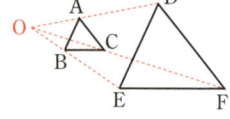

- □ **相似** 1つの図形を形を変えずに，一定の割合に拡大・縮小して得られる図形は，もとの図形と **相似** である．
- □ **相似の位置** 2つの図形の対応する点を通る **直線がすべて1点Oで交わり**，Oから対応する点までの **距離の比** がすべて **等しい** とき，それらの図形はOを相似の **中心** として相似の位置にある．相似の位置にある2つの図形は **相似** である．
- □ **相似比** 相似な図形の対応する線分の長さの比
- □ **相似な図形の性質** 相似な図形では，対応する線分の **長さの比** はすべて等しく，対応する角の大きさはそれぞれ **等しい**．
- □ **三角形の相似条件** 2つの三角形は次のどれかが成り立てば相似である．
  ① **3組** の辺の比がすべて等しい
  ② 2組の辺の比と **その間の角** がそれぞれ等しい
  ③ 2組の **角** がそれぞれ等しい

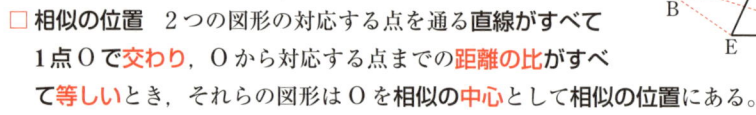

平行線と線分の比

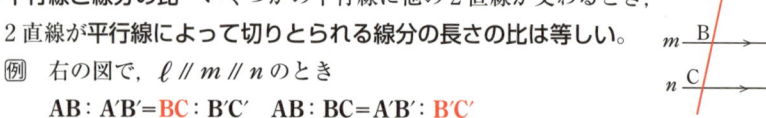

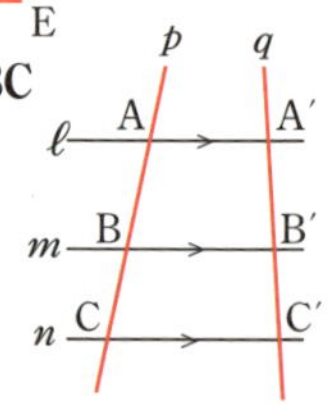

- □ **三角形と線分の比** △ABC の辺 AB，AC またはその延長上の点を D，E とするとき 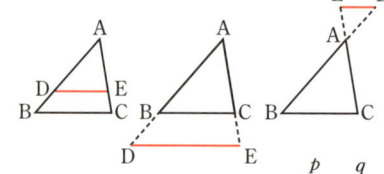
  ① DE ∥ BC ならば
     AD：AB＝AE：AC＝ **DE**：**BC**
     AD：DB＝AE： **EC**
  ② AD：AB＝AE：AC または AD：DB＝AE：EC ならば　DE ∥ BC
- □ **平行線と線分の比** いくつかの平行線に他の2直線が交わるとき，2直線が平行線によって切りとられる線分の長さの比は等しい．
  例 右の図で，ℓ ∥ m ∥ n のとき
     AB：A′B′＝ **BC**：B′C′　AB：BC＝A′B′： **B′C′**
  例 1.2m の棒の影が 1.4m のとき，影の長さが 4.2m の電柱の長さは
     1.4： **4.2** ＝1.2：x　x＝ **3.6** (m) 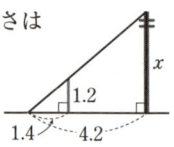
  例 ∠Aの二等分線が辺BCとDで交わる．ADに垂線BE，CFをひくと
     △ABE∽△ACF，BE ∥ CF
     よって　AB：AC＝BE：CF＝BD： **CD** 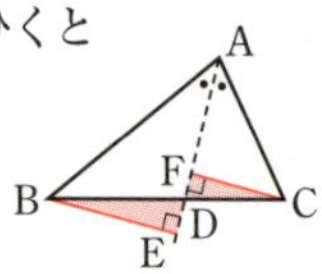
- □ **縮図の利用** 縮図を利用して，直接測れない高さや距離を求めることができる．

入試アドバイス
- 相似の意味，相似条件を正しく理解しておくこと。
- 三角形と線分の比，平行線と線分の比は，位置関係をよく確かめて適用する。比例式の解き方も練習しておこう。

例題解法復習チェック
チェックシートで赤文字をかくし，解法のコツをマスターしよう。

□ 〈相似な図形〉 右の図で，点 P，Q，R は辺 AB の 4 等分点，点 S，T は辺 AC の 3 等分点である。
① △AQS と △ABT は相似の位置にある。相似の中心をいえ。
② △AQT と相似な三角形をすべていえ。
③ △PQS∽△QBT であることを証明せよ。

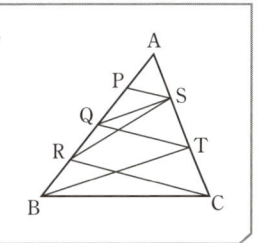

解き方 ① 対応する点 Q と B，S と T を通る直線が A で交わり，AQ：AB＝AS：AT＝1：2 であるので，△AQS と △ABT は相似の位置にあり，相似の中心は **A** …答
② △**AQT**∽△**APS**∽△ARC（これらはすべて △AQT と相似の位置にある）…答
③ 中点連結定理により，PS∥QT であるから ∠**QPS**＝∠**BQT**（同位角）
同様に，QS∥BT であるから ∠**PQS**＝∠**QBT** よって △**PQS**∽△**QBT**（2 組の角の相等）
★ △PQS と △QBT は A を相似の中心として相似の位置にあるので，**相似であるといえる**。

□ 〈三角形と線分の比〉 右の図で，DE∥BC，AD：DB＝3：2 である。x，y の値を求めよ。

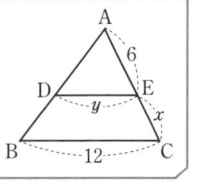

解き方 DE∥BC だから AD：DB＝AE：EC
よって 3：2＝**6**：x $x=2×6÷3=$**4** …答
また AD：**AB**＝DE：BC   3：5＝y：12 $y=3×12÷5=$**7.2** …答
★ 比例式の解き方 $a:b=c:d$ ならば $bc=ad$（**内項の積**は**外項の積**に等しい）

□ 〈平行線と線分の比〉 右の図で，$\ell \parallel m \parallel n$，PQ∥AC である。
① AB：BC＝DE：EF であることを証明せよ。
② AB：BC＝CQ：QF であることを証明せよ。

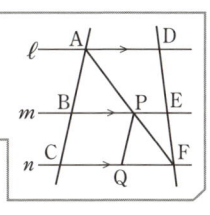

解き方 ① △ACF で BP∥CF ゆえに AB：BC＝AP：**PF**…(1)
△FDA で PE∥AD ゆえに AP：PF＝DE：**EF**…(2)
よって，(1)，(2)より AB：BC＝DE：EF
② △FAC で PQ∥AC だから AP：**PF**＝CQ：QF…(3)
よって，(1)，(3)より AB：BC＝CQ：QF

練習
● 右の図で，AB∥DC∥EF，AB＝3，DC＝6 である。EF の長さを求めよ。

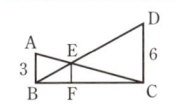

● △ABE∽△CDE（2 組の錯角）より
AE：CE＝AB：CD＝3：6＝1：2
△CAB で EF∥AB だから
EF：3＝2：3   ゆえに EF＝**2**

12 円の性質

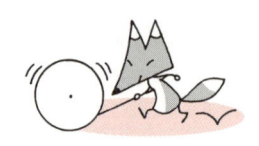

最重要点復習チェック
チェックシートで赤文字をかくし，重要点を確認しよう。

接線
- □ **接線・接点** 直線 ℓ が円 O に接するとき，直線 ℓ を円 O の接線といい，共有点を**接点**という。
- □ **円の接線の性質** 円の接線は，その接点を通る半径に**垂直**である。

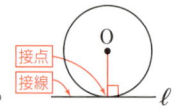

中心角と弧・弦
- □ **中心角の性質** 1つの円または半径の等しい円について
  ① 等しい中心角に対する**弧**は等しい
  ② 等しい弦に対する**中心角**は等しい
  ③ 弧の長さは中心角に**比例**する
  ④ 等しい中心角に対する**弦**は等しい

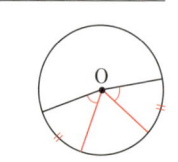

円周角と円周角の定理・接弦定理
- □ **円周角** 下の図のように，円の弧 AB を除いた円周上に点 P をとるとき，∠APB を弧 AB に対する**円周角**という。また，半円の弧に対する円周角は**直角**になる。
  (逆に，∠APB=90°ならば，P は AB を直径とする円周上にある。)
- □ **円周角と弧**
  1つの円で，等しい弧に対する円周角は等しく，等しい円周角に対する弧は等しい。
- □ **円周角の定理**
  1つの円で，ある弧に対する円周角の大きさは一定であり，その弧に対する中心角の $\frac{1}{2}$ に等しい。
- □ **円周角の定理の逆** 2点 P, Q が直線 AB の同じ側にあって，∠APB=∠AQB ならば，この4点は1つの**円周上**にある。
- □ **接弦定理** 円の接線とその接点を通る弦のつくる**角**は，その角の内部にある弧に対する**円周角**に等しい。

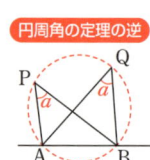

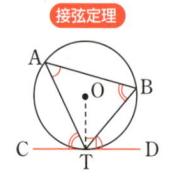

2つの円
- □ **2円の位置関係** 2円の半径をそれぞれ R, r $(R>r)$，中心間の距離を d とする。
  $d>R+r$……離れている　$d=R+r$……**外接**する
  $d=R-r$……**内接**する　$R+r>d>R-r$……交わる
  $d<R-r$……一方が他方に含まれる　$d=0$……同心円
- □ **共通接線** 2円にともに接する接線

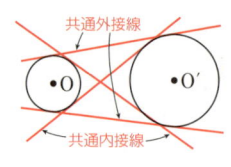

入試アドバイス
- 円は高校入試に最もよく出題される題材である。
- 円周角の定理，円周角・中心角と弧の関係を確実にマスターしておこう。二等辺三角形もよく現れる。

例題解法復習チェック　チェックシートで赤文字をかくし，解法のコツをマスターしよう。

□ 〈弧と中心角〉　右の図について，次の角や弧の比を求めよ。
　① ∠COA　　② ∠EOC　　③ $\overparen{EC}:\overparen{CA}:\overparen{AD}$

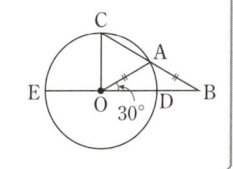

解き方　③は，円の弧は中心角に比例することを用いる。
① ∠ABO＝∠AOB＝30°なので　∠OAC＝30°＋30°＝**60°**
　半径は等しいから　∠OCA＝∠OAC＝**60°**　ゆえに　∠COA＝**60°**…答
② ∠EOC＝∠ABO＋∠OCA＝30°＋60°＝**90°**…答
③ 弧は中心角に比例するから　$\overparen{EC}:\overparen{CA}:\overparen{AD}$＝90°:60°:30°＝**3:2:1**…答

□ 〈円周角〉　円の $\overparen{AB}$，$\overparen{AC}$ の中点をそれぞれ M，N とし，MN が AB，AC と交わる点をそれぞれ D，E とすると，△ADE は二等辺三角形であることを示せ。

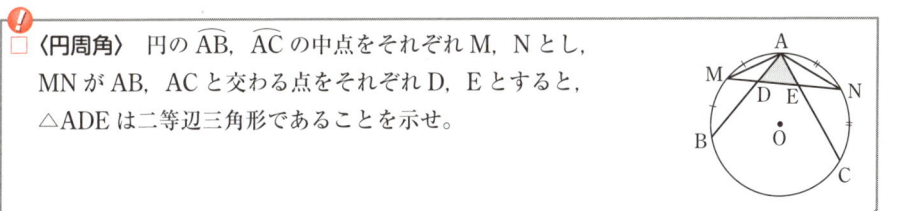

解き方　等しい弧に対する円周角は等しいから
　∠MAB＝∠ANM，∠NAC＝∠AMN　外角はそれと隣りあわない2つの内角の和に等しいので
　∠ADE＝∠MAB＋∠AMN＝∠ANM＋∠NAC＝∠AED
　よって，△ADE は AD＝AE の二等辺三角形である。

□ 〈接線と弦のつくる角〉　A で外接する2円の共通外接線をひき，接点を P，Q とし，PA，QA が円と交わる点をそれぞれ P′，Q′ とする。このとき，PQ′ ∥ P′Q であることを証明せよ。

解き方　A を通る共通内接線を TT′ とする。　接弦定理により
　　∠PQ′A＝**∠PAT**，∠P′QA＝**∠P′AT′**
　対頂角だから　∠PAT＝∠P′AT′
　よって　**∠PQ′A＝∠P′QA**　　錯角が等しいので　PQ′ ∥ P′Q

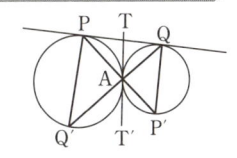

練習
● 円内の1点 O で交わる2直線がこの円と A，B および C，D で交わるとする。このとき，OA×OB＝OC×OD であることを示せ。

● AD，BC をひくと，$\overparen{AC}$，$\overparen{BD}$ に対する円周角は等しいから　△OAD∽△OCB
　OA:OC＝OD:OB
　これより　OA×OB＝OC×OD

13 三平方の定理

最重要点復習チェック チェックシートで赤文字をかくし，重要点を確認しよう。

三平方の定理

□ **三平方の定理（ピタゴラスの定理）**
直角三角形で，直角をはさむ2辺の長さを a, b, 斜辺の長さを c とするとき $a^2+b^2=c^2$

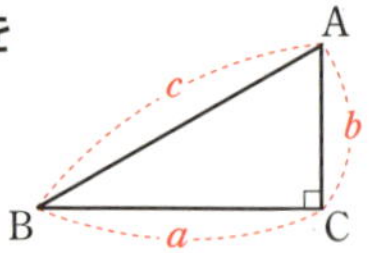

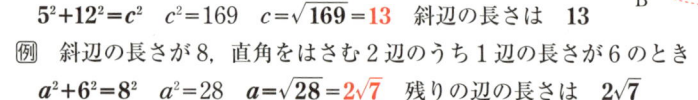

例 直角をはさむ2辺の長さが5，12のとき
$5^2+12^2=c^2$ $c^2=169$ $c=\sqrt{169}=13$ 斜辺の長さは **13**

例 斜辺の長さが8，直角をはさむ2辺のうち1辺の長さが6のとき
$a^2+6^2=8^2$ $a^2=28$ $a=\sqrt{28}=2\sqrt{7}$ 残りの辺の長さ **$2\sqrt{7}$**

□ **三平方の定理の逆**
△ABC で，最大の辺を AB とするとき，$BC^2+AC^2=AB^2$ が成り立つならば，この三角形は **∠C=90°** の **直角三角形** である。

三平方の定理の利用

□ **四角形の対角線**
① 2辺が a, b の**長方形の対角線の長さ** $\sqrt{a^2+b^2}$
② 1辺が a の**正方形の対角線の長さ** $\sqrt{2}a$

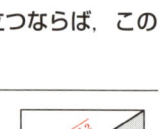

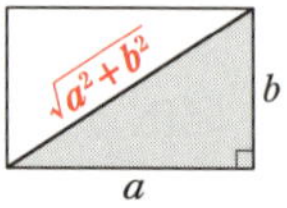

□ **立体の対角線**
① 3辺が a, b, c の**直方体の対角線の長さ** $\sqrt{a^2+b^2+c^2}$
② 1辺が a の**立方体の対角線の長さ** $\sqrt{3}a$

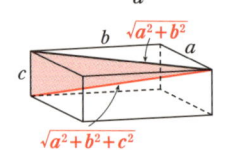

□ **正三角形の高さ・面積**
1辺が a の正三角形で
高さ $\dfrac{\sqrt{3}}{2}a$ 面積 $\dfrac{\sqrt{3}}{4}a^2$

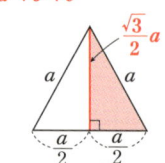

□ **特別な直角三角形の辺の比**
1つの鋭角が 30°の直角三角形の辺の比 $1:2:\sqrt{3}$
直角二等辺三角形の辺の比 $1:1:\sqrt{2}$

□ **2点間の距離** 2点 A(x_1, y_1), B(x_2, y_2) 間の距離
$\sqrt{(x_2-x_1)^2+(y_2-y_1)^2}$

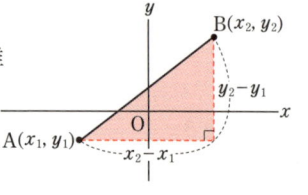

□ **共通接線の長さ** 半径 R, r, 中心間の距離 d

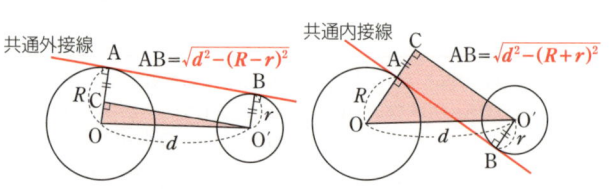

共通外接線 AB$=\sqrt{d^2-(R-r)^2}$
共通内接線 AB$=\sqrt{d^2-(R+r)^2}$

● 共通外接線：2円は接線の同じ側。
● 共通内接線：2円は接線をはさんで反対側。

入試アドバイス
- 三平方の定理の適用では，方程式とみることも大切。
- 代表的な図形や立体の対角線の長さなどは覚えておこう。
- 正三角形や特別な直角三角形の辺の比も覚えておくこと。

例題解法復習チェック
チェックシートで赤文字をかくし，解法のコツをマスターしよう。

□ 〈三平方の定理〉 次の問いに答えよ。
① たて 6cm，横 8cm の長方形が内接する円の直径を求めよ。
② 1つの鋭角が 30°，斜辺が 8cm の直角三角形の面積を求めよ。
③ 2点 A(2, 3)，B(-2, 6) がある。線分 AB の長さを求めよ。

解き方 ①は長方形の対角線，②は特別な直角三角形，③は2点間の距離

① 直径＝対角線の長さ
$=\sqrt{6^2+8^2}=\sqrt{100}$
$=10$(cm) … **答**

② 直角をはさむ2辺は 4，$4\sqrt{3}$
$\frac{1}{2}\times 4\times 4\sqrt{3}=8\sqrt{3}$(cm²) … **答**

③ $\sqrt{(-2-2)^2+(6-3)^2}$
$=\sqrt{(-4)^2+3^2}$
$=\sqrt{25}=5$ … **答**

□ 〈平面図形への応用〉 次の問いに答えよ。
① 3辺の長さが 5，6，7 の三角形の面積を求めよ
② 右の図のおうぎ形の半径は 6，おうぎ形に内接する円の半径は 2 である。影をつけた部分の面積を求めよ。

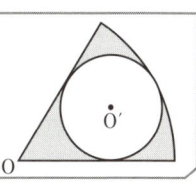

解き方 ① 下の図のように記号をきめると
$x^2+h^2=7^2$ …(1) 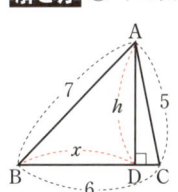
$(6-x)^2+h^2=5^2$ …(2)
(1)-(2) $-36+12x=24$
$x=5$, $h=\sqrt{7^2-5^2}=2\sqrt{6}$
$\frac{1}{2}\times 6\times 2\sqrt{6}=6\sqrt{6}$ … **答**

② 円の中心 O′ から，おうぎ形の半径に垂線 O′H をひくと
OO′＝6-2＝4，O′H＝2 直角三角形 OO′H の斜辺と他の辺の比が 4：2＝2：1
∠O′OH＝30° おうぎ形の中心角は 60°
$\pi\times 6^2\times\frac{60°}{360°}-\pi\times 2^2=2\pi$ … **答**

□ 〈空間図形への応用〉 右の図のように，1辺 10 の立方体を頂点 A，C，F を通る平面で切るとき，次のものを求めよ。
① 切り口の面積　② 頂点 B と切り口の面との距離

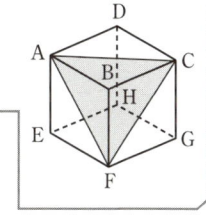

解き方 ① 切り口の△ACF は，1辺 $10\sqrt{2}$ の正三角形だから
高さ $\frac{\sqrt{3}}{2}\times 10\sqrt{2}=5\sqrt{6}$ 面積 $\frac{1}{2}\times 10\sqrt{2}\times 5\sqrt{6}=50\sqrt{3}$ … **答**

② 頂点 B から △ACF までの距離を h とすると，三角錐の体積について
$\frac{1}{3}\times 50\sqrt{3}\times h=\frac{1}{3}\times\frac{10\times 10}{2}\times 10$ ゆえに $h=\frac{10}{\sqrt{3}}=\frac{10\sqrt{3}}{3}$ … **答**

練習
❶ AB＝AC＝5，BC＝6 の二等辺三角形の高さを求めよ。
❷ 半径 5 の円 O に，OP＝13 である点 P から接線をひき，接点を H とするとき，接線 PH の長さを求めよ。

❶ $\sqrt{5^2-3^2}=\sqrt{16}=4$
❷ PH⊥OH だから
$\sqrt{13^2-5^2}=\sqrt{144}=12$

14 図形の計量

最重要点復習チェック チェックシートで赤文字をかくし，重要点を確認しよう。

平面図形の面積

☐ **四角形の面積**

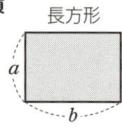

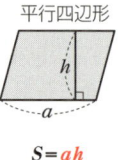

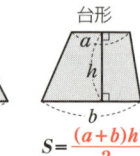

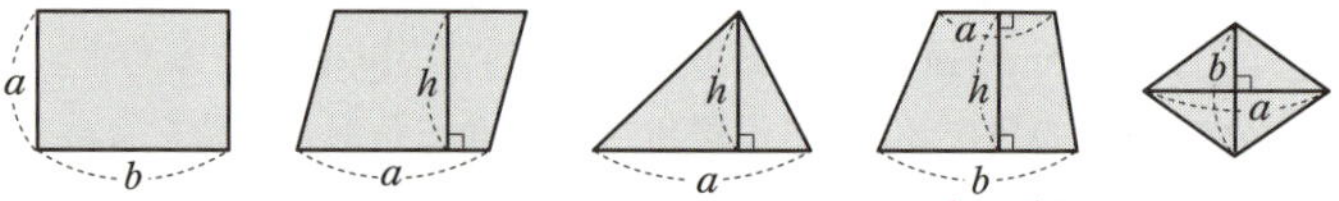

長方形：$S = ab$

平行四辺形：$S = ah$

三角形：$S = \dfrac{ah}{2}$

台形：$S = \dfrac{(a+b)h}{2}$

ひし形：$S = \dfrac{ab}{2}$

☐ **円・おうぎ形の弧と面積**　おうぎ形の弧，面積は中心角に比例する。

面積：S
弧：ℓ

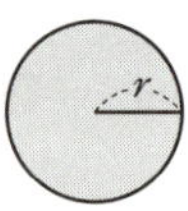

円：$\ell = 2\pi r$，$S = \pi r^2$

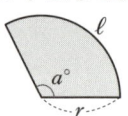

おうぎ形：$\ell = \dfrac{\pi r a}{180}$，$S = \dfrac{\pi r^2 a}{360} = \dfrac{\ell r}{2}$

☐ **円周率と近似値**　円周率がとくに与えられていないときは π で表す。円周率が 3.14 や 3.1 と与えられたときは，近似値として扱う。

空間図形の表面積・体積

☐ **多面体の表面積と体積**

表面積：S
底面積：S'
体積：V

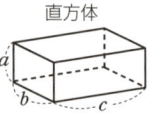

直方体：$S = 2(ab+bc+ca)$，$V = abc$

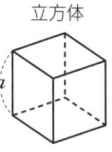

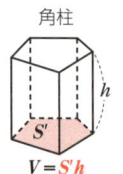

立方体：$S = 6a^2$，$V = a^3$

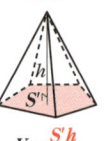

角柱：$V = S'h$

角錐：$V = \dfrac{S'h}{3}$

☐ **回転体の表面積と体積**

表面積：S
側面積：S'
体積：V

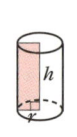

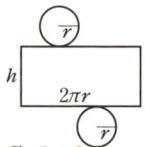

円柱：$V = \pi r^2 h$，$S' = 2\pi rh$，$S = 2\pi rh + 2\pi r^2$

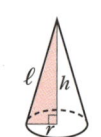

円錐：$V = \dfrac{1}{3}\pi r^2 h$，$S' = \pi r \ell$，$S = \pi r \ell + \pi r^2$

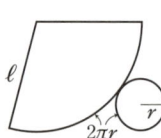

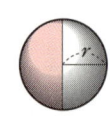

球：$S = 4\pi r^2$，$V = \dfrac{4}{3}\pi r^3$

相似の利用

☐ **相似形の面積比と体積比**　面積比は相似比の **2乗**，体積比は相似比の **3乗**。

① 面積比　$\triangle ABC \backsim \triangle DEF$ で，相似比が $1:k$ のとき，
面積比は　$1:k^2$

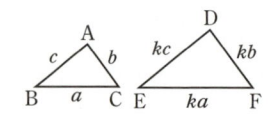

② 体積比　円錐の高さを3等分するとき
$V_1 : (V_1+V_2) : (V_1+V_2+V_3)$
$= 1^3 : 2^3 : 3^3 = 1 : 8 : 27$
$V_1 : V_2 : V_3$
$= 1 : (8-1) : (27-8)$
$= 1 : 7 : 19$

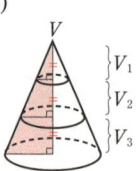

入試アドバイス
- 表面積や体積の公式は忘れていないかチェックする。
- 公式を適用する前の辺の長さや角が正しく求められること。
- 面積や体積が等しいことから,方程式を作って解けること。

例題解法復習チェック
チェックシートで赤文字をかくし,解法のコツをマスターしよう。

〈回転と面積〉 AB=3,BC=1,∠B=90°の直角三角形を頂点Cのまわりに90°回転する。このとき,辺ABが通過した部分(影をつけた部分)の面積を求めよ。円周率はπとする。

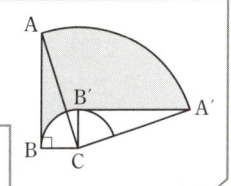

解き方 図の△ABC内の影の部分を△A′B′C′の内部に移すと
$$\frac{1}{4}\pi(AC^2-BC^2)=\frac{1}{4}\pi\{(\sqrt{3^2+1^2})^2-1^2\}=\frac{9}{4}\pi \cdots 答$$

〈展開図と体積〉 1辺12cmの正方形ABCDの辺AB,ADの中点をそれぞれM,Nとし,△MNCをかく。これを展開図とし,底面が△MNCの立体を作るとき,次のものを求めよ。
① 体積　② 高さ

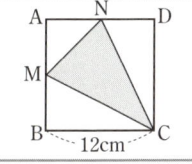

解き方 ①は△AMNを底面とする三角錐,②は体積を利用する。

① △AMNを底面とすると,高さ **12cm** の三角錐であるから,体積は
$$\frac{1}{3}\times\frac{6\times 6}{2}\times 12 = \mathbf{72}(cm^3) \cdots 答$$

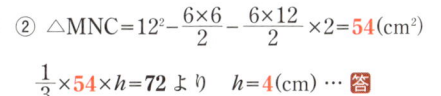

② △MNC = $12^2 - \frac{6\times 6}{2} - \frac{6\times 12}{2}\times 2 = \mathbf{54}(cm^2)$
$\frac{1}{3}\times 54 \times h = \mathbf{72}$ より $h=\mathbf{4}(cm) \cdots 答$

〈相似の利用〉 上底面の半径4cm,下底面の半径12cm,高さ18cmの円錐台がある。円周率をπとして,体積を求めよ。

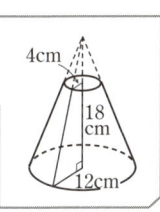

解き方 図の点線の部分の円錐の高さをhとする。2つの円錐は相似だから $h:(h+18)=4:12$　$12h=4h+72$　ゆえに $h=9$
小さい円錐と大きい円錐の相似比は　$9:(9+18)=9:27=1:3$
求める体積は　$\frac{1}{3}\times\pi\times 12^2 \times \mathbf{27} \times \left\{1-\left(\frac{1}{3}\right)^3\right\} = \mathbf{1248}\pi(cm^3) \cdots 答$

練習

❶ 右の図の影の部分の周と面積を求めよ。円周率はπとせよ。

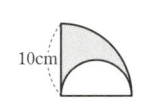

❷ 半径が10cmの半円を展開図として,円錐形の容器を作るとき,この容器の容積を求めよ。円周率はπとする。

❸ 円柱と円錐の底面の半径の比が1:2,高さの比が2:1のとき,体積の比を求めよ。

❶ $\frac{1}{4}\times 2\pi\times 10+10+\frac{1}{2}\times 2\pi\times 5$
$=\mathbf{10\pi+10}(cm)$
$\frac{1}{4}\times\pi\times 10^2 - \frac{1}{2}\times\pi\times 5^2 = \frac{\mathbf{25}}{\mathbf{2}}\pi(cm^2)$

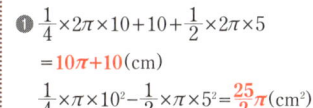

❷ 底面の周が10πcmより,半径5cm,深さ$5\sqrt{3}$cm
容積
$=\frac{1}{3}\times\pi\times 5^2\times 5\sqrt{3} = \frac{\mathbf{125\sqrt{3}}}{\mathbf{3}}\pi(cm^3)$

❸ $(\pi r^2 \times 2h):\{\frac{1}{3}\pi(2r)^2 h\} = 2:\frac{4}{3} = \mathbf{3:2}$

15 場合の数・確率

数学 / 確率

最重要点復習チェック チェックシートで赤文字をかくし，重要点を確認しよう。

場合の数

☐ **場合の数の求め方** あることがらの起こる場合の数を求めるには，場合を順序よく整理し，もれや重なりのないように数える。
① 表を作って求める。
② 樹形図をかいて求める。

例　赤玉1個，白玉2個，黒玉3個の中から，2個の玉を選び出す場合の数は

(表)

赤	1	1	0	0	0
白	1	0	2	1	0
黒	0	1	0	1	2

解は5通り

(樹形図)

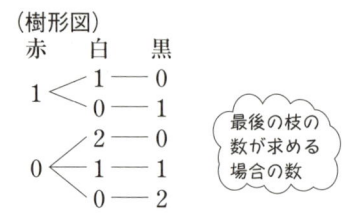

```
赤   白   黒
     ┌ 1 ─ 0
  1 ─┤
     └ 0 ─ 1
     ┌ 2 ─ 0
  0 ─┼ 1 ─ 1
     └ 0 ─ 2
```

最後の枝の数が求める場合の数

☐ **場合の数を求めるときの法則**
① AまたはBの起こる場合の数　A，Bが同時には起こらず，Aには m 通り，Bには n 通りの起こり方があれば，AまたはBの起こる場合の数は
　$(m+n)$ 通り
② A，Bがともに起こる場合の数　Aの起こり方が m 通りで，そのおのおのについて，Bの起こり方が n 通りあれば，A，Bがともに起こる場合の数は
　mn 通り

☐ **選び方の数・並べ方の数**　異なる5個のものから3個を選ぶ。
① 選び方の数 $=\dfrac{5\times 4\times 3}{3\times 2\times 1}=10$(通り)　　② 並べ方の数 $=5\times 4\times 3=60$(通り)

確率

☐ **確率**　起こりうる場合が全部で n 通りで，そのいずれかが起こることも同様に確からしいものとする。そのうち，ことがら A の起こる場合が a 通りであるとき，$\dfrac{a}{n}$ を A の起こる**確率**という。

$$A の起こる確率 = \frac{A の起こる場合の数}{起こりうるすべての場合の数}$$

☐ **確率の基本性質**　あることがら A の起こる確率 p については，次のことがいえる。
① A の起こる確率は 0 以上 1 以下の数　→　$0 \leq p \leq 1$
② A が必ず起こるとき確率は 1　→　$p=1$
③ A が決して起こらないとき確率は 0　→　$p=0$
④ (A が起こらない確率)＝**1**－(A が起こる確率)＝**$1-p$**

入試アドバイス

- 場合の数は表や樹形図をかいて正確に求めよう。
- 確率の問題では，場合の数の求め方が大切。選び方の数・並べ方の数の求め方は知っておくと便利である。

例題解法復習チェック
チェックシートで赤文字をかくし，解法のコツをマスターしよう。

□ **〈確率(1)〉** 白玉3個と黒玉4個が袋にはいっている。この中から2個の玉を取り出すとき，次の確率を求めよ。
① 白玉1個と黒玉1個を取り出す確率　② 2個とも白玉を取り出す確率

解き方 起こりうるすべての場合の数は，7個から2個選ぶ選び方で $\dfrac{7\times 6}{2\times 1}=21$ (通り)

① 白玉1個の取り出し方は3通り。そのおのおのについて黒玉1個の取り出し方が4通りあるので $3\times 4=12$ (通り)

求める確率は $\dfrac{12}{21}=\dfrac{4}{7}$ …答

② 白玉3個から2個選ぶ選び方は
$\dfrac{3\times 2}{2\times 1}=3$ (通り)

求める確率は $\dfrac{3}{21}=\dfrac{1}{7}$ …答

□ **〈確率(2)〉** 2個のさいころA，Bを同時に投げるとき，次の確率を求めよ。
① 目の和が素数になる確率
② Aの目の数を x 座標，Bの目の数を y 座標とする点をPとする。このとき，点Pが関数 $y=\dfrac{12}{x}$ のグラフ上にある確率

解き方 起こりうるすべての場合の数は $6\times 6=36$ (通り)

① 和が素数であるのは2, 3, 5, 7, 11の場合で，それぞれ1, 2, 4, 6, 2通りある。
$1+2+4+6+2=15$　確率は $\dfrac{15}{36}=\dfrac{5}{12}$ …答

② グラフ上にあるのは目の積が12の場合で，
$(2, 6), (3, 4), (4, 3), (6, 2)$ の 4 通りあるから，確率は $\dfrac{4}{36}=\dfrac{1}{9}$ …答

□ **〈起こらない確率〉** 大小2個のさいころを同時に投げるとき，目の数の積が偶数となる確率を求めよ。

解き方 起こりうるすべての場合は $6\times 6=36$ (通り)
目の数の積が偶数にならない，つまり奇数になるのは $3\times 3=9$ (通り)

よって，目の数の積が奇数になる確率は $\dfrac{9}{36}=\dfrac{1}{4}$

したがって，目の数の積が偶数になる確率は $1-\dfrac{1}{4}=\dfrac{3}{4}$ …答

練習

- 3枚の硬貨を同時に投げるとき，少なくとも1枚は表が出る確率を求めよ。

- 1枚も表が出ない確率は $\dfrac{1}{8}$
したがって，求める確率は $1-\dfrac{1}{8}=\dfrac{7}{8}$

16 資料の整理・近似値・標本調査

最重要点復習チェック チェックシートで赤文字をかくし，重要点を確認しよう。

資料の整理

- **度数分布表** 資料の分布のようすを調べるには，**階級の幅**をきめて，各階級ごとの**度数**を右の表のような度数分布表にまとめる。

  例 右の度数分布表で，階級の幅は **5 cm**。150cm 以上 155cm 未満の人数は **8 人**。この階級の**階級値**は **152.5**，表を読むときは，**8 人**とも身長 152.5cm とみなす。

階級(cm)	度数(人)	相対度数
以上　未満		
140～145	3	0.075
145～150	5	0.125
150～155	8	0.2
155～160	10	0.25
160～165	9	0.225
165～170	5	0.125
計	40	1.000

- **ヒストグラム** 階級の幅を底辺，度数を高さとする長方形を並べた図。
- **度数折れ線** ヒストグラムの角長方形の上の辺の中点を順に結んだ折れ線。
- **相対度数** 各階級の度数を**総数**でわった値。資料の総数が異なるものの度数分布をくらべるときは，**相対**度数の分布をくらべるとよい。
- **代表値** 資料の傾向や特徴を 1 つの数値で表したもの。

  平均値(平均)…資料の値の総和を度数の合計でわったもの。

  度数分布表で平均値を求めるには　平均値 = $\dfrac{(階級値 \times 度数)の和}{総数}$

  例 上の表で，平均値 = (142.5×3+147.5×5+…+167.5×5)÷40 = 156.5(cm)

  中央値…資料を大小の順に並べたとき，まん中の値。**メジアン**ともいう。
  最頻値…度数が最も大きい資料の値。**モード**ともいう。

- **範囲** 資料の散らばりの度合いを簡単に表す値のこと。**範囲＝最大値－最小値**

近似値と誤差

- **近似値** 測定値のように**真の値**に近い値のこと。

  例 3.14 は小数第 3 位を四捨五入することによって得られた円周率 π の近似値。
  π の真の値は　3.135 < π < 3.145

- **誤差** 近似値から真の値をひいた差のこと。
- **有効数字** 近似値を表す数字のうち，信頼できる数字を有効数字といい，**位取り**を表す 0 と区別する。
- **有効数字の表し方** 有効数字であることをはっきりさせるために，測定値を**整数部分が 1 桁の小数**と **10 の累乗**または $\dfrac{1}{10\text{ の累乗}}$ の積の形で表す。

  例 月と地球との距離 384400km を有効数字 3 桁で表すと　3.84×10^5 km

標本調査

- **標本調査** **母集団**から**標本**を取り出し，標本から得られる平均や比率から，**母集団**の平均や比率を推定する方法。

  全部のものについて調べるのは**全数**調査。

入試アドバイス
- 度数分布表やヒストグラムの読み方をしっかり理解しておく。
- 平均値，中央値，最頻値については正確に把握しておこう。
- 標本調査については，あまり難問はないのでしっかりと得点しよう。

例題解法復習チェック　チェックシートで赤文字をかくし，解法のコツをマスターしよう。

□ **〈度数分布表〉** 右の表は，ある中学生40人のハンドボール投げの結果をまとめた度数分布表である。これをもとにして平均値を求めると，小数第1位でちょうどわり切れて22.5mであった。⑦，⑦の人数を求めよ。

階級(m)	階級値(m)	度数(人)
10以上 14未満	12	1
14 〜18	16	5
18 〜22	20	12
22 〜26	24	⑦
26 〜30	28	⑦
30 〜34	32	2
計		40

解き方 ⑦の人数を x とすると，⑦は $40-(1+5+12+x+2)=\mathbf{20-x}$

平均値が22.5mであることより

$\{12×1+16×5+20×12+24×x+28×(20-x)+32×2\}÷40=\mathbf{22.5}$

$956-4x=900$ より　$x=\mathbf{14}$　⑦：**14**人　⑦：$20-x=\mathbf{6}$(人) … 答

□ **〈ヒストグラム〉** 右の図は，あるクラブの生徒全員の体重を，度数分布表をもとにヒストグラムに表したものである。次の問いに答えよ。
① このクラブの人数を求めよ。
② 最頻値を求めよ。

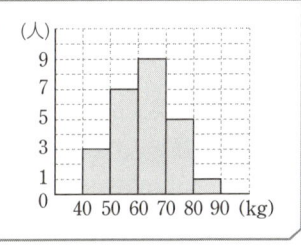

解き方 ① $3+7+9+5+1=\mathbf{25}$(人) … 答
② 度数が最も大きい階級 **60**kg以上**70**kg未満の階級値だから　**65**kg … 答

□ **〈母集団の推定〉** 青のビー玉ばかりはいった箱の中へ，赤のビー玉30個をいれてよくかきまぜ，目かくしをして40個取り出したところ，6個の赤のビー玉が含まれていた。最初に箱の中に入っていた青のビー玉は何個と推測できるか。

解き方 最初に箱の中に入っていた青のビー玉を x 個とすると
$x:\mathbf{30}=(40-6):6$　これを解くと　$x=\mathbf{170}$(個) … 答

練習

❶ ある中学校の女子200人の身長を測定して，度数分布表を作ると，階級140.0cm〜145.0cmの相対度数は0.06になった。この階級にはいっている人数を求めよ。

❷ ある工場の製品の中から160個をかたよりなく選びだしたら，その中に不良品が2個あった。この製品の何%が不良品と推測できるか。

❶ $200×0.06=\mathbf{12}$(人)

❷ $2÷160=0.0125$
　　→**1.25**%

1 助動詞の整理・未来を表す表現

1問1答要点チェック　チェックシートで答えをかくし，全問正解まで練習しよう。

① 表のア〜サにあてはまる語句を書きなさい。

助動詞	意味	否定形	過去形
can	ア，イ	ウ	エ
may	オ，カ	may not	might
must	キ，ク	ケ	なし
should	コ	サ	なし

▶次の英文を指示にしたがって書きかえなさい。
　She listens to him.
② will を使って未来の文に
③ 未来の疑問文に
④ ③の疑問文に Yes, No で答える文

▶次の各組の英文がほぼ同じ意味になるように，(　)内に適当な1語を入れなさい。
⑤ He will play soccer.
　= He (　)(　)(　) play soccer.
⑥ The robot can lift it.
　= The robot (　)(　)(　) lift it.
⑦ You must pay the bill.
　= You (　)(　) pay the bill.

▶次の日本文の意味を表すように，(　)内に適当な1語を入れなさい。
⑧ 私が窓を開けましょうか。
　(　) I open the window?
⑨ 私のかばんを運んでくれませんか。
　(　) you carry my bag?
⑩ 私はここにいなければなりませんか。
　(　) I stay here?
　いいえ，いる必要はありません。
　No, you (　)(　)(　).

解答

① ア　〜できる
　イ　〜してもよい
　ウ　**can't [cannot]**
　エ　**could**
　オ　〜してもよい
　カ　〜かもしれない
　キ　〜しなければならない
　ク　〜にちがいない
　ケ　**must not**
　コ　〜すべきである
　サ　**should not**

② **She will listen to him.**
③ **Will she listen to him?**
④ **Yes, she will. / No, she will not [won't].**

⑤ **is, going, to**

⑥ **is, able, to**

⑦ **have, to**

⑧ **Shall**

⑨ **Will**

⑩ **Must**
　don't, have, to

118

入試アドバイス

- 助動詞のあとの動詞は必ず原形にする。
- 助動詞を使った疑問文は、答え方にも注意しよう。
- must ⇄ have to, can ⇄ be able to などの言いかえは完全にマスターしよう。

最重要点チェック　覚えたらシートで赤文字をかくし、重要点をチェックしよう。

- ② 助動詞のあとの動詞は**原形**になるので、listens を **listen** にする。
- ③④ 疑問文は**助動詞を主語の前に出し**、助動詞を使って答える。
- ⑤ 「**be going to** ＋動詞の原形」で、「〜しそうだ」「〜するつもりだ」という意味を表す。be 動詞は主語に合わせて変化させる。
- ⑥ 「**be able to** ＋動詞の原形」で、「〜できる」という意味を表す（＝ **can**）。be 動詞は主語に合わせて変化させる。また、**was / were able to** 〜で**過去**の文「〜できた」（＝ **could**）、**will be able to** 〜で**未来**の文「〜できるだろう」をつくる。
- ⑦ 「**have to** ＋動詞の原形」で、「〜しなければならない」という意味を表す（＝ **must**）。主語が 3 人称単数で現在なら **has to** 〜にする。また、**had to** 〜で**過去**の文「〜しなければならなかった」、**will have to** 〜で**未来**の文「〜しなければならないだろう」をつくる。
- ⑧ **Shall I 〜?** は「（私が）〜しましょうか」と相手の意向をたずねるときに使う。答え方は **Yes, please. / Thank you.** または **No, thank you.** など。
- ⑨ **Will you 〜?** は「〜してくれませんか」と頼むときに使う。答え方は **Sure. / OK. / All right.** または **I'm sorry, I can't.** など。また、「〜しませんか」とさそうときにも使う。
- ⑩ **must** の疑問文の答えは、Yes のとき（しなければならない）は must を使うが、No のとき（しなくてもよい・する必要はない）は **don't have to** を使う。

入試問題にチャレンジ

☐ **1.** 次の各組の英文がほぼ同じ意味になるように、（　）内に適当な 1 語を入れなさい。
(1) Jane, you must go to bed early tonight.
　＝ Jane, you (　　)(　　) go to bed early tonight.
(2) We will have a party tomorrow.
　＝ We are (　　) to have a party tomorrow.
(3) She is able to sing well.　＝ She (　　) sing well.

☐ **2.** 次の会話文で、ア〜エの中から最も適当なものを 1 つ選びなさい。
Mike : Shall I help you with your work, Ken?
Ken　: (ア Yes, please.　イ No, you don't.　ウ That's right.
　　　　エ Yes, you are.)

☐ **3.** 次の日本文の意味を表すように、(　)内の語を並べかえなさい。
お茶を 1 杯いかがですか。
(ア tea　イ of　ウ will　エ a　オ you　カ cup　キ have)?

---

1. (1)(2)は助動詞を (　) の数に合うように言いかえる。(3)はその逆である。
答 (1) **have, to**
　 (2) **going**
　 (3) **can**

2. 「(私が) 仕事を手伝いましょうか、ケン」とたずねている。
答 **ア**

3. Will you 〜? のさそうときの使い方。
答 **ウオキエカイア**

2 受動態〔受け身〕

1問1答要点チェック　チェックシートで答えをかくし，全問正解まで練習しよう。

① 受動態の形は「（　）＋（　）」で，基本的な意味は（　）である。

▶ 受動態の文になるように，（　）内の語を適当な形になおしなさい。

② His room (clean) by him every day.
③ She (give) a present yesterday.
④ You will (invite) to dinner.

▶ 次の能動態の文を受動態の文に書きかえなさい。

⑤ She likes the cat.
⑥ Ted opened the box.
⑦ Does Yumi use these pens?
⑧ When did he break the window?
⑨ What did your brother write?
⑩ They didn't help him.

▶ 次の受動態の文を日本語になおしなさい。

⑪ She is liked by many students.
⑫ French is spoken in Canada.

▶ （　）内に入る適当な語を右から選びなさい。

⑬ The ground was covered (　) snow.
⑭ I am interested (　) this story.
⑮ I was surprised (　) the scene.
⑯ He is known (　) everybody.
⑰ The desk is made (　) wood.

of / to / at / with / in

解答

① **be 動詞，過去分詞，〜される**
② **is cleaned**
③ **was given**
④ **be invited**
⑤ **The cat is liked by her.**
⑥ **The box was opened by Ted.**
⑦ **Are these pens used by Yumi?**
⑧ **When was the window broken by him?**
⑨ **What was written by your brother?**
⑩ **He wasn't helped (by them).**
⑪ **彼女は多くの生徒に好かれている。**
⑫ **フランス語はカナダで話されている。**
⑬ **with**
⑭ **in**
⑮ **at**
⑯ **to**
⑰ **of**

入試アドバイス

- 受動態は「be 動詞＋過去分詞」。be 動詞は人称と時制に合わせて変化させる。
- 能動態⇄受動態の書きかえが確実にできるようにしよう。
- by 以外の前置詞を使う決まった表現を暗記しておこう。

最重要点チェック　覚えたらシートで赤文字をかくし，重要点をチェックしよう。

→ ②③ 受動態の文の時制は，be 動詞を変化させて表す。

→ ④ will などの助動詞のうしろでは，動詞は原形になるので，「**be ＋過去分詞**」となる。

→ ⑤〜⑩ 能動態を受動態にかえるには**主語を by のうしろに移し，動詞を**「**be 動詞＋過去分詞**」**に，目的語を主語**にする。図にすると次のようになる。

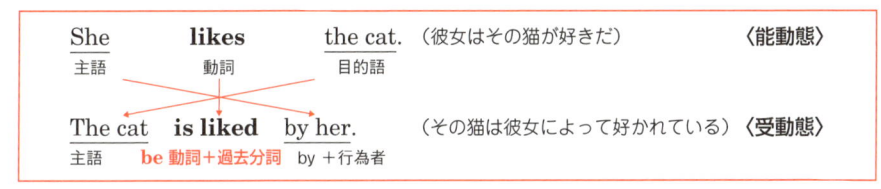

```
She       likes      the cat.      （彼女はその猫が好きだ）     〈能動態〉
主語      動詞       目的語

The cat   is liked   by her.       （その猫は彼女によって好かれている）〈受動態〉
主語      be 動詞＋過去分詞  by ＋行為者
```

→ ⑧ 疑問詞のある疑問文を受動態にかえるときは，**疑問詞を文の初めにおき**，あとの語順は普通の疑問文と同じにする。

→ ⑨ 疑問詞が主語の場合は，「**疑問詞＋ be 動詞＋過去分詞**」の語順にする。

→ ⑫ 行為者について特にいう必要がないときは，**by ～を省略する**ことがある。by people, by us, by them などは，省略されることが多い。

→ ⑬〜⑰ 動詞によっては「be 動詞＋過去分詞」のあとに **by 以外の前置詞**がつくことがある。ここにあげたものはすべて暗記しよう。

入試問題にチャレンジ

☐ **1.** 次の各組の英文がほぼ同じ意味になるように，（　）内に適当な1語を入れなさい。

(1) We can see many stars in this town at night.
　= Many stars can be (　　) in this town at night.

(2) What did the boy drink?
　= (　　) (　　) (　　) by the boy?

(3) Old people do not know this song.
　= This song (　　) (　　) (　　) old people.

(4) Cheese is made from milk.
　= They (　　) milk (　　) cheese.

☐ **2.** 次の日本文の意味を表すように，（　）内の語を並べかえなさい。ただし，不足している1語を下の【　】内から選んで加えること。
私たちは外国人があまりにも多いのでびっくりしました。
(number / foreigners / we / of / surprised / the / were).
【in, at, to, for】

---

1. (1)「助動詞＋ be ＋過去分詞」。(2) drink の目的語は what。(3) by を使わない受動態にする。(4) make A into B　A を B にする

答 (1) **seen**
(2) **What, was, drunk**
(3) **isn't, known, to**
(4) **make, into**

2. 答 **We were surprised at the number of foreigners.**

3 現在完了

1問1答要点チェック
チェックシートで答えをかくし，全問正解まで練習しよう。

□ ① 現在完了の形は「(　)＋(　)」である。
▶ 現在完了の文になるように，(　)内の語を適当な形になおしなさい。
□ ② I (wash) the dishes, Mom.
□ ③ He (visit) Australia before.
▶ 各組の文の違いがはっきりわかるように，日本語になおしなさい。
□ ④ ｛ア He closed the door this morning.
　　　イ He has just closed the window.
□ ⑤ ｛ア They lived here two years ago.
　　　イ They have lived here for ten years.

▶ 次の日本文の意味を表すように，(　)内に適当な1語を入れなさい。
□ ⑥ 彼は子どもの頃から名古屋に住んでいる。
　　He (　)(　) in Nagoya (　) he was a child.
□ ⑦ 私はちょうどその店に行ってきたところだ。
　　I (　) just (　)(　) the shop.
□ ⑧ あなたは今までにタイへ行ったことがありますか。
　　(　) you (　)(　) to Thailand?
□ ⑨ 私はまだ宿題をしていない。
　　I (　)(　) my homework (　).
□ ⑩ 彼女はその映画を一度も見たことがない。
　　She (　)(　)(　) the movie.
□ ⑪ 彼はもうその本を読んでしまった。
　　He (　)(　)(　) the book.
□ ⑫ あなたはどのくらいここにいますか。
　　(　)(　)(　) you (　) here?

⬇ 解答

① **have [has]**, 過去分詞
② **have washed**
③ **has visited**

④ ア 彼は今朝そのドアを閉めた。
　 イ 彼はちょうど窓を閉めたところだ。

⑤ ア 彼らは2年前ここに住んでいた。
　 イ 彼らは10年間ここに住んでいる。

⑥ **has, lived, since**
⑦ **have, been, to**
⑧ **Have, ever, been**
⑨ **haven't, done, yet**
⑩ **has, never, seen**
⑪ **has, already, read**
⑫ **How, long, have, stayed [been]**

入試アドバイス

- 現在完了は「have[has] ＋過去分詞」で，継続・経験・完了・結果を表す。それぞれよく使う副詞（already など）・前置詞（for など）を一緒に覚えよう。
- have been to ～は，経験の意味を表す場合と，完了の意味を表す場合がある。

最重要点チェック　覚えたらシートで赤文字をかくし，重要点をチェックしよう。

➡ ①「過去のできごとが現在にどう影響しているか」を表現するのが**現在完了**である。図に表すと次のようになる。

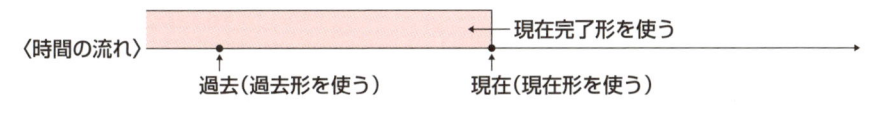

〈時間の流れ〉　　過去（過去形を使う）　現在（現在形を使う）　←現在完了形を使う

継続	She **has saved** money for years.	（彼女は何年もお金をためている→今もっている）
経験	I **have heard** her song before.	（私は彼女の歌を聞いたことがある→今までに）
完了	He **has** just **cleared** the table.	（彼はちょうどテーブルを片づけた→今はきれいだ）
結果	I **have lost** my purse.	（私は財布をなくしてしまった→今はない）

➡ ④⑤ 現在完了とともによく使われる副詞，前置詞，接続詞をまとめると次のようになる。

継続	**for** ＋期間（～の間），**since** ＋過去のある時点（～から，～以来）
経験	**ever**（今までに），**never**（一度も～ない），**before**（以前），**once**（1回，かつて），**twice**（2回），**～ times**（～回）
完了・結果	**just**（ちょうど），**already**（すでに），**yet**（まだ，もう）

➡ ⑦⑧ **have been to** には「～へ行ってきたところだ」（完了）と「～へ行ったことがある」（経験）の意味がある。

入試問題にチャレンジ

☐ **1.** 次の各組の英文がほぼ同じ意味になるように，（ ）内に適当な1語を入れなさい。

(1) I went to America in 2000, and I went there again in 2003.
　= I (　) (　) to America twice (　) 2000.

(2) My sister went to Canada, and she isn't here now.
　= My sister (　) (　) to Canada.

☐ **2.** 日本文の意味を表すように（ ）内の語句を並べかえ，3，5，7番目にくる語句を記号で答えなさい。
以前あなたにお会いしてから5年になります。
（ア since　イ last　ウ five years　エ you　オ passed　カ saw　キ have　ク I ）

---

1. (1) この場合，have been to は「経験」を表す。
(2) have gone to は「～へ行ってしまった」（今はいない）の意味を表す。
答 (1) **have, been, since**
(2) **has, gone**

2. five years を主語にして考える。
答 オ，ク，エ（Five years have passed since I saw you last.）

英語 文法 4 不定詞の3用法

1問1答要点チェック　チェックシートで答えをかくし，全問正解まで練習しよう。

- ① 不定詞の形は「(　)＋(　)」である。
▶ 次の動詞を不定詞になおしなさい。また，④は3つの意味を答えなさい。
- ② sing
- ③ drank
- ④ studies

▶ (　)内の日本語を不定詞を使って英語になおしなさい。
- ⑤ I like (遊ぶこと) computer games.
- ⑥ (描くこと) pictures is my hobby.
- ⑦ Mother made something (食べるための).
- ⑧ The man had no house (住むための).
- ⑨ I want something (読むための).

▶ (　)内の語を並べかえて英文をつくり，できあがった文を日本語になおしなさい。
- ⑩ He studied French (visit / France / to).

- ⑪ I'm (to / glad / you / see).

▶ 同じ用法の不定詞を下のア～ウから選び，記号で答えなさい。また，⑫～⑭を日本語になおしなさい。
- ⑫ I want to get a good job.
- ⑬ There are many places to see in Nara.
- ⑭ They will come here to talk to me.

　　ア Do you have any books to read?
　　イ He got up early to call her.
　　ウ I tried to open the door.

解答

① **to**, 動詞の原形
② **to sing**
③ **to drink**
④ **to study,** 勉強すること，勉強するために〔勉強して〕，勉強するための〔勉強すべき〕

⑤ **to play**
⑥ **To draw[paint]**
⑦ **to eat**
⑧ **to live in**
⑨ **to read**

⑩ **to visit France**
[訳] 彼はフランスを訪れるためにフランス語を勉強した。

⑪ **glad to see you**
[訳] お会いできてうれしい。

⑫ ウ
[訳] 私はいい職につきたい。
⑬ ア
[訳] 奈良には見るべき場所がたくさんある。
⑭ イ
[訳] 彼らは私に話すためにここにやって来るだろう。

入試アドバイス
- 名詞的用法は「〜すること」，副詞的用法は「〜するために」「〜して」，形容詞的用法は「〜するための」「〜すべき」。名詞的用法は動名詞でおきかえられる。
- live in など前置詞とともに使う動詞には，不定詞のときも前置詞をつける。

最重要点チェック　覚えたらシートで赤文字をかくし，重要点をチェックしよう。

➡ ③ drank は過去形なので，原形の **drink** にする。

➡ ④ studies と 3 人称単数形の es がついているので，原形の **study** にする。

➡ ⑤⑥ 不定詞の名詞的用法の代わりに，動名詞を使っても同じ意味の文を作ることができる。
Drawing pictures is my hobby.（絵を描くことが私の趣味だ）
＊pictures が複数形なので動詞は are になりそうだが，主語の Drawing pictures や
To draw pictures（絵を描くこと）は一つのことがら（単数形）なので is を使う。

➡ ⑦ 〜 thing のあとには不定詞の形容詞的用法がつく。表にまとめておこう。

　　●よく出る
something to ＋動詞の原形	→何か〜する（ための）もの…肯定文で使う
anything to ＋動詞の原形	→何か〜する（ための）もの…疑問文・否定文で使う
nothing to ＋動詞の原形	→〜する（ための）ものが少しもない

➡ ⑧ live **in** a house（家に住む）のように，あとに前置詞がついてまとまった動詞の働きをする熟語がある。これらを不定詞で使うときは，あとの前置詞を忘れないようにする。

➡ ⑩ to visit France は「フランスを訪れるために」という目的を表す副詞的用法。

➡ ⑪ to see you は「あなたに会えて」という感情の原因を表す副詞的用法。

➡ ⑫ want to 〜 は名詞的用法。ウの try to 〜 も名詞的用法である。

➡ ⑬「見るべき」という形容詞的用法。アは「読むための」。

➡ ⑭「話すために」という副詞的用法。イは「電話するために」。

入試問題にチャレンジ

☐ **1.** （　）内にあてはまる最も適当なものを，ア〜ウの中から 1 つ選びなさい。
I have no CDs（ア to listen　イ to listen to　ウ to listening）．

1. 前置詞を忘れないように注意すること。
答　**イ**

☐ **2.** 次の文の下線部の不定詞と同じ用法の不定詞を含む英文を，ア〜エの中から 1 つ選びなさい。
People were glad to see him.
ア　I was surprised to hear the news.
イ　My hobby is to play the piano.
ウ　Give me something cold to drink.
エ　She wanted to become a singer.

2. 副詞的用法の不定詞を選ぶ。
答　**ア**

☐ **3.** 次の日本文の意味を表すように，（　）内の語を並べかえなさい。
私には今日することがたくさんある。
(of / do / I / lot / have / things / a / to) today.

3. 形容詞的用法の不定詞。
答　**I have a lot of things to do (today).**

5 不定詞の重要構文

1問1答要点チェック　チェックシートで答えをかくし，全問正解まで練習しよう。

▶ 次の英文の(　)内の正しいほうを答えなさい。
- ① The policeman told me (get / to get) off the bike.
- ② Mom (asked / said) me to wash the dishes.

解答
① **to get**
② **asked**

▶ 次の日本文の意味を表すように，(　)内に適当な1語を入れなさい。
- ③ 音楽を聞くことは楽しい。
  (　) is fun (　) listen to music.
- ④ 私がその宿題を終わらせることは簡単だ。
  (　) is easy (　) me (　) finish the homework.

③ **It, to**
④ **It, for, to**

▶ 次の語句を日本語になおしなさい。
- ⑤ how to dance
- ⑥ when to dance
- ⑦ where to dance
- ⑧ what to dance

⑤ **おどり方〔どうおどるか〕**
⑥ **いつおどるか**
⑦ **どこでおどるか**
⑧ **何をおどるか**

▶ (　)内の語を並べかえて文をつくりなさい。
- ⑨ Tell me (to / when / stop).
- ⑩ She doesn't know (where / visit / to).
- ⑪ He taught me (swim / to / how).

⑨ **when to stop**
⑩ **where to visit**
⑪ **how to swim**

▶ 次の各組の英文がほぼ同じ意味になるように，(　)内の語を並べかえなさい。また⑬を日本語になおしなさい。
- ⑫ He was so kind that he could help me.
  = He was (me / to / kind / help / enough).
- ⑬ I am so tired that I can't walk.
  = I am (walk / to / tired / too).

⑫ **kind enough to help me**
⑬ **too tired to walk**
　［訳］私は疲れすぎて歩けない。

入試アドバイス

- tell[ask, want] 〜 to…, 「疑問詞 + to 不定詞」などは, 用法を確実に覚えよう。
- It is 〜 (for __) to… は入試必出構文である。
- too 〜 to… ⇄ so 〜 that __ cannot… の書きかえをできるようにしよう。

最重要点チェック　覚えたらシートで赤文字をかくし, 重要点をチェックしよう。

→ ① **tell 〜 to …** は人に命令するような場合に使うので, 下の文のようになおすことができる。
The policeman **told** me **to get off** the bike.（その警官は私に自転車をおりるようにいった）
→ The policeman said to me, "Get off the bike."

→ ② **ask 〜 to …** は人にものを頼む場合に使うので, 下の文のようになおすことができる。
Mom **asked** me **to wash** the dishes.（お母さんは私に皿を洗うように頼んだ）
→ Mom said to me, "Please wash the dishes."

→ ③ 長い不定詞が主語になる時は, **形式主語**の **It** を文の初めにつけて, 真の主語をあとにまわす。この場合 It に「それ」という意味はない。
To listen to music is fun. → **It** is fun **to listen to music**.
　音楽を聞くこと　　　　　　　形式主語　　　　　真主語

→ ④ 「私」という意味上の主語を入れる時は, 不定詞の前に **for __** をつける。
It is easy **for me** to finish the homework.
（私が〔私にとって〕その宿題を終わらせることは簡単だ）

→ ⑤〜⑪「疑問詞 + to 不定詞」を整理して覚えておこう。

> ●よく出る
>
> **how to 〜**（〜のやり方〔どう〜したらよいか〕）, **when to 〜**（いつ〜したらよいか）,
> **where to 〜**（どこで〜したらよいか）, **what to 〜**（何を〜したらよいか）

→ ⑫⑬ 次の書きかえ公式を覚えておこう。

> ●よく出る
>
> **so 〜 that __ can …**（たいへん〜なので…できる）= **〜 enough to …**
> **so 〜 that __ can't …**（たいへん〜なので…できない）= **too 〜 to …**

入試問題にチャレンジ

☐ **1.** 次の日本文の意味を表すように,（ ）内に適当な1語を入れなさい。
彼女は自動車の運転をならっています。
She is learning (　) (　) (　) a car.

1. 「疑問詞 + to 不定詞」の形にする。
答 **how, to, drive**

☐ **2.** 次の英文がほぼ同じ意味になるように, 与えられた書き出しで英文を完成しなさい。
I said to Susan, "Please help me."
= I asked _____.

2. ask 〜 to … で「〜に…するように頼む」という意味。
答 **Susan to help me**

☐ **3.** 次の英文がほぼ同じ意味になるように,（ ）内に適当な1語を入れなさい。
This book is so difficult that I can't read it.
= This book is (　) difficult (　) (　) (　) (　).

3. so 〜 that __ can't …
= too 〜 to …
答 **too, for, me, to, read**

6 動名詞

1問1答要点チェック　チェックシートで答えをかくし，全問正解まで練習しよう。

- □ ① 動名詞の形は「(　　)＋(　　)」で，基本的な意味は(　　)である。

▶ 次の動詞を動名詞になおしなさい。
- □ ② walk
- □ ③ write
- □ ④ sit

▶ (　)内の語句を動名詞にかえなさい。また，⑧を日本語になおしなさい。
- □ ⑤ (Watch) movies is fun.
- □ ⑥ John likes (make) model planes.
- □ ⑦ His hobby is (ski).
- □ ⑧ She is good at (dance).

▶ 次の英文の(　)内の正しいほうを答えなさい。
- □ ⑨ She enjoyed (swimming / to swim) in summer.
- □ ⑩ My brother finished (write / writing) his report.
- □ ⑪ I want (seeing / to see) the movie.

▶ 各組の文の違いがはっきりわかるように，日本語になおしなさい。
- □ ⑫ ア I stopped to eat lunch.
　　　イ I stopped eating lunch.

▶ 次の日本文の意味を表すように，(　)内の語を並べかえなさい。
- □ ⑬ スケートをしに行きましょう。
　　(skating / let's / go).
- □ ⑭ あなたに会うのを楽しみにしています。
　　I am looking forward (you / to / seeing).
- □ ⑮ 手紙を書いてくれてありがとう。
　　Thank you (a / writing / me / for / letter).

解答
① 動詞の原形, ing, ～すること
② **walking**　③ **writing**
④ **sitting**

⑤ **Watching**
⑥ **making**
⑦ **skiing**
⑧ **dancing**
[訳] 彼女はおどることが得意だ。

⑨ **swimming**
⑩ **writing**

⑪ **to see**

⑫ ア 私は昼食をとるために立ち止まった。
　イ 私は昼食をとることをやめた。

⑬ **Let's go skating.**

⑭ **to seeing you**

⑮ **for writing me a letter**

入試アドバイス

- 動名詞の基本的意味は、「～すること」である。
- enjoy や finish などの決まった動詞や、前置詞のうしろには、不定詞ではなく必ず動名詞を使う。

最重要点チェック　覚えたらシートで赤文字をかくし、重要点をチェックしよう。

→ ②～④ 注意が必要な ing の付け方を整理しておこう。

語尾の形	つづり	例
e で終わる	e をとる	come → com**ing**, make → mak**ing**
短母音＋子音字	子音字を重ねる	get → get**ting**, sit → sit**ting**

● よく出る

→ ⑤～⑦ 動詞を文の主語・目的語・補語にするために、**名詞の働きをする動名詞**にする。

→ ⑧ 動詞が**前置詞**のうしろにくる場合も、動名詞にする。

→ ⑨～⑪ **enjoy, finish** は**動名詞**だけを、**want** は**不定詞**だけを目的語にとる。

→ ⑫ stop はあとが動名詞だと「～するのをやめる」の意味になるが、不定詞のときは「～するために立ち止まる」という副詞的用法。また、次の意味の違いも覚えておこう。

 Please **remember to call** me.（忘れずに私に電話してください）
 Please **remember calling** me.（私に電話したことを覚えていてください）

 I **forgot to lock** the door.（私はドアにかぎをかけるのを忘れた）
 I **forgot locking** the door.（私はドアにかぎをかけたのを忘れた）

＊不定詞は**未来**のことを表し、動名詞は**過去**のことを表している点に注目。

→ ⑬ **go ～ing** は「～しに行く」の意味。

→ ⑭ **look forward to ～ing** は「～するのを期待して待つ」の意味。この **to** は前置詞なので、うしろに動名詞がくる。

→ ⑮ **thank 人 for ～ing** は「～してくれたことを人に感謝する」の意味。

入試問題にチャレンジ

1. 次の各組の英文がほぼ同じ意味になるように、（　）内に適当な1語を入れなさい。

(1) He drives a car very well.
　= He is good (　) (　) a car.

(2) It is kind of you to invite me to your party.
　= Thank you (　) (　) me to your party.

2. 次の5つの文から、間違いを含んでいる文を2つ選び、その番号を答えなさい。

(1) You have to stop smoking and drinking.
(2) We enjoyed to skate on the ice every winter.
(3) He is not good at writing letters in English.
(4) You should finish to do your homework by five.
(5) I am thinking of calling on her on my way home.

---

1 (1) be good at ～、
(2) Thank you for ～ を使う。前置詞のうしろは動名詞にすること。
答 (1) **at, driving**
　　(2) **for, inviting**

2. 動名詞を目的語にとる動詞に注目すること。
(4) do one's homework 宿題をする
(5) call on 訪れる、on my way home 帰る途中で
答 (2)と(4)

7 分詞

1問1答要点チェック
チェックシートで答えをかくし，全問正解まで練習しよう。

- ① 分詞には（　　）と（　　）の2種類があり，それぞれ意味は（　　）と（　　）である。

▶ 次の動詞を②③は現在分詞に，④⑤は過去分詞になおしなさい。

- ② get
- ③ bake
- ④ carry
- ⑤ take

▶ 次の日本語の意味を表すように，（　）内に適当な1語を入れなさい。

- ⑥ 料理をしている女の人たち
  （　　）women
- ⑦ 料理されたトマト
  （　　）tomatoes

▶ 次の各組の英文がほぼ同じ意味になるように，（　）内の語を適当な形に書きかえなさい。

- ⑧ She made this doll.
  = This is the doll (make) by her.
- ⑨ John is playing soccer.
  = The boy (play) soccer is John.

▶ 次の日本文の意味を表すように，（　）内の語を並べかえなさい。

- ⑩ 野球の試合を見ているファンたち
  (a / baseball / watching / fans / game)
- ⑪ 彼によって書かれたレポート
  (report / written / a / him / by)

▶ 次の分詞を含む文を，日本語になおしなさい。

- ⑫ The man is running.
- ⑬ He was running last night.
- ⑭ Look at the running man.
- ⑮ I know the man running over there.

解答
- ① 現在分詞，過去分詞，～している，～された
- ② **getting**　③ **baking**
- ④ **carried**　⑤ **taken**
- ⑥ **cooking**
- ⑦ **cooked**
- ⑧ **made**
- ⑨ **playing**
- ⑩ **fans watching a baseball game**
- ⑪ **a report written by him**
- ⑫ その男は走っている。
- ⑬ 彼は昨晩走っていた。
- ⑭ 走っている男を見なさい。
- ⑮ 私はむこうで走っている男を知っている。

入試アドバイス

- 現在分詞は「～している」, 過去分詞は「～された」の意味で, 名詞を修飾する。
- 分詞が1語のみの場合は修飾する名詞の前に, 他の語句とともに修飾する場合は名詞のうしろにつく。

最重要点チェック　覚えたらシートで赤文字をかくし, 重要点をチェックしよう。

→ ②③ 動詞を現在分詞にかえる方法は動名詞のときと同じである。ただし, 意味は「**～している**」となる。

→ ④ 動詞の過去分詞は「**～された**」という意味。注意が必要な ed の付け方を整理しておこう。

● よく出る

語尾の形	つづり	例
e で終わる	**d** だけをつける	love → love**d**,　　like → like**d**
子音字＋y	**y** を **i** にかえる	carry → carr**ied**,　study → stud**ied**
短母音＋子音字	子音字を重ねる	stop → stop**ped**

→ ⑤ **不規則変化動詞**である。他に make → **made**, buy → **bought**, build → **built** など。

→ ⑧～⑪ 現在分詞・過去分詞はともに**形容詞的**に使う。分詞単独のときは名詞の前に, 分詞が語句を伴うときはうしろについて名詞を修飾する。

名詞＋現在分詞	fans **watching** a baseball game（野球の試合を見ているファン）
名詞＋過去分詞	a report **written** by him（彼によって書かれたレポート）

→ ⑫⑬ 現在分詞は進行形でも用いられる。基本の形は「**be 動詞＋～ing**」である。**現在進行形**は「～しているところだ」, **過去進行形**は「～しているところだった」の意味。

入試問題にチャレンジ

☐ **1.** ( )内にあてはまる最も適当なものを, ア～エの中から1つずつ選びなさい。

(1) Mike : Is that your sister Jane?
　　Ken : The girl (ア sits　イ sitting　ウ is sitting
　　　　　エ was sitting) under the tree? Yes, she is.

(2) A : Who is that boy (ア speak　イ speaking　ウ spoken
　　　エ spoke) English there?
　　B : He is Tom.

(3) The store sells rice (ア bring　イ bringing　ウ brought
　　エ to bring) from Thailand.

☐ **2.** 次の日本文の意味を表すように, ( )内の語句を並べかえなさい。
あなたは, 私が写した写真を見たいですか。
Do you (want / see / me / by / taken / to / the picture)?

---

1. (1)「すわっている少女」,
(2)「話している少年」,
(3)「運ばれた米」, とそれぞれ考える。
Thailand タイ
答 (1) イ
　　(2) イ
　　(3) ウ

2.「写した」→「写された」と考える。
答 (Do you) want to see the picture taken by me?

8 命令文・感嘆文

1問1答要点チェック
チェックシートで答えをかくし，全問正解まで練習しよう。

▶ 次の命令文を日本語になおしなさい。

解答

① Open the door.
① ドアを開けなさい。

② Be kind to others.
② 他人には親切にしなさい。

③ Don't stand up now.
③ 今立ってはいけない。

④ Pass me the salt, please.
④ 塩をとってください。

▶ ( )内の語を並べかえて命令文をつくりなさい。

⑤ (of / take / yourself / care).
⑤ **Take care of yourself.**

⑥ (late / school / be / for / don't).
⑥ **Don't be late for school.**

⑦ (a / sing / let's / song).
⑦ **Let's sing a song.**

⑧ (train / make / catch / haste, / and / you / will / the).
⑧ **Make haste, and you will catch the train.**

⑨ (or / miss / bus / hurry / you'll / the / up,).
⑨ **Hurry up, or you'll miss the bus.**

▶ 空欄をうめて感嘆文の形を完成しなさい。

⑩ What + a [an] + ( ) + ( ) + 主語 + 動詞！
⑩ 形容詞，名詞

⑪ How + ( ) + 主語 + 動詞！
⑪ 形容詞〔副詞〕

▶ 次の英文を日本語になおしなさい。

⑫ What a big apple it is!
⑫ それはなんて大きいりんごなんでしょう。

⑬ How fast she runs!
⑬ 彼女はなんて速く走るんでしょう。

▶ 次の文を What か How で始まる感嘆文にしなさい。

⑭ You have a very old radio.
⑭ **What an old radio you have!**

⑮ These are very huge ships.
⑮ **What huge ships these are!**

⑯ The dog is so cute.
⑯ **How cute the dog is!**

入試アドバイス

- 命令文は動詞の原形で始める。否定の命令文は Don't で始める。
- 「命令文 , + and [or]」の構文と意味を覚えておこう。
- 感嘆文は、「What ＋形容詞＋名詞」、「How ＋形容詞〔副詞〕」で使い分ける。

最重要点チェック　覚えたらシートで赤文字をかくし、重要点をチェックしよう。

→ ① 命令文「～しなさい」はもともと You take care of yourself.（あなたが自分を大切にするのだよ）のようにいっていたが、やがて You をとって**動詞の原形で始める**ようになった。

→ ③「～してはいけない」と否定の命令をするときは **Don't** ＋動詞の原形にする。
Sit down.（すわりなさい）→ **Don't** sit down.（すわってはいけない）

→ ④ 依頼を表す命令文は **please** を文の先頭か文の最後につける。文の最後につけて書くときはコンマを please の前につける。
Please pass me the salt.（塩をとってください）

→ ⑦ 人をさそうには命令文の前に **Let's** をつけ、さらに念を押すには **shall we?** をつける。

→ ⑧⑨ 命令文のあとに and [or]～が続くと、次のような意味になる。　●よく出る

命令文	, + and ～. 「…しなさい、そうすれば～」	Make haste, **and** you will catch the train. （急ぎなさい。そうすれば電車に間に合います）
	, + or ～. 「…しなさい、さもないと～」	Hurry up, **or** you will miss the bus. （急ぎなさい。さもないとバスに乗りそこないますよ）

→ ⑭ a very old radio のように形容詞のついた名詞を強めるときは、「**what** ＋形容詞＋名詞＋主語＋動詞！」の形にする。old に合わせて **a** を **an** にかえることに注意すること。

→ ⑮ 名詞が複数形のときは、a [an] をつけないで What huge ships ～！と複数形にする。

→ ⑯ 形容詞や副詞だけを強めるときは、「**How** ＋形容詞〔副詞〕＋主語＋動詞！」の形にする。

入試問題にチャレンジ

☐ **1.** 次の日本文の意味を表すように、（　）内の語を並べかえなさい。
ポケットに手を入れたままで、先生と話してはいけません。
(with / the teacher / speak / to / your / hands / don't) in your pockets.

☐ **2.** 次の日本文の意味を表すように、（　）内に適当な1語を入れなさい。
今晩いっしょに夕食でも食べませんか。
(　) have dinner (　) tonight, (　) (　)?

☐ **3.** 次の英文がほぼ同じ意味になるように、（　）内に適当な1語を入れなさい。
He can teach French to us very well.
= What a (　) (　) of French he (　) for us!

---

1. 否定の命令文である。
答 Don't speak to the teacher with your hands (in your pockets).

2. 人をさそっている文である。
答 Let's, together, shall, we

3.「彼は私たちにとってなんて素晴らしいフランス語の先生なんだろう」と考える。
答 good, teacher, is

9 疑問詞・付加疑問

1問1答要点チェック
チェックシートで答えをかくし，全問正解まで練習しよう。

▶ 次の日本文の意味を表すように，（ ）内に適当な1語を入れなさい。

解答

① これはだれのCDですか。
　（　）CD is this?

① **Whose**

② 彼女はどこに住んでいるのですか。
　（　）（　）she live?

② **Where, does**

③ どちらのチームが試合に勝ったのですか。
　（　）（　）won the game?

③ **Which, team**

④ 洋子はいつ出発するつもりですか。
　（　）（　）Yoko going to leave?

④ **When, is**

⑤ どうやって学校に来るのですか。
　（　）（　）you come to school?

⑤ **How, do**

⑥ なぜけさ遅れたのですか。
　（　）（　）you late this morning?

⑥ **Why, were**

▶ ⑦〜⑫の疑問詞を使った表現の意味を，ア〜カの中から1つずつ選んで記号で答えなさい。

⑦ How about 〜 ?　　ア （年齢が）いくつ
⑧ How far 〜 ?　　　イ （数が）どれだけ
⑨ How long 〜 ?　　 ウ 〜はどうですか
⑩ How old 〜 ?　　　エ （長さが）どれだけ
⑪ How many 〜 ?　　オ （距離が）どれだけ
⑫ How much 〜 ?　　カ （量が）どれだけ

⑦ **ウ**
⑧ **オ**
⑨ **エ**
⑩ **ア**
⑪ **イ**
⑫ **カ**

▶ 次の英文が付加疑問文になるように，（ ）内に適当な1語を入れなさい。

⑬ It's a fine day, (　)(　)?
⑭ Emi looks pretty, (　)(　)?
⑮ My brother didn't go there, (　)(　)?
⑯ Bring the dishes, (　)(　)?

⑬ **isn't, it**
⑭ **doesn't, she**
⑮ **did, he**
⑯ **will, you**

入試アドバイス

- 疑問詞や How many, How long の疑問文は試験によく出る。きちんと整理して得点チャンスを増やそう。
- 付加疑問文は，肯定文には否定の，否定文には肯定の疑問形をつけてつくる。

最重要点チェック　覚えたらシートで赤文字をかくし，重要点をチェックしよう。

➡ ⑬〜⑯ 付加疑問文は相手に念を押したり，質問したりするときに使う。次の表で作り方を整理しておこう。**主語を代名詞**にかえることに注意。

動　詞	文の種類	例文と意味	ポ　イ　ン　ト
be 動詞	肯定文	This watch is yours, **isn't it**? (この時計はあなたのですね)	be 動詞に not をつける
be 動詞	否定文	That umbrella isn't yours, **is it**? (あのかさはあなたのではありませんね)	be 動詞の not をとる
一般動詞	肯定文	Bill likes vegetables, **doesn't he**? (ビルは野菜が好きですね)	doesn't [don't, didn't] をつける
一般動詞	否定文	Susan didn't come, **did she**? (スーザンは来ませんでしたね)	didn't [don't, doesn't] の not をとる
助動詞	否定文	They can't ride a bike, **can they**? (彼らは自転車に乗れませんね)	助動詞の not をとる。肯定文は助動詞に not をつける

なお，命令文や Let's で始まる文の付加疑問文は次のように作る。

| 命令文や Let's の付加疑問文 | ⇨ | 命令文〜, **will you?** (〜してくれませんか)
Let's 〜, **shall we?** (〜しましょうか) |

入試問題にチャレンジ

☐ **1.** 次の各組の英文がほぼ同じ意味になるように，（ ）内に適当な1語を入れなさい。
　(1) Would you like another cup of coffee?
　　 = (　　) (　　) another cup of coffee?
　(2) Do you know the distance from here to his house?
　　 = Do you know (　　) (　　) it is from here to his house?

☐ **2.** （ ）内にあてはまる最も適当なものを，ア〜エの中から1つずつ選びなさい。
　(1) (ア Which　イ What　ウ Why　エ When) do you like better, tea or coffee?
　(2) How (ア many　イ much　ウ some　エ any) money did you spend last night?
　(3) Paul told you the story, (ア did　イ didn't　ウ do　エ hadn't) he?

1. (1)「〜はどうですか」とさそっている文。
　(2) distance 距離
　答 (1) **How, about**
　　　(2) **how, far**

2. (1)「どちらが〜ですか」という意味である。
　(2) money は数えられない名詞である。
　(3) told が tell の過去形であることに注意。
　答 (1) **ア**
　　　(2) **イ**
　　　(3) **イ**

英語

135

10 関係代名詞 (1)

1問1答要点チェック　チェックシートで答えをかくし，全問正解まで練習しよう。

- ① 関係代名詞は，(代)名詞のあとに節を結びつけて，その(代)名詞を修飾する。1語で「(　) + (　)」の働きをする語である。

解答
① 接続詞，代名詞

▶ ( )内の関係代名詞のうち，適当なものを選びなさい。

- ② He talked to a girl (who / whose / which) was reading a magazine.
- ③ She has an uncle (who / that / whose) wife works as a nurse.
- ④ This is a book (who / whose / which) my sister bought.
- ⑤ I saw a singer (who / whose / which) my brother likes.

② **who**
③ **whose**
④ **which**
⑤ **who**

▶ 次の2つの文を関係代名詞を使って1つの文にしなさい。

- ⑥ Ken is a boy. He sings well.
- ⑦ I have a friend. His father runs fast.
- ⑧ The postcard is beautiful. My sister wrote it.

⑥ **Ken is a boy who [that] sings well.**
⑦ **I have a friend whose father runs fast.**
⑧ **The postcard which [that] my sister wrote is beautiful.**

▶ 次の⑨〜⑪につながるものを下のア〜ウの中から選び，記号で答えなさい。また，できた文を日本語になおしなさい。

- ⑨ The old man
- ⑩ She is a famous musician
- ⑪ He bought a new car
  - ア which was made in Germany.
  - イ whose hair is gray is my uncle.
  - ウ who plays the violin.

⑨ イ
[訳] 髪の毛が白い老人は私のおじだ。
⑩ ウ
[訳] 彼女はバイオリンをひく有名な音楽家だ。
⑪ ア
[訳] 彼はドイツ製の新車を買った。

入試アドバイス

- 主格の関係代名詞は,修飾する語(先行詞)が人ならば who,人以外ならば which を使う。
  主格,所有格,目的格の使い方を正しく覚えよう。
- 関係代名詞を使って,2つの文を1つに書きかえられるようにしよう。

最重要点チェック　覚えたらシートで赤文字をかくし,重要点をチェックしよう。

➡ ①~⑤ 関係代名詞の主格,所有格,目的格の使い方を整理しておこう。

役割 先行詞	主格 (~は, が)	所有格 (~の)	目的格 (~を, に)
人	who	whose	who(m)
人以外	which	whose	which
人・人以外	that	なし	that

➡ ⑦ His は「その友達の」の意味なので,次のように1つの文にすることができる。

I have a friend.　His father runs fast.

I have a friend **whose** father runs fast.（私には足の速い父を持つ友達がいる）
（先行詞）

➡ ⑧ it は関係代名詞 which（目的格）を使ったあとではつけない。

The postcard is beautiful. My sister wrote it.

The postcard **which** my sister wrote is beautiful.（妹が書いたはがきは美しい）
（先行詞）

入試問題にチャレンジ

☑ **1.** (　)内にあてはまる最も適当なものを,ア~エの中から1つずつ選びなさい。
　(1) This is the man (ア who　イ whose　ウ whom
　　　エ which) wants to see you.
　(2) I have a friend (ア which　イ whose　ウ that　エ who)
　　　sister is a pianist.

☑ **2.** 次の2文を関係代名詞を用いて1つの文にしなさい。
　The boy is my brother.
　He is watching TV in the room.

☑ **3.** 次の日本文の意味を表すように,(　)内の語を並べかえなさい。
　ここにミキという名の女の子がいます。
　(girl / is / is / Miki / a / here / name / whose).

1. 関係代名詞を選ぶときは,先行詞と文中での役割に注意しよう。
   答 (1) ア
   　　(2) イ

2. 「The boy + 関係代名詞 ~」の語順。
   答 **The boy who is watching TV in the room is my brother.**

3. Here で文を始める。
   答 **Here is a girl whose name is Miki.**

11 関係代名詞 (2)

1問1答要点チェック チェックシートで答えをかくし，全問正解まで練習しよう。

▶ 次の英文中から，省略された関係代名詞と，省略された場所の記号を答えなさい。
- ① He is ア the man イ I met ウ last week.
- ② This ア is イ the book ウ I read yesterday.

解答
① **who(m) [that], イ**
② **which [that], ウ**

▶ ( )内の関係代名詞のうち，適当なものを選びなさい。
- ③ She was the first girl (whose / which / that) came here.
- ④ Look at the boy and the dog (whose / which / that) are running over there.

③ **that**
④ **that**

▶ 次の日本文の意味を表すように，( )内の語句を並べかえなさい。
- ⑤ 私は彼が今持っているのと同じ本を持っています。
  I have (the same / has / book / now / he / that).
- ⑥ これらは彼女が持っていたすべてのノートです。
  (she / are / the notebooks / these / all / had / that).

⑤ **(I have) the same book that he has now.**
⑥ **These are all the notebooks that she had.**

▶ 次の各組の英文がほぼ同じ意味になるように，( )内に適当な1語を入れなさい。
- ⑦ I know the girl writing a letter.
  = I know the girl (　)(　) writing a letter.
- ⑧ Ken has a car made in America.
  = Ken has a car (　)(　) made in America.
- ⑨ The picture she took is very beautiful.
  = The picture (　)(　) her is very beautiful.

⑦ **who [that], is**
⑧ **which [that], was**
⑨ **taken, by**

138

入試アドバイス

- 目的格の関係代名詞は省略されることが多い。
- 関係代名詞 that を使う，特別な先行詞のパターンを覚えよう。
- 「関係代名詞⇄分詞」の書きかえ問題はよく出る。

最重要点チェック　覚えたらシートで赤文字をかくし，重要点をチェックしよう。

→ ①② **目的格の関係代名詞 who(m), which, that はしばしば省略される。**

① He is the man ∧ I met last week.　（who(m)）
② This is the book ∧ I read yesterday.　（which）

→ ③〜⑥ **先行詞に次のような語句がついているときは，関係代名詞はふつう that を使う。**

- **最上級**がつく場合
  This is **the best** book **that** I have ever read.
  （これは私が今までに読んだ中で最高の本だ）
- **序数**（first, second など順序を表す語）がつく場合（→③）
- 先行詞が「**人＋人以外のもの**」の場合（→④）
- **the only, the same** など限定的な意味をもつ語がつく場合（→⑤）
- **all, any, every** などがつく場合（→⑥）

→ ⑦〜⑨ **「分詞⇄関係代名詞」の書きかえはよく出題される。**

現在分詞→**進行形**にする
過去分詞→**受動態**にする

ただし⑨のように，態の転換が必要ないいかえもあるので注意。「彼女がとった写真」→「彼女によってとられた写真」

入試問題にチャレンジ

☐ **1.** 日本文の意味に合うように（　）内の語を並べかえ，指定したところにくる語（句）を記号で答えなさい。

(1) イギリスは太郎がずっと行きたいと思っていた国のひとつです。
（4番目と9番目）
（ア wanted　イ visit　ウ England　エ to　オ the countries
　カ has　キ Taro　ク one　ケ is　コ of) for a long time.

(2) 先日，あなたが話していた本というのはこれですか。
（3番目と6番目）
Is this (ア the　イ you　ウ of　エ day　オ the book　カ spoke
　キ other)?

☐ **2.** 次の英文がほぼ同じ意味になるように，（　）内に適当な1語を入れなさい。
The woman was John's mother. I met her yesterday.
＝（　）（　）（　）（　）（　）was John's mother.

---

1. (1)(2)とも目的格の関係代名詞が省略されている。
(2) speak of 〜について話す

答 (1) コ，エ（England is one of the countries Taro has wanted to visit for a long time.)
(2) カ，キ（Is this the book you spoke of the other day?)

2. 目的格の関係代名詞を省略する。

答 The, woman, I, met, yesterday

139

12 比較

1問1答要点チェック チェックシートで答えをかくし，全問正解まで練習しよう。

▶ 次の形容詞や副詞の比較級，最上級を書きなさい。

① fast
② large
③ easy
④ big
⑤ good, well
⑥ many, much
⑦ beautiful

解答
① **faster — fastest**
② **larger — largest**
③ **easier — easiest**
④ **bigger — biggest**
⑤ **better — best**
⑥ **more — most**
⑦ **more beautiful — most beautiful**

▶ 次の日本文の意味を表すように，（ ）内に適当な1語を入れなさい。

⑧ 彼女は私と同じくらい背が高い。
　She is (　) tall (　) I.
⑨ 彼は彼女ほど背が高くない。
　He is (　)(　) tall (　) she.
⑩ 彼女は彼の3倍の年齢だ。
　She is three (　)(　) old (　) he.
⑪ 彼女は彼よりずっと年上だ。
　She is (　)(　)(　) he.
⑫ この本とあれとではどちらがやさしいですか。
　Which is (　), this book (　) that one?
⑬ 彼は私たちの家族の中で最も若い。
　He is (　)(　)(　) our family.
⑭ 彼は3人の中で最も若い。
　He is (　)(　)(　) the three.

⑧ **as, as**
⑨ **not, as[so], as**
⑩ **times, as, as**
⑪ **much, older, than**
⑫ **easier, or**
⑬ **the, youngest, in**
⑭ **the, youngest, of**

▶ 次の3つの文が同じ意味になるように，（ ）内の語を並べかえなさい。

⑮ He runs (all / fastest / boys / of / the).
⑯ He runs (any / faster / boy / other / than).
⑰ No other boy runs (fast / as / he / as).

⑮ **fastest of all the boys**
⑯ **faster than any other boy**
⑰ **as fast as he**

入試アドバイス
- 原級, 比較級, 最上級のつくり方を理解しよう。
- 「原級⇄比較級⇄最上級」の書きかえができるようにしよう。
- 「A is not as ＋原級＋ as B」⇄「B is ＋比較級＋ than A」は重要。

最重要点チェック　覚えたらシートで赤文字をかくし，重要点をチェックしよう。

- ② e で終わる語は，**r, st** だけをつける。
- ③ 「子音字＋y」で終わる語は **y** を **i** にかえて，**er, est** をつける。
- ④ 「短母音＋子音字」で終わる語はその子音字を重ねて，**er, est** をつける。
- ⑤⑥ 不規則的な比較変化。他には bad / ill ― worse ― worst。
- ⑦ 7 文字以上の長い語は，**more, most** をつける。ただし，**slowly, useful, famous** などは例外で，6 文字でも more, most をつける。
- ⑧ 「**A ... as ＋原級＋ as B**」で「**A は B と同じくらい〜**」という意味を表す。
- ⑨ 否定文の「**A ... not as ＋原級＋ as B**」は，「**B ... ＋比較級＋ than A**」と書きかえられる。She is **taller than** he.（彼女は彼より背が高い）
- ⑩ 「数字＋ **times as 〜 as ...**」で「…の―倍〜」という意味を表す。2 倍のときは「数字＋ times」のかわりに **twice** を，半分のときは **half** を使う。This box is **twice as heavy as** that one.（この箱はあの箱の2倍重い）
- ⑪ 比較級を強めるには **much**（ずっと）を使う。原級を強める very（とても）は使わない。
- ⑫ 「**Which ... ＋比較級，A or B?**」で「**A と B どちらがより〜か**」という意味を表す。
- ⑬⑭ 3 つ以上のものをくらべて「**A は―の中で最も〜**」というとき，「**A ... ＋最上級＋ in/of ―**」の形にする。in は「私たちの家族」のように比較の範囲を表し，of の場合は「3 人」のように比較の対象となるものを示す。
- ⑯ 「**比較級＋ than any other ＋単数名詞**」は「**ほかのどんな〜より…だ**」という意味で，⑮と同じように最上級の意味を表す。
- ⑰ 「否定語 ... ＋比較級＋ than A」と「否定語 ... ＋ as [so] ＋原級＋ as A」は，「A より〔ほど〕〜な…はない」という意味になり，ともに最上級の意味を表す。

入試問題にチャレンジ

1. 次の各組の英文がほぼ同じ意味になるように，(　)内に適当な 1 語を入れなさい。
(1) He is the most pleasant person that I have ever met.
　＝ I have never met a (　)(　) person (　) he.
(2) He does not have as many books as I have.
　＝ I have (　) books (　) he has.

2. 日本文の意味を表すように(　)内の語を並べかえ，3 番目と 6 番目にくる語を記号で答えなさい。
このクラスではフランス語で彼に優る生徒はいません。
(ア in　イ better　ウ he　エ no　オ than　カ other
　キ student　ク is) French in this class.

1. (1)最上級を比較級に。
(2)原級を比較級に。
答 (1) **more, pleasant, than**
(2) **more, than**

2. No other student で文を始める。
答 キ, オ (No other student is better than he in French in this class.)

13 接続詞・間接疑問

1問1答要点チェック　チェックシートで答えをかくし，全問正解まで練習しよう。

▶ （　）内に入る適当な語句を，次の[　]の中から選んで入れなさい。

[if, though, that, when, because, as soon as]

① (　) she came home, he was sleeping.
② (　) he saw me, he went out.
③ (　) you are busy, you don't have to do it today.
④ I practice hard every day, (　) I want to win the race.
⑤ (　) he is small, he got the championship.
⑥ I hope (　) you will pass the exam.

解答
① **When**
② **As soon as**
③ **If**
④ **because**
⑤ **Though**
⑥ **that**

▶ 次の英文を指示にしたがって書きかえなさい。

⑦ I think that she is kind.
　　　　　（think を過去形にして）
⑧ We know that Mary has a cousin.
　　　　　（know を過去形にして）
⑨ He answered that he was wrong.
　　　　　（answer を現在形にして）

⑦ **I thought that she was kind.**
⑧ **We knew that Mary had a cousin.**
⑨ **He answers that he is wrong.**

▶ [例]にならって，2つの文を1つの文にしなさい。
　　[例] I know. Who is he? → I know who he is.

⑩ I don't know. Where is he going?
⑪ Do you know? What did she study?
⑫ Tell me. How old is he?
⑬ I wonder. Why was she absent?

⑩ **I don't know where he is going.**
⑪ **Do you know what she studied?**
⑫ **Tell me how old he is.**
⑬ **I wonder why she was absent.**

入試アドバイス

- 接続詞の意味を確実に覚えよう。
- 接続詞 that がある文の時制に注意しよう（時制の一致）。
- 間接疑問の文は、「疑問詞＋主語＋動詞」の語順になる。

最重要点チェック　覚えたらシートで赤文字をかくし，重要点をチェックしよう。

➡ ①〜⑥ とくに重要な接続詞を表にして整理しておこう。

○よく出る

接続詞	意味	ポイント	
when	〜するとき〜すると	It was raining **when** I got up.（起きた時，雨が降っていた）	
as soon as	〜するとすぐに	She sat **as soon as** he came.（彼が来るとすぐに彼女はすわった）	
if	もし〜なら	Try it **if** you want to.（それをやってみたければやってごらん）	「条件」を表す。
because	なぜなら〜	She helped him **because** she liked him.（彼女は彼を好きだから手伝った）	「理由」を表す。
though	〜だけれども	He played the part **though** he was young.（若かったけれども，彼は役割を果たした） ＝ He was young, **but** he played the part.	「逆接」を表す。
that	〜ということ	I believe **that** he will win the game.（私は彼がその試合に勝つと信じています）	

➡ ⑦⑧ 文全体の動詞が過去形になると，that 節の中の動詞も過去形になる（時制の一致）。

I **think** that she **is** kind. → I **thought** that she **was** kind.
　現在形　　　　　現在形　　　　　過去形　　　　　　　過去形

➡ ⑩〜⑬ 疑問詞が文中に入った間接疑問の文では，「疑問詞＋主語＋動詞」の語順になる。

I don't know. + Where is he going? → I don't know **where he is going**.
　　　　　　　　　　　　　　　　　　　　　　　　　　疑問詞＋主語＋動詞

入試問題にチャレンジ

☐ **1.** A 群の各文の書き出しに続く最もふさわしいものを B 群のア〜ウの中から1つ選び，記号で答えなさい。

A 群
(1) It is five years
(2) I will study art and music
(3) I can't speak English well

B 群
ア while I am staying in Paris.
イ since I came to this town.
ウ though I have studied it for three years.

☐ **2.** 次の日本文の意味を表すように，(　) 内の語を並べかえなさい。
彼は彼女にこの花を英語で何というのですかとたずねた。
(asked / called / he / her / this / flower / was / what) in English.

---

1. ア while は「〜の間」，イ since は「〜して以来」という意味である。

答 (1) イ
　　　(2) ア
　　　(3) ウ

2. 間接疑問である。

答 He asked her what this flower was called (in English).

143

14 前置詞の整理

1問1答要点チェック
チェックシートで答えをかくし、全問正解まで練習しよう。

▶ 次の「場所」を表す前置詞の意味を答えなさい。

① in	① ~の中に	
② on	② ~の上に	
③ at	③ ~に、~で	
④ under	④ ~の下に	
⑤ near	⑤ ~の近くに	
⑥ by	⑥ ~のそばに	
⑦ around	⑦ ~のまわりに	
⑧ between	⑧ ~の間に(2者)	

⑨ among	⑨ ~の間に(3者)
⑩ from	⑩ ~から
⑪ to	⑪ ~へ、~まで
⑫ into	⑫ ~の中へ
⑬ through	⑬ ~を通って
⑭ against	⑭ ~に対して
⑮ across	⑮ ~を横切って
⑯ along	⑯ ~に沿って

▶ 次の「時」を表す前置詞の意味を答えなさい。

⑰ after	⑰ ~の後に
⑱ before	⑱ ~の前に
⑲ till [until]	⑲ ~まで

⑳ by	⑳ ~までに
㉑ since	㉑ ~以来
㉒ for	㉒ ~の間

▶ 次の日本語の意味を表す前置詞を答えなさい。

㉓ ~の	㉓ of
㉔ ~といっしょに	㉔ with
㉕ ~なしで	㉕ without

㉖ ~のように	㉖ like
㉗ ~として	㉗ as

▶ 次の日本語の意味を表すように、( )内に適当な1語を入れなさい。

㉘ at ( ) (最初は)	㉘ first
㉙ at ( ) (ついに)	㉙ last
㉚ at ( ) (正午に)	㉚ noon
㉛ at ( ) (すぐに)	㉛ once
㉜ by the ( ) (ところで)	㉜ way
㉝ for a long ( ) (長い間)	㉝ time
㉞ for ( ) (例えば)	㉞ example
㉟ for the ( ) time (初めて)	㉟ first

㊱ in ( ) of (~の前に)	㊱ front
㊲ in the ( ) (朝に)	㊲ morning
㊳ at ( ) (夜に)	㊳ night
㊴ on ( ) (日曜日に)	㊴ Sunday
㊵ ( ) time (間に合って)	㊵ in
㊶ ( ) time (時間どおりに)	㊶ on

144

入試アドバイス

- 「時」を表す in, on, at は, 表す内容によって使い分ける。
- till（〜まで）と by（〜までに）など, 意味の似た前置詞に気をつけよう。
- 前置詞を含む熟語はよく出題されるので, 確実に覚えておこう。

最重要点チェック　覚えたらシートで赤文字をかくし, 重要点をチェックしよう。

➡ ①〜③ in, on, at はそれぞれ「時」を表すときも使われる。この場合, 次のような約束がある。

前置詞	時	例
in	年, 月, 週	**in 2013**（2013年に）, **in April**（4月に）, **in this week**（今週中に）
on	日, 曜日	**on Sunday**（日曜日に）, **on the 10th of January**（1月10日に）
at	時刻	**at seven**（7時に）, **at noon**（正午に）

➡ ⑧ **between** は **2**者の間を意味する。**between** the car **and** the tree（車と木の間に）

➡ ⑨ **3**者以上の間には **among** を使う。**among** the three students（3人の生徒の間で）

➡ ⑲⑳ 時を表す till と by はよく似ているので, 違いを正しく理解しよう。

  { **till**（〜まで）→ You must stay here **till** eight o'clock.
        （8時までここにいなければいけません）→ **8時を過ぎないと出られない。**
    by（〜までに）→ You must finish this homework **by** eight o'clock.
        （8時までにこの宿題を終わらせなければいけません）→ **8時前でもよい。**

➡ ㉘㉟ **at first**（最初は）と **for the first time**（初めて）の違いも覚えよう。

  { **At first**, I couldn't hit the ball.（私は最初はボールを打てなかった）
    I could lift it **for the first time**.（私は初めてそれを持ち上げることができた）

入試問題にチャレンジ

☐ **1.** 次の英文を完成するために最も適当なものを, （　）内から1つずつ選びなさい。
 (1) Can you finish the work（ア by　イ in　ウ till）tomorrow?
 (2) He worked hard from morning（ア at　イ for　ウ till　エ in）night.

☐ **2.** 次の各組の英文がほぼ同じ意味になるように,（　）内に適当な1語を入れなさい。
 (1) She didn't say good-by and went out of the room.
  = She went out of the room（　　）saying good-by.
 (2) I know a girl who has blue eyes.
  = I know a girl（　　）blue eyes.

☐ **3.** 次の英文の（　）内に最も適当な1語を入れなさい。
 (1) He was born（　　）the 12th（　　）June, 1998.
 (2) She is always here（　　）5 and 6 o'clock.

---

1. それぞれ(1)「明日までに」, (2)「朝から晩まで」の意味にする。
 答 (1) **ア**　(2) **ウ**

2. (1)「〜なしで」を意味する前置詞を入れる。
 (2)「〜を持った」は with で表す。
 答 (1) **without**
  (2) **with**

3. (1) 特定の日を表す時は, on をつける。
 (2)「5時と6時の間」の意味になるようにする。
 答 (1) **on, of**
  (2) **between**

15 書きかえ問題のまとめ

1問1答要点チェック　チェックシートで答えをかくし，全問正解まで練習しよう。

▶ 次の各組の英文がほぼ同じ意味になるように，（　）内に適当な1語を入れ，できた文を日本語になおしなさい。

① You must not open this door.
　=（　）open this door.

② Please wait for him.
　=（　）（　）wait for him?

③ Let's play tennis.
　=（　）（　）play tennis?

④ If you hurry up, you'll be in time.
　=（　）up,（　）you'll be in time.

⑤ If you don't go at once, you'll be late.
　=（　）at once,（　）you'll be late.

⑥ There are four seasons in a year.
　=（　）（　）（　）four seasons.

⑦ He didn't know what he should do.
　= He didn't know（　）（　）do.

⑧ Mother made me a pretty doll.
　= Mother made a pretty doll（　）me.

▶ 次の各組の英文がほぼ同じ意味になるように，（　）内の語を並べかえなさい。

⑨ Many students study here.
　=（of / a / lot）students study here.

⑩ He saw her. Then he ran away.
　=（saw / as / he / soon / as / her）, he ran away.

⑪ Do you want me to look at it?
　=（it / I / look / shall / at）?

解答

① **Don't**
[訳] このドアを開けるな。

② **Will, you**
[訳] 彼を待ってくれませんか。

③ **Shall, we**
[訳] テニスをしましょうか。

④ **Hurry, and**
[訳] 急げ，そうすれば間に合うだろう。

⑤ **Go, or**
[訳] すぐ行け，さもないと遅れるだろう。

⑥ **A, year, has**
[訳] 1年間には4つの季節がある。

⑦ **what, to**
[訳] 彼は何をしたらいいかわからなかった。

⑧ **for**
[訳] 母はかわいい人形を私のために作ってくれた。

⑨ **A lot of**

⑩ **As soon as he saw her**

⑪ **Shall I look at it?**

入試アドバイス

- 書きかえは出題率が高いので、公式をマスターしよう。
- 「疑問詞＋to不定詞」は、間接疑問文に書きかえられる。
- 目的語が2つある文→「動詞＋目的語＋to[for]～」の書きかえは、前置詞に注意。

最重要点チェック

覚えたらシートで赤文字をかくし、重要点をチェックしよう。

➡ ①〜⑥ 次の書きかえ公式はすべて暗記しよう。

番号	意味	書きかえのパターン	意味
①	〜してはならない	You must not 〜　⇄　Don't 〜	〜するな
②	〜してください	Please 〜　⇄　Will you 〜?	〜してくれませんか
③	〜しましょう	Let's 〜　⇄　Shall we 〜?	〜しましょうか
④	もし〜なら…する	If 〜（肯定文）, …　⇄　命令文〜, and …	〜しろ、そうすれば…
⑤	もし〜ないと…する	If 〜（否定文）, …　⇄　命令文, or …	〜しろ、さもないと…
⑥	〜には…がある	There is[are] … in 〜　⇄　〜 have[has]…	〜には…がある

➡ ⑦「疑問詞＋to不定詞」は次のように書きかえられる。

　　He didn't know **what to do**.　　　（疑問詞＋to不定詞）
　　→ He didn't know **what he should do**.　（間接疑問）

➡ ⑧ 目的語が2つある文を「**動詞＋目的語＋to[for]〜**」の型に書きかえる問題。前置詞にtoを用いるか、forを用いるかは動詞で決まる。

　　toを用いるもの→ show, give, tell, teach など
　　forを用いるもの→ make, buy など

➡ ⑩⑪ それぞれ全体の意味から、似た意味の表現を考える。

　　⑩「彼は彼女を見た、すると彼は逃げた」→「彼は彼女を見るとすぐに逃げた」
　　⑪「それを私に見てほしいですか」　　　→「私がそれを見ましょうか」

入試問題にチャレンジ

☐ 次の各組の英文がほぼ同じ意味になるように、（　）内に適当な1語を入れなさい。

(1) Practice hard, or you will lose the game.
　　＝ (　　) you (　　) practice hard, you will lose the game.

(2) Our town has two libraries.
　　＝ (　　) (　　) two libraries in our town.

(3) Tell me where I should sit.
　　＝ Tell me (　　) (　　) sit.

(4) Do you want me to show you the way?
　　＝ (　　) (　　) show you the way?

(5) We showed him some pictures of Kyoto.
　　＝ We showed some pictures of Kyoto (　　) him.

(1)「もし一生懸命練習しなかったら」という文にする。(4)「あなたは私に道案内をしてほしいですか」という意味。(5)前置詞toを入れるか、forを入れるかは動詞によって決まっている。

答 (1) **If, don't**
　　(2) **There, are**
　　(3) **where, to**
　　(4) **Shall, I**
　　(5) **to**

16 (代)名詞・冠詞・形容詞

1問1答要点チェック　チェックシートで答えをかくし，全問正解まで練習しよう。

① 次の名詞を数えられるものと数えられないものに分け，数えられる名詞には a か an をつけなさい。
orange, English, water, day, Dick, money

解答

① 数えられる名詞
　an orange, a day
　数えられない名詞
　English, water, Dick, money

▶次の名詞や代名詞を複数形にしなさい。

② sport　　　③ dish
④ watch　　 ⑤ box
⑥ potato　　 ⑦ city
⑧ knife　　　⑨ sheep
⑩ man　　　 ⑪ child
⑫ foot　　　 ⑬ this
⑭ that　　　 ⑮ he [she, it]

② **sports**　　③ **dishes**
④ **watches**　⑤ **boxes**
⑥ **potatoes**　⑦ **cities**
⑧ **knives**　　⑨ **sheep**
⑩ **men**　　　⑪ **children**
⑫ **feet**　　　⑬ **these**
⑭ **those**　　⑮ **they**

▶次の日本語の意味を表すように，(　)内に適当な1語を入れなさい。

⑯ a (　) of coffee　　　カップ1杯のコーヒー
⑰ two (　) of water　　コップ2杯の水
⑱ a (　) of cake　　　　ケーキ1個

⑯ **cup**
⑰ **glasses**
⑱ **piece**

▶次の英文を日本語になおしなさい。

⑲ It is warm today.
⑳ It was dark outside.
㉑ It is five forty now.
㉒ It took three hours to go to Kobe.

⑲ 今日はあたたかい。
⑳ 外は暗かった。
㉑ 今，5時40分です。
㉒ 神戸へ行くのに3時間かかった。

▶次の英文の(　)内の正しいほうを答えなさい。

㉓ I want (any / some) water.
㉔ Do you have (any / some) friends in Canada?
㉕ We have (many / much) rain in June.
㉖ There are (many / much) children in the room.
㉗ He has (a few / a little) money in his pocket.
㉘ (Few / Little) people want to do the work.

㉓ **some**
㉔ **any**
㉕ **much**
㉖ **many**
㉗ **a little**
㉘ **Few**

入試アドバイス

- 名詞には，数えられるものと数えられないものがある。
- 名詞の複数形のつくり方を整理しておこう。
- 「It takes ＋時間＋ to ～」など，it を主語にした文のかたちと意味を覚えよう。

最重要点チェック　覚えたらシートで赤文字をかくし，重要点をチェックしよう。

① water（水）や money（お金）は**数えられない**名詞なので，a [an]はつけない。Dick などの人名は a はつけないが，the Smiths（スミス家の人々）のように the をつけることがある。

②～⑮ 名詞の複数形の s，es のつけ方を整理しておこう。ふつうは，sport → **sports** のようにそのままつける。

語尾の形	つづり	例
子音字＋ y	**y を i にかえて es をつける**	city → **cities** [-z]
子音字＋ o, s, sh, ch, x	**es をつける**	potato → **potatoes** [-z] dish → **dishes** [-iz]
f, fe	**f, fe を ves にかえる**	knife → **knives** [-vz]

⑨～⑫ は不規則変化。sheep のように単数と複数が同じ語形のものもある。

⑯～⑱ 数えられない名詞は容器を単位として数える。

a glass of water → two **glasses** of water のように，容器のほうが複数形になる。

⑲～㉒ **天候，明暗，時間，距離**を表すときは it を主語にするが，この it に意味はない。

㉓～㉘ 数や量を表す形容詞を整理しておこう。

形容詞や語句	意味	ポイント	
some	いくつかの いくらかの	**肯定文**に使う。I have **some** books.	
any		**疑問文・否定文**に使う。Do you have **any** books?	
many	多くの たくさんの	数えられる名詞の前につける。**many** pencils	
much		数えられない名詞の前につける。**much** water	
a lot of		many, much のどちらのかわりにも使える。	
few	ほとんど～ない	**数えられる**名詞の前につける	**few** pens（ペンがほとんどない）
a few	少し～ある〔いる〕		**a few** pens（2，3本のペン）
little	ほとんど～ない	**数えられない**名詞の前につける	**little** money（お金がほとんどない）
a little	少し～ある〔いる〕		**a little** money（少しのお金）

入試問題にチャレンジ

A 欄の関係にならって，B 欄の（　）内に適当な1語を入れなさい。

A	B
(1) book — books	foot —（　　）
(2) this — these	that —（　　）
(3) tea — a cup of	paper —（　　）（　　）（　　）

(1) 名詞の単数形と複数形。
(2) 代名詞の単数形と複数形。
(3) 「1枚の」と数える単位。

答 (1) **feet**　(2) **those**
　　(3) **a piece [sheet] of**

17 動詞の総まとめ・発音

1問1答要点チェック　チェックシートで答えをかくし，全問正解まで練習しよう。

① 表のア～クに be 動詞を変化させて入れなさい。

	I	We	You	He [She, It]	They
現在形	am	イ	エ	オ	キ
過去形	ア	ウ	were	カ	ク

解答
① ア was　イ are
　ウ were　エ are
　オ is　　カ was
　キ are　 ク were

② 次のア～クに適当な語を入れなさい。

原形	現在形	過去形	過去分詞
cook	cook / cooks	cooked	(ア)
wash	(イ)	(ウ)	washed
study	study / studies	(エ)	studied
put	put / puts	put	(オ)
make	make / makes	(カ)	(キ)
go	go / goes	went	(ク)

② ア cooked
　イ wash / washes
　ウ washed
　エ studied
　オ put　　カ made
　キ made
　ク gone

▶ 次の文を指示にしたがって書きかえなさい。

③ He is watching TV.　（疑問文に）
④ Ken is a doctor.　（否定文に）
⑤ Tom has come back.　（疑問文に）
⑥ She likes movies.　（否定文に）

⑦ She swims well.（助動詞 can をつける）
⑧ I can use this computer.（疑問文に）

⑨ My sister can sing well.（否定文に）

③ **Is he watching TV?**
④ **Ken isn't a doctor.**
⑤ **Has Tom come back?**
⑥ **She doesn't like movies.**
⑦ **She can swim well.**
⑧ **Can I use this computer?**
⑨ **My sister can't [cannot] sing well.**

▶ 次の⑩～⑫の動詞と ed の発音が同じ動詞を右から選びなさい。

⑩ play<u>ed</u>
⑪ cook<u>ed</u>
⑫ want<u>ed</u>

hoped, smelled
handed, missed
cried

⑩ **smelled, cried**
⑪ **hoped, missed**
⑫ **handed**

入試アドバイス

- 3人称単数現在形〔3単現〕のsを忘れないこと。
- 規則動詞,不規則動詞の変化を確実に覚えよう。
- 動詞の種類に注意して,疑問文と答えの文を正しく書けるようにしよう。

最重要点チェック　覚えたらシートで赤文字をかくし,重要点をチェックしよう。

→ ② 動詞の3人称単数現在形の例外的なs, esのつけ方を,表にしてまとめておこう。

語尾の形	つづり	例
s, sh, ch, x, 子音字+o	**es**をつける	watch → **watches**, kiss → **kisses** go → **goes**, do → **does** [dʌz]
子音字+y	**y**を**i**にかえる	try → **tries**, study → **studies**

また,不規則変化動詞のputは原形と過去形と過去分詞が同じ形。他にcut, shut, readなど。ただし,readは発音が変わる。[ríːd](原形) →[réd](過去形・過去分詞)

→ ③⑤⑧ 疑問文とその答え方を整理しておこう。

動詞	何を使うか	例　文
be動詞	**be動詞**	**Is** he watching TV? Yes, he **is**.
一般動詞	**do, does, did**	**Does** he **read** the book? Yes, he **does**.
完了形	**have, has**	**Have** you **finished** it? No, I **haven't**.
助動詞つきの動詞	**助動詞**	**Can** she **swim** well? Yes, she **can**.

→ ⑩〜⑫ edのついた過去形,過去分詞の発音をまとめておこう。

- [d]と発音 →有声音(声の出る音)のあとのed。played, livedなど
- [t]と発音 → [f], [k], [p], [ʃ], [s], [t], [tʃ] などの音のあとのed。cooked, hopedなど
- [id]と発音→ [t], [d] の音のあとのed。wanted, neededなど

入試問題にチャレンジ

☑ **1.** ( )内にあてはまる最も適当なものを,ア〜エの中から1つずつ選びなさい。
(1)(ア Were　イ Are　ウ Was　エ Is) Junko and Yukio students at this school last year?
(2) Tomoko sometimes (ア play　イ plays　ウ played　エ playing) tennis when she is not busy.
(3) There (ア is　イ are　ウ was　エ were) a few trees in the garden ten years ago.

☑ **2.** ( )内の語を適当な形になおしなさい。
(1) Mike threw a ball and I (catch) it with one hand.
(2) We have (do) everything for our father's birthday party.
(3) We (give) a birthday party for Lucy yesterday.

1. (1)主語は複数になっていることに注意。(2)主語は3人称単数で,現在の文である。(3)ten years agoに注目。
答 (1)**ア** (2)**イ** (3)**エ**

2. (1)前の動詞threwが過去形であることに注意。(2)「have+過去分詞」で現在完了形をつくる。(3)yesterdayに注目。
答 (1)**caught** (2)**done** (3)**gave**

18 最重要熟語のまとめ

1問1答要点チェック
チェックシートで答えをかくし，全問正解まで練習しよう。

▶ 次の熟語の意味を答えなさい。

① be able to	① ～できる	
② be different from	② ～と違う	
③ be famous for	③ ～で有名だ	
④ be fond of	④ ～が好きだ	
⑤ be full of	⑤ ～でいっぱいだ	
⑥ be good at	⑥ ～が得意だ	
⑦ be late for	⑦ ～に遅れる	
⑧ be glad to	⑧ ～してうれしい	

⑨ get off	⑨ ～から降りる	
⑩ get on	⑩ ～に乗る	
⑪ get to	⑪ ～に着く	
⑫ get up	⑫ 起きる	
⑬ go ～ing	⑬ ～しに行く	
⑭ go for a walk	⑭ 散歩に行く	
⑮ go home	⑮ 帰宅する	
⑯ go to bed	⑯ 寝る	

▶ 日本語の意味を表すように，( )内に適当な前置詞を下の【 】内から選んで入れなさい。

⑰ arrive ( ) ～に着く	⑰ at	
⑱ ask ( ) ～を頼む	⑱ for	
⑲ hear ( ) ～から便りがある	⑲ from	
⑳ listen ( ) ～を聞く	⑳ to	
㉑ look ( ) ～を見る	㉑ at	
㉒ look ( ) ～に見える	㉒ like	

㉓ take ( ) ～を脱ぐ	㉓ off	
㉔ put ( ) ～を着る	㉔ on	
㉕ speak ( ) ～に話しかける	㉕ to	
㉖ talk ( ) ～と話す	㉖ with	
㉗ wait ( ) ～を待つ	㉗ for	
㉘ write ( ) ～に手紙を書く	㉘ to	

【 at, for, from, like, off, on, to, with 】

▶ 次の日本語の意味を表す熟語を英語で答えなさい。

㉙ もちろん	㉙ of course
㉚ 多くの	㉚ a lot of
㉛ ～の大部分	㉛ most of
㉜ ～から外へ	㉜ out of
㉝ ～の世話をする	㉝ take care of

入試アドバイス

- ここにあげた熟語は全部暗記しよう。
- get や look を使った「動詞＋前置詞」型の熟語は重要。
- 動詞で始まる熟語は，過去の文などでは動詞を変化させること。

最重要点チェック　覚えたらシートで赤文字をかくし，重要点をチェックしよう。

＜副詞的な重要熟語＞

and so on（〜など），**each other**（おたがいに[2人]），**one another**（おたがいに[3人以上]），**more and more**（ますます），**more than**（〜より以上），**some day**（いつか[未来]），**one day**（ある日[過去]），**these days**（このごろ）

＜覚えておきたい重要熟語＞

find out（〜とわかる），**have a good time**（楽しく過ごす），**not 〜 at all**（全く〜ない），**not any**（少しも〜ない），**not always**（必ずしも〜ない），**not very 〜**（あまり〜ない），**say hello to**（〜によろしく伝える），**sit down**（すわる），**stand up**（立つ），**take a walk**（散歩する），**take off**（離陸する，〜を脱ぐ），**take 〜 to...**（〜を…へ連れていく）

入試問題にチャレンジ

☐ **1.** 次の英文を完成するために，最も適当な1語を（　）内に入れなさい。
(1) When did you get (　) the airport?
(2) He was late (　) school this morning.
(3) John and Mary enjoyed talking with each (　) very much.
(4) That story is famous and read all (　) the world.
(5) Ken didn't understand the question (　) all, so he couldn't answer it.

☐ **2.** 次の各組の英文の（　）内に共通して入る英語を1語で答えなさい。
(1) This new engine is different (　) that old one.
　　He was absent (　) school yesterday.
(2) We were talking (　) the matter.
　　How (　) going on a picnic?
(3) I am surprised (　) the news.
　　I usually get up (　) six.

☐ **3.** 次の文を英語になおしなさい。
(1) 今度の日曜日に釣りに行きましょう。
(2) 昨夜，あなたは早く寝ましたか。

---

1. (4) all over the world 世界中で
(5) didn't = did not と分けて考えてみる。
答 (1) **to**　(2) **for**
(3) **other**　(4) **over**
(5) **at**

2. (1) be absent from 〜を欠席する　(2) How about 〜? 〜はどうですか　(3) be surprised at 〜 〜に驚く
答 (1) **from**　(2) **about**
(3) **at**

3. (1) go 〜ing, (2) go to bed をそれぞれ使う。
答 (1) **Let's go fishing next Sunday.**
(2) **Did you go to bed early last night?**

19 会話表現

1問1答要点チェック
チェックシートで答えをかくし，全問正解まで練習しよう。

① 次の会話の（ ）内にあてはまる文を下から選び，記号で答えなさい。
Ken : Hello. This is Ken speaking.
　　　（　1　）
Ms. Cox : Yes, Hi, Ken! How are you?
Ken : （　2　）（　3　）
Ms. Cox : Fine, thanks.
Ken : （　4　）
Ms. Cox : Sure. （　5　）
Tom : Hi, Ken!

> ア May I speak to Tom?　イ And you?
> ウ Please hold on.　エ Is this Ms. Cox?
> オ I'm fine, thank you.

解答
① 1 エ
　 2 オ
　 3 イ
　 4 ア
　 5 ウ

② （ ）内の日本文を英語になおしなさい。
店　　員 : ア（何かご用はありますか）
ジェーン : Yes, please. イ（これはいくらですか）
店　　員 : It costs twenty dollars.
ジェーン : OK. ウ（それを買います）
店　　員 : Thank you so much. エ（さあ，どうぞ）

② ア **Can [May] I help you?**
　 イ **How much is this?**
　 ウ **I'll take it.**
　 エ **Here you are.**

③ （ ）内の語を並べかえて会話を完成させ，真理が行きたい所がどこで，どこにあるか答えなさい。
Mari : ア (you / but / me, / excuse / will) tell me the way to the subway station?
Jack : Certainly. Go straight along this street. イ (the / to / right / turn) at the second corner. You will find it on your left.
Mari : ウ (your / thank / kindness / you / for).

③ ア **Excuse me, but will you**
　 イ **Turn to the right**
　 ウ **Thank you for your kindness.**

地下鉄の駅。
通りをまっすぐ行き，2番目の角を右に曲がった左側にある。

入試アドバイス

- あいさつ，電話や道案内の会話表現は，コミュニケーション能力を問う問題としてよく出題される。
- 場面ごとの決まった表現と，それに対する応答をセットで覚えよう。

最重要点チェック　覚えたらシートで赤文字をかくし，重要点をチェックしよう。

① 電話での会話表現はよく出題されるので覚えておこう。　　　　　　　　　**○よく出る**

> **Hello.**（もしもし），**Is this ～?**（～さんですか），**This is ～ speaking.**（こちらは～です），
> **May[Can] I speak to ～?**（～さんはいますか），**Please hold on.**（お待ちください），
> **Thank you for calling.**（お電話ありがとう）

＜日常生活の表現のまとめ＞　　　　　　　　　　　　　　　　　　　　　　**○よく出る**

あいさつ	［出会い］ **How do you do?**（はじめまして） **Nice to meet you.**（はじめまして / 会えてうれしいです） ［別れ］ **Good-by. See you again. So long.**（さようなら）
健康	**How are you? — I'm fine, thank you. And you?** （ごきげんいかがですか — はい，元気です。あなたはいかがですか）
天候	**It's fine [cloudy, rainy, snowy], isn't it?** （天気がいい〔くもり，雨もよう，雪〕ですね）
感謝	**Thank you (so much). Thanks (a lot).**（［どうも］ありがとう） **No, thank you.**（いいえ，けっこうです） ［返事］ **You're welcome. Not at all. My pleasure.**（どういたしまして）
希望	**Have a nice weekend.**（週末を楽しくね） ［返事］ **You, too.**（あなたもね）

入試問題にチャレンジ

□ 次の電話での会話を読んで，あとの(1)と(2)の質問に答えなさい。

Kenji　：Hello. This is Kenji. Can I speak to May?
Mother：Yes.　**A**
May　 ：Hello.
Kenji　：Hi, May. ①（　　　）did you come back from Canada?
May　 ：Yesterday.
Kenji　：I'm sure you had a nice time there.
May　 ：Yes, I did. I took a lot of pictures of the great views. Would you like to see them?
Kenji　：**B**　Can I see them this afternoon?
May　 ：Yes, you can. ②（　　　）you then. Good-by.

(1) A, B に入る適当な文を選び，記号で答えなさい。
　ア Hold on a minute.　イ The line is busy.
　ウ Yes, I would.　　　エ How about three o'clock?

(2) ①と②の（　）内に適当な1語を入れなさい。

(1) A には「少々お待ちください」を意味する表現が入る。B には Would you like ～? に対して答える表現が入る。
　答 A ア
　　　B ウ

(2) ①は疑問文に対して May が yesterday と答えていることに注目しよう。
②は「そのときに会いましょう」を意味する表現である。
　答 ① When
　　　② See

一問一答要点チェック

チェックシートで答えをかくし、全問正解まで練習しよう。

❶ 敬語

■ 次の各文の敬語の誤りを、正しい表現に直せ。
① お母さんは五時ごろお戻りになります。
② 先生が私の絵を拝見なさる。
③ 森田さんが私の家へまいりました。
④ 先生がそのように申された。
⑤ あなたもご出席いたしますか。

【答】
① お母さん→母／お戻りになります→戻ります
② 拝見なさる→ご覧になる
③ まいりました→いらっしゃいました(おいでになりました)
④ 申された→おっしゃった
⑤ ご出席いたしますか→ご出席なさいますか

---

② **謙譲語**……自分の動作や関係するものごとをへり下って言う表現。動作の受け手への敬意を表す。 ↑よく出る

- お(ご)〜する　例 私がお待ちする。
- お(ご)〜申し上げる　例 私がお待ち申し上げる。
- お(ご)〜いたす　例 私がお待ちいたす。
- 〜て差し上げる　例 私が待って差し上げる。

私　私ども　小社(自分の会社)　拙宅(自分の家)　粗品

③ **丁寧語**……言い方を丁寧にする表現。

- 〜です　例 これは本です。
- 〜ます　例 ここに本があります。
- 〜ございます　例 これは本でございます。ここに本がございます。

④ **特定の動詞のある尊敬語・謙譲語** ↑よく出る

普通の語	尊敬語	謙譲語
する	なさる	いたす
くれる・やる	くださる	差し上げる
もらう		いただく
いる	いらっしゃる	おる
行く・来る	いらっしゃる／おいでになる	まいる
言う	おっしゃる	申す(申し上げる)
食べる	召し上がる	いただく
見る	ご覧になる	拝見する
知る	ご存じである	存じる

18 作文・敬語

表現

最重要点チェック

覚えたらチェックシートで赤文字をかくし、重要点をチェックしよう。

❶ 作文の手順

- □ ① **主題を決める**……何について書くのかを決め、自分が最も言いたいことをはっきりさせておく。
- □ ② **材料を集める**……日ごろ考えていること・自分の体験・見聞などの中から、主題に関係する材料を選び出す。
- □ ③ **構成を考える**……集めた材料を効果的に配列し、文章全体のだいたいの流れを作る。
- □ ④ **執筆する**……とくに次の点に注意する。
  - ▼ **用語**＝わかりやすい言葉を選ぶ。知ったかぶりをせず、よく知らない言葉や難しい言葉は使わない。
  - ▼ **用字**＝正しくきちんとした字を書く。漢字を忘れた時には、あやふやな漢字を書くよりも、ひらがなで書くほうがよい。
  - ▼ **字数**＝指定された字数の八割は書くようにする。制限字数のオーバーは厳禁である。また、少なすぎるのも減点される。
- □ ⑤ **推敲する**……書き終えたら見直す。とくに次の点に注意する。
  - ▼ **表記**（漢字・かなづかい・送りがな）に誤りがないか。
  - ▼ 「です・ます」体と「だ・である」体を混用していないか。
  - ▼ 主語と述語が正しく対応しているか。
  - ▼ 重複した表現・くどい表現・あいまいな表現・言い足りない表現など、**表現に過不足がないか**。

入試アドバイス

- ●● 作文は時間内に手順を追って書けるようにしよう。
- ●● 三種類の敬語を正しく使い分けよう。

❷ 敬語

- □ ① **尊敬語**……**相手の動作や関係するものごとを高めて言う表現**。動作をする人への敬意を表す。 **♦よく出る**
  - お（ご）〜になる
    - 例 先生がお話しになる。
  - お（ご）〜なさる
    - 例 先生がお話しなさる。
  - 〜ていらっしゃる
    - 例 先生が話していらっしゃる。
  - 〜てくださる
    - 例 先生が話してくださる。
  - 〜れる・〜られる
    - 例 先生が話される。

貴校（相手の学校）　○○さん　○○様
先生　父上　お母さん　あなた　この方　どなた

注　自分の身内の人物のことを他人に話す場合には、尊敬語を用いない。

例（自分の父親のことを来客に向かって言う言葉）
　× 「お父さんはまもなくお帰りになります。」
　○ 「父はまもなく帰ります。」

157

② 連体修飾語を示す……〜の

例 （旅中ノ心情ヲ歌ニ詠メ）
旅の心を詠め。

例 伊勢三郎義盛、与一が後ろへ馬を歩ませて来て、
（伊勢三郎義盛ガ、与一ノ後ロヘ馬ヲ歩マセテキテ、）

例 雀の子を犬君が逃がしつる。
（雀ノ子ヲ犬君ガ逃ガシテシマッタ。）

例 蛍の多く飛びちがひたる。
（蛍ガタクサン飛ビカッテイルノ。）

③ 係り結び

① 係り結びの法則……文中に助詞「ぞ・なむ（なん）・や・か・こそ」があれば、それを受ける結びの語が特定の活用形になる。 ↪よく出る

例 名をば、さぬきのみやつことなむいひける。
（名ヲ、「サヌキノミヤツコ」トイッタ。）

例 いづれの山か天に近き。（ドノ山ガ天ニ近イカ。）

例 神へ参るこそ本意なれと思ひて、
（神へ参ルノガ本来ノ目的ダト思ッテ、）

意味	係り	結び
強め	ぞ	連体形
疑問反語	や・か	連体形
強め	なむ（なん）	連体形
強め	こそ	已然形（いぜん）

④ 助詞「ば」のおもな用法

① 未然形＋ば ↪よく出る
▼ 仮定＝〜なら・〜たら
例 雨降らば、行かず。（雨ガ降ルナラ、行カナイ。）

② 已然形（いぜん）＋ば ↪よく出る
▼ 原因・理由＝〜ので・〜から
例 雨降れば、行かず。（雨ガ降ルノデ、行カナイ。）

⑤ 漢文の返り点

① レ点……レ点のついている字をとばしてそのすぐ下の字を読み、次に上に返ってレ点のついている字を読む。
（□は漢字を、数字は読む順を表す）

例 山 青 $\boxed{1}$ $\boxed{2}$レ $\boxed{3}$ 花 欲 然 $\boxed{4}$レ $\boxed{5}$レ 。
（山は青くして花は然えんと欲す。）

② 一・二点……二点の付いている字をとばして一点の付いている字まで読んでいき、一点の付いている字の次に二点の付いている字を読む。

例 低 頭 思 故 郷 $\boxed{1}$ $\boxed{2}$レ $\boxed{4}$二 $\boxed{3}$ $\boxed{5}$一 。
（頭を低れて故郷を思ふ。）

注 レ点はレ点と一点の重なったもの。
$\boxed{4}$二レ $\boxed{1}$ $\boxed{3}$レ $\boxed{2}$ 。

158

17 古典 古典文法・漢文の訓読

最重要点チェック

覚えたらチェックシートで赤文字をかくし、重要点をチェックしよう。

入試アドバイス

古文特有の語法を、意味用法を中心におさえよう。返り点を理解し、漢文を読めるようにしよう。

❶ 助動詞

□ ① なり〈他の活用形……なら・なり・に〉
▼ 断定＝～である・～だ
例 北上川は南部より流るる大河なり。
（北上川ハ南部地方カラ流レテクル大河デアル。）

□ ② ず〈他の活用形……ぬ・ね・ざら・ざり・ざる・ざれ〉
▼ 打ち消し＝～ない
例 京には見えぬ鳥なれば皆人見知らず。
（京デハ見ラレナイ鳥ナノデ人ハミナ見知ラナイ。）
↓よく出る

□ ③ き〈他の活用形……せ・し・しか〉
▼ 過去＝～た
例 死にし子、顔よかりき。

□ ④ けり〈他の活用形……けら・ける・けれ〉
▼ 過去＝～た
例 竹取の翁といふ者ありけり。
（竹取ノ翁トイウ者ガイタ。）
▼ 詠嘆＝～たなあ
例 今宵は十五夜なりけり。
（今夜ハ十五夜デアッタナア。）

□ ⑤ ぬ〈他の活用形……な・に・ぬる・ぬれ・ね〉
▼ 完了＝～た・～てしまう
例 風も吹きぬべし。（風モキット吹クダロウ。）
▼ 強め＝きっと～
例 八橋といふ所にいたりぬ。（八橋トイウ所ニ着イタ。）

□ ⑥ たり〈他の活用形……たら・たる・たれ〉
▼ 完了＝～た・～てしまう
例 走り来たる女子、美しげなり。
（走ッテ来タ女ノ子ハ、カワイラシイ。）
▼ 存続＝～ている
例 筒の中光りたり。（筒ノ中ガ光ッテイル。）

□ ⑦ む（ん）〈他の活用形……め〉
▼ 推量＝～だろう
例 これやわが求むる山ならむ。
（コレコソ私ガ探シテイル山デアルノダロウ。）
↓よく出る
▼ 意志＝～う・～よう
例 舟に乗りて渡らむ。（舟ニ乗ッテ渡ロウ。）

❷ 助詞「が・の」のおもな用法

□ ① 主語を示す……～が

２ 古文特有語

次の古語の意味を答えよ。

- ① いかで
- ② いと
- ③ いとど
- ④ いみじ
- ⑤ うし
- ⑥ おはす
- ⑦ かく
- ⑧ かたはらいたし(ハ)
- ⑨ かち
- ⑩ ぐす
- ⑪ げに
- ⑫ こころうし
- ⑬ こころづきなし
- ⑭ さ
- ⑮ さぶらふ(ラウ)
- ⑯ さらなり
- ⑰ たまふ(モ)
- ⑱ つきづきし
- ⑲ つれづれなり
- ⑳ なのめなり
- ㉑ ねんず(マウ)
- ㉒ のたまふ(モ)
- ㉓ はべり
- ㉔ ゆかし(モ)
- ㉕ らうたし(ロ)

- ① どうして・どうにかして
- ② とても
- ③ ますます
- ④ はなはだしい
- ⑤ つらい
- ⑥ いらっしゃる・お〜になる
- ⑦ このように
- ⑧ いたたまれない・きまりが悪い
- ⑨ 徒歩
- ⑩ 伴う
- ⑪ まことに
- ⑫ つらい
- ⑬ 気にくわない
- ⑭ そのように
- ⑮ お仕えする・あります・〜ます
- ⑯ 言うまでもない
- ⑰ お与えになる・お〜になる
- ⑱ 似つかわしい
- ⑲ することがなく退屈だ
- ⑳ 平凡だ・いいかげんだ
- ㉑ がまんする・祈願する
- ㉒ おっしゃる
- ㉓ お仕えする・あります・〜ます
- ㉔ 見たい・聞きたい・知りたい
- ㉕ かわいい

３ 昔の暦（陰暦）

次の月の、陰暦における名称と季節を答えよ。

- ① 一月
- ② 二月
- ③ 三月
- ④ 四月
- ⑤ 五月
- ⑥ 六月
- ⑦ 七月
- ⑧ 八月
- ⑨ 九月
- ⑩ 十月
- ⑪ 十一月
- ⑫ 十二月

- ① 睦月（むつき）……春
- ② 如月（きさらぎ）……春
- ③ 弥生（やよひ）……春
- ④ 卯月（うづき）……夏
- ⑤ 皐月（さつき）……夏
- ⑥ 水無月（みなづき）……夏
- ⑦ 文月（ふづき・ふみづき）……秋
- ⑧ 葉月（はづき）……秋
- ⑨ 長月（ながつき）……秋
- ⑩ 神無月（かみなづき・かんなづき）……冬
- ⑪ 霜月（しもつき）……冬
- ⑫ 師走（しはす）(ワ)……冬

注　陰暦は今の暦（陽暦）よりも約一か月遅れている。

16 古典 古文単語

一問一答要点チェック

チェックシートで答えをかくし、全問正解まで練習しよう。

① 古今異義語（昔と今とで意味の異なる語）

次の古語の意味を答えよ。

- ① あからさまなり — 急だ・（つい）ちょっと
- ② あさまし — 意外なことに驚く
- ③ あした — 朝・(何かあった)その翌朝
- ④ あたらし — 惜しい
- ⑤ あはれなり — しみじみとした趣(おもむき)がある
- ⑥ あやし — 粗末だ・身分が低い・不思議だ
- ⑦ ありがたし — めったにない・存在しにくい
- ⑧ いたづらなり — 無駄だ・むなしい
- ⑨ うつくし — かわいらしい
- ⑩ おこたる — 病気がよくなる
- ⑪ おとなし — おとなびている・分別がある
- ⑫ おどろく — はっと気づく・目を覚ます
- ⑬ おとなし — いいかげんだ・ばかだ
- ⑭ おろかなり — おそれ多い・すぐれている
- ⑮ かしこし
- ⑯ かなし — いとしい

- ⑰ けしき — 様子・態度
- ⑱ ここら — たくさん・たいそう
- ⑲ さうざうし — 物足りない
- ⑳ すさまじ — その場にそぐわず興ざめだ
- ㉑ そこら — たくさん・たいそう
- ㉒ つとめて — 早朝・(何かあった)その翌朝
- ㉓ つゆ — 少しも・ごくわずか
- ㉔ とし — はやい・機敏だ
- ㉕ としごろ — 長年
- ㉖ なかなか — かえって
- ㉗ ののしる — 大声で騒ぐ・評判が高い
- ㉘ まもる — じっと見つめる
- ㉙ めでたし — すばらしい
- ㉚ やうやう — しだいに
- ㉛ やがて — そのまま・すぐに
- ㉜ やさし — 恥ずかしい・優美だ
- ㉝ わびし — 苦しい・つまらない
- ㉞ ゐる — すわる・伴う
- ㉟ をかし — 趣(おもむき)がある

入試アドバイス

- 古今異義語と古文特有語の意味を覚えよう。
- 昔の暦(陰暦)は季節にも注意。

161

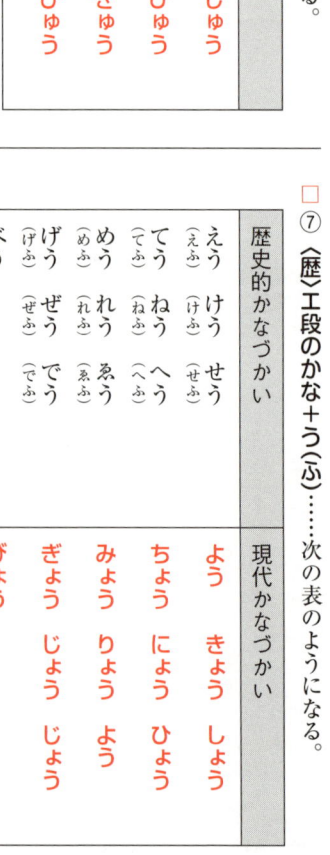

歴史的かなづかい

要点チェック

□⑥ 〈歴〉イ段のかな＋う（ふ）……次の表のようになる。

歴史的かなづかい	現代かなづかい
いう（いふ）　きう（きふ）　しう（しふ）　ちう（ちふ）　にう（にふ）　ひう（ひふ）　みう（みふ）　りう（りふ）　ぎう（ぎふ）　じう（じふ）　ぢう（ぢふ）　びう（びふ）	ゆう　きゅう　しゅう　ちゅう　にゅう　ひゅう　みゅう　りゅう　ぎゅう　じゅう　じゅう　びゅう

注「〈歴〉いふ（言ふ）→〈現〉いう」などの例外がある。

□⑦ 〈歴〉エ段のかな＋う（ふ）……次の表のようになる。

歴史的かなづかい	現代かなづかい
えう（えふ）　けう（けふ）　せう（せふ）　てう（てふ）　ねう（ねふ）　へう（へふ）　めう（めふ）　れう（れふ）　ゑう（ゑふ）　げう（げふ）　ぜう（ぜふ）　でう（でふ）　べう（べふ）	よう　きょう　しょう　ちょう　にょう　ひょう　みょう　りょう　よう　ぎょう　じょう　じょう　びょう

注「〈歴〉けう（希有）→〈現〉けう」などの例外がある。

一問一答要点チェック

チェックシートで答えをかくし、全問正解まで練習しよう。

❶ 歴史的かなづかい

次の語を現代かなづかいに直せ。

□① まゐる（参る）　まいる
□② こゑ（声）　こえ
□③ をとこ（男）　おとこ
□④ もみぢ（紅葉）　もみじ
□⑤ そうづ（僧都）　そうず
□⑥ くわかく（過客）　かかく
□⑦ あはれ　あわれ

□⑧ はべり（侍り）　はべり
□⑨ ゆふがほ（夕顔）　ゆうがお
□⑩ かうし（格子）　こうし
□⑪ あふぎ（扇）　おうぎ
□⑫ じやうしや（盛者）　じょうしゃ
□⑬ にふだう（入道）　にゅうどう
□⑭ てうど（調度）　ちょうど
□⑮ けふ（今日）　きょう
□⑯ まんえふしふ（万葉集）　まんようしゅう

162

15 古典 歴史的かなづかい

入試アドバイス　歴史的かなづかいの特徴をおさえ、現代かなづかいへの書きかえができるようにしよう。

最重要点チェック

覚えたらチェックシートで赤文字をかくし、重要点をチェックしよう。

❶ 歴史的かなづかい

古文に用いられる歴史的かなづかいには、今の現代かなづかいと異なるものがある。次の〈歴〉は歴史的かなづかい、〈現〉はそれを現代かなづかいに直したものであることを示す。

□ ① 〈歴〉ゐ・ゑ・を→〈現〉い・え・お ↑よく出る
　例　ゐなか(田舎)→いなか　ゑまき(絵巻)→えまき
　　　をとめ(乙女)→おとめ
　注　助詞の「を」は現代かなづかいでも「を」と書く。

□ ② 〈歴〉ぢ・づ→〈現〉じ・ず ↑よく出る
　例　はぢ(恥)→はじ　よろづ→よろず
　注　二語が合わさってできる濁音「ぢ・づ」や、「ちぢ・つづ」と連続するときは、現代かなづかいでも「ぢ・づ」や、「ちぢ・つづ」と書く。
　　　はなぢ(鼻+血)　きづく(気+付く)
　　　ちぢむ(縮む)　つづく(続く)

□ ③ 〈歴〉くわ・ぐわ→〈現〉か・が
　例　くわじ(火事)→かじ　ぐわん(願)→がん

□ ④ 語頭(語の最初の文字)以外で
　〈歴〉は・ひ・ふ・へ・ほ→〈現〉わ・い・う・え・お ↑よく出る
　例　かは(川)→かわ　うぐひす→うぐいす
　　　わらふ(笑ふ)→わらう　いへ(家)→いえ
　　　とほく(遠く)→とおく
　注　助詞の「は・へ」や語頭の「は・ひ・ふ・へ・ほ」は現代かなづかいでも「は・へ」や語頭の「は・ひ・ふ・へ・ほ」と書く。
　　　また、「〈歴〉はなはだし・あふひ(葵)→〈現〉はなはだし・あおい」などの例外がある。

□ ⑤ 〈歴〉ア段の仮名＋う(ふ)……次の表のようになる。

歴史的かなづかい	現代かなづかい
あう (かう さう たう なう はう まう やう らう わう)	おう (こう そう とう のう ほう もう よう ろう おう)
-やう（「きやう」「きゃう」など）	-よう（「きょう」など）
がう (ざう だう ばう)	ごう (ぞう どう ぼう)
ぐわう	ごう

　注　「〈歴〉あふ(会ふ)→〈現〉あう」などの例外がある。

一問一答要点チェック

チェックシートで答えをかくし、全問正解まで練習しよう。

十七音から成る。それより音数が多ければ**字余り**、少なければ**字足らず**という。

② **切れ字**……句中や句末にあって意味の切れめを示す語。「や・かな・けり」などがある。

> 例 万緑の中や吾子の歯生え初むる
> （第二句の途中にある=**句割れ**）
> 🔶よく出る

③ **季語(季題)**……**季節**を示す語句。句の中に一つ詠み込まれる。おもに次のものがある(新年も季節の一つとなる)。
> 🔶よく出る

新年
かるた　元日　正月　初春　初日　羽子　餅　若菜

春	夏	秋	冬
うぐいす　梅　おぼろ月　蛙　かすみ　卒業　蝶　椿　つばめ　菜の花　花見　藤　若草　わらび	青蛙　青葉　甲虫　雷　梅雨　蚊帳　ころもがえ　蛍　時鳥　新緑　蟬　田植え　万緑　夕立　五月雨	秋深し　朝顔　天の川　啄木鳥　栗　こおろぎ　月　露　とんぼ　野分　萩　秋刀魚　すすき　稲刈　芋　鰯雲　紅葉　夜寒　夜長　柿　菊　鈴虫　七夕　こがらし	息白し　落ち葉　枯れ野　枯れ葉　小春　時雨　霜　師走　咳　大根　氷　みぞれ　雪

---

❶ 短歌

■ 次の短歌を読んで、あとの問いに答えよ。

① 葛の花踏みしだかれて色あたらしこの山道を行きし人あり
② 海恋し潮の遠鳴りかぞへてはをとめとなりし父母の家
③ トホ

□ 問一 各短歌の句切れを答えよ。
□ 問二 ①は字余りの短歌である。第何句が字余りになるか。
□ 問三 ②で作者の気持ちが最も強く表れている句を抜き出せ。

答
問一 ① 三句切れ　② 初句切れ　問二 第三句　問三 海恋し

---

❷ 俳句

■ 次の俳句を読んで、あとの問いに答えよ。

① 青蛙おのれもペンキ塗り立てか
② 校塔に鳩多き日や卒業す
③ 遠山に日の当たりたる枯野かな
④ 赤とんぼ筑波に雲もなかりけり

□ 問一 各俳句の季語とその季節を答えよ。
□ 問二 ②・③・④から切れ字を抜き出せ。

答
問一 ① 青蛙・夏　② 卒業・春　③ 枯野・冬　④ 赤とんぼ・秋
問二 ② や　③ かな　④ けり

164

14 [詩歌] 短歌・俳句

最重要点チェック
覚えたらチェックシートで赤文字をかくし、重要点をチェックしよう。

❶ 短歌

□ ① 形式……初句（五音）・第二句（七音）・第三句（五音）・第四句（七音）・結句（七音）の五句、三十一音から成る。それより音数が多ければ字余り、少なければ字足らずという。

□ ② 句切れ……そこで意味がいったん切れる句。　→よく出る

▼ 初句切れ
　例　秋近し／電燈の球のぬくもりのさはれば指の皮膚に親しき

▼ 二句切れ
　例　白鳥はかなしからずや／空の青海のあをにも染まずただよふ

▼ 三句切れ
　例　病のごと思郷のこころ湧く日なり／目をあをらの煙かなしも

▼ 四句切れ
　例　金色のちひさき鳥のかたちして銀杏ちるなり／夕日の岡に

▼ 句切れなし
　例　ゆく秋の大和の国の薬師寺の塔の上なる一ひらの雲

□ ③ 調子……句切れによってリズムが生じる。
▼ 五七調＝二句切れ・四句切れ・句切れなしの歌の調子。
▼ 七五調＝初句切れ・三句切れの歌の調子。

□ ④ 表現技法……いろいろあるが、とくに次のものがある（〈 〉内は受ける語）。

▼ 倒置（法）＝語順を普通と逆にする。
　例　金色のちひさき鳥のかたちして銀杏ちるなり夕日の岡に

▼ 体言止め＝結句の最後を体言（名詞）で止める。
　例　自転車のカゴからわんとはみ出してなにか嬉しいセロリの葉っぱ　→よく出る

▼ 枕詞＝ある特定の語に係る五音の修飾語。おもに次のものに注意する。

あかねさす〈日・紫〉	あしひきの〈山〉
あづさゆみ〈張る・春・引く〉	からころも〈着る〉
しろたへの〈衣・雲・雪〉	草枕〈旅〉
たらちねの〈母〉	ちはやぶる〈神〉
ひさかたの〈光・天・空・月・雲〉	

❷ 俳句

□ ① 形式……初句（五音）・第二句（七音）・結句（五音）の三句、

例　のど赤き玄鳥ふたつ屋梁にゐてたらちねの母は死にたまふなり

[国語]

入試アドバイス
鑑賞文がよく出題されるので、作者の感動の中心を読みとろう。練習しておこう。

一問一答要点チェック

チェックシートで答えをかくし、全問正解まで練習しよう。

② **倒置(法)**……語順を普通と逆にする。↻よく出る
例 彼は知っていた 小さい額が狙われているのを

③ **省略(法)**……文を組み立てる一部の語句を省く。おもに述語が省略される。
例 漁夫は海を愛している
　いまもこの生きている海を（愛している）

④ **対句(法)**……形式・用語・意味・音調などが対をなす二つの句を並べる。↻よく出る

⑤ **反復(法)**……同じ語句、あるいは多少変化させた言い方をくり返す。↻よく出る
例 しんしんとゆきふりつもる
　しんしんとゆきふりつもる
　つもる　つもる

⑥ **体言止め**……文末を体言(名詞)で止める。↻よく出る
例 いろつきの　収穫の夢

① 詩

□ 次の詩を読んで、あとの問いに答えよ。

　銀杏(イチョウ)

〔①〕の朝の辻(つじ)に
並び立つ四本の銀杏
ゆきすぎてまたふりかへる
青空の日光(ひかげ)はうすし
ああ〔②〕もさびしきときは
翻(かく)りてうたひたまふか
〔①〕の朝の空に
かがやけき金の四行詩

注 翻=羽または羽の茎。ここでは銀杏の葉のこと。

問一 次の文はこの詩についての説明である。〈　〉の中から適当なものをそれぞれ選べ。
　この詩はA〈ア　七五調　イ　五七調〉です。このような詩をB〈ア　自由詩　イ　定型詩〉といいます。

問二 詩中の〔　〕に入る語を次の中からそれぞれ選べ。
① ア　三月　イ　六月　ウ　十月
② ア　我　イ　神　ウ　鳥

問三 ──線部に用いられている表現技法を次の中から選べ。
ア　直喩　イ　反復　ウ　対句　エ　隠喩

答
問一　A イ　B イ
問二　① ウ　② イ
問三　エ

〈ヒント〉問二 ②「うたひたまふか」の「たまふ」は尊敬語である。問三　四本の銀杏のことを「金の四行詩」といっている。

13 詩歌 詩の種類・表現技法

入試アドバイス　言葉にこめられた意味を考えて、作者の感動の中心を読みとろう。詩の情景を想像し、

最重要点チェック

覚えたらチェックシートで赤文字をかくし、重要点をチェックしよう。

❶ 詩の種類

☐ **用語上の種類** ↪よく出る

口語詩	現代の話し言葉（口語）で書かれた詩。
文語詩	明治時代までの書き言葉（文語）で書かれた詩。

☐ ② **形式上の種類** ↪よく出る

自由詩	音数・句数やその並び方などに一定の決まりがない詩。
定型詩	音数・句数やその並び方などに一定の決まりがある詩。

☐ ③ **内容上の種類**

叙情詩	喜びや悲しみなどの心情を中心にうたった詩。
叙事詩	歴史上のできごと・人物や、物語をうたった詩。
叙景詩	自然の景色を描写した詩。

例

千曲川旅情の歌　　島崎藤村

小諸なる古城のほとり
雲白く遊子悲しむ

この詩は各行とも「五音＋七音」の形をとり、「小諸なる・よしなし・流る」といった文語が用いられているので、**文語定型詩**である。また内容的には旅中の悲しみをうたった**叙情詩**といえる。

緑なす はこべは萌えず
若草も 藉くによしなし
しろがねの 衾の岡辺
日に溶けて 淡雪流る
　　　　…

❷ 詩の表現技法

☐ ① **比喩**（たとえ） ↪よく出る

▼ **直喩**＝「**（の）ようだ・みたいだ・まるで**」などの語を用いてたとえる。

例　蟻が蝶の羽を引いていく
　　ああ　ヨットのようだ

▼ **隠喩**＝「**（の）ようだ**」などの語を用いずにたとえる。

例　それは火で刻印された二十世紀の神話だ

▼ **擬人法**＝**生物でないもの**を**生物**に、とくに人間でないものを人間にたとえる表現。**活喩**ともいう。

例　あらゆる山が　足ぶみして舞う

□ ④ 文章をとおして展開される筆者の考えや結論から、筆者が述べようとすることの中心をとらえる。

③ 選択式の設問への答え方 **よく出る**

① いくつかの選択肢の中から正しいものを選ぶ場合、おかしな記述を含む選択肢をどんどん消去していく。そして残ったものが答えになる。
次のような選択肢が消去の対象になる。
× **本文と明らかに矛盾するもの。**
× ほんの一部であっても、**本文の内容に矛盾する記述を含むもの。**
× **本文に書かれていないことまで記述したもの。**

④ 解釈・記述式の設問への答え方

① 字数制限のある記述式設問の場合、制限字数の九割以上は書くようにする。ただし、字数オーバーは絶対に許されない。
② 「文中からそのまま抜き出せ」の問いには、文字どおりそっくりそのまま抜き出して答える。
また、「文中の言葉を用いて答えよ」の問いには、本文に出てくる適当な言葉をおりまぜながら、**自分で文を作って答える。**

□ ③ 設問の要求に合った内容を、過不足なく適切に答えなければならない。例えば、次のように答え方にも注意する。

問い	答え方
……なぜか。（理由を問う）	〜（である）から。
……どういうことか。	〜（ということ）。

□ ④ 語句や文章の一部の意味を答える場合、辞書的な意味を示すだけでなく、本文の前後の内容を考え合わせて、**本文中での意味を答える。** 難しそうな語句は、同じ内容を本文の別のところでやさしく言いかえていないか、さがしてみる。見つかったら、それを設問の要求に合うように整えて答える。

⑤ 整序式の設問への答え方

① 接続語が文頭にある場合、その種類（順接・逆接・補足など）を考えて、その前にくるべき内容をさがす。
② 指示語がある場合、その前にくるべき指示内容をさがす。指示内容を含む部分が、指示語を含む部分よりも前にくるようにするとよい。
③ 結びつくものどうしを順次つなげていき、**全体の流れを考えて前後関係を調整する。**

12 [読解] 現代の散文

最重要点チェック

覚えたらチェックシートで赤文字をかくし、重要点をチェックしよう。

❶ 文学的文章(小説・随筆など)の読み取り

☐ ① **5W1H**に注意して、場面を構成する要素をとらえる。 ⇨よく出る

5W1H	
いつ	(When)
どこで	(Where)
だれが	(Who)
なにを	(What)
なぜ	(Why)
どのように	(How)

☐ ② **人物**をとらえる。 ⇨よく出る
▼生い立ち・年齢・職業・生活環境・対人関係・事件とのかかわりなど、**人物のおかれる状況**をとらえる。

❗ **人物の心情**をとらえる。 とくに次の点に注意するとよい。

- **心情を表す語句**(「喜び・怒り〜気持ち」など)
- **思い・考えを述べる表現**(「思う・感じる・考える」など)
- **行動・態度の描写 発言の内容 言葉づかい**
- **情景**(「明るい情景＝明るい心情」など)

☐ ③ **場面の展開**をとらえる。 とくに次の点に注意するとよい。 ⇨よく出る

- **時・場面の移り変わり 事件の進展 人物の変化**

☐ ④ **考えの中心**をとらえる。
事件への対し方や物事のとらえ方などから、**作者の思い・考えの中心**をとらえる。 ⇨よく出る

---

❷ 論理的文章(説明・論説・評論など)の読み取り

☐ ① **小段落(形式段落)ごとの内容**を丁寧に読みとる。
▼**事実を述べる部分**と**筆者の意見を述べる部分**とを区別する。

事実	具体例 身近な見聞 経験 調べたこと
意見	提案 希望 判断 推測 考察

❗ ② **各小段落の中心的な内容**をとらえる。
▼内容のつながりが強い小段落を**大段落(意味段落)**にまとめる。 とくに次のところは大段落の切れめになりやすい。 ⇨よく出る

段落の切れめ	段落の出だしの言葉
話題が変わる	**一方 さて では ところで 次に**
内容が対立する	**けれども しかし だが ところが**

☐ ③ **各段落の役割**や**段落どうしの関係**を考えて、**文章の構成**をとらえる。 文章構成は次のようになることが多い。

初め	前置き	話題の提示 問題の提示
中	説明(具体的な例・理由・補足など)	筆者の考えの展開
終わり	まとめ	結論

入試アドバイス

目のつけどころをおさえて要領よく読みとろう。
設問形式別の答え方をしっかり心得ておこう。

国語

《室町時代》
- ⑱ 風姿花伝 … 世阿弥。能楽論。

《江戸時代》
- ⑲ 奥の細道 … 松尾芭蕉。俳諧紀行。冒頭は「月日は百代の過客にして、行きかふ年もまた旅人なり」。【よく出る】
- ⑳ 国性爺合戦 … 近松門左衛門。浄瑠璃。
- ㉑ 世間胸算用 … 井原西鶴。浮世草子。
- ㉒ おらが春 … 小林一茶。俳諧俳文集。

② 近代

上から作者、作品などの順に示す。

- ① 二葉亭四迷 … 言文一致体を創始。小説『浮雲』。
- ② 樋口一葉 … 女性職業作家。小説『たけくらべ』。
- ③ 正岡子規 … 俳句・短歌の革新。写実・写生を主張。
- ④ 与謝野晶子 … 歌集『みだれ髪』。
- ⑤ 島崎藤村 … 自然主義の代表的作家。小説『破戒』『夜明け前』。浪漫的詩集『若菜集』。
- ⑥ 夏目漱石 … 余裕派。小説『吾輩は猫である』『坊っちゃん』『こゝろ』。【よく出る】
- ⑦ 森鷗外 … 夏目漱石とともに反自然主義の代表。小説『舞姫』『山椒大夫』。【よく出る】
- ⑧ 石川啄木 … 歌集『一握の砂』『悲しき玩具』。
- ⑨ 斎藤茂吉 … 歌集『赤光』。
- ⑩ 高村光太郎 … 詩集『道程』『智恵子抄』。
- ⑪ 芥川龍之介 … 『今昔物語集』『宇治拾遺物語』といった説話に取材した小説『羅生門』『鼻』。【よく出る】
- ⑫ 志賀直哉 … 白樺派の代表的作家。小説『暗夜行路』『城の崎にて』。
- ⑬ 川端康成 … 日本的な美の世界を追求。小説『山椒魚』『黒い雨』。
- ⑭ 井伏鱒二 … 小説『山椒魚』『黒い雨』。
- ⑮ 小林多喜二 … プロレタリア文学の作家。小説『蟹工船』。
- ⑯ 太宰治 … 新戯作派の作家。小説『人間失格』『斜陽』『走れメロス』。【よく出る】
- ⑰ 三島由紀夫 … 小説『金閣寺』。
- ⑱ 谷崎潤一郎 … 小説『春琴抄』『細雪』。
- ⑲ 木下順二 … 戯曲『夕鶴』。
- ⑳ 大江健三郎 … 一九九四年度ノーベル文学賞受賞。小説『飼育』『個人的な体験』『同時代ゲーム』『新しい人よ眼ざめよ』。

11 文学史

古典・近代の文学作品

最重要点チェック

覚えたらチェックシートで赤文字をかくし、重要点をチェックしよう。

① 古典

時代ごとに、上から作品、編者または作者、特徴などの順に示す。

《奈良時代》

	作品	作者・編者	特徴
①	古事記	太安万侶	体系化された神話や伝承。
②	日本書紀	舎人親王ら	歴史書。
③	風土記	不明	地誌。
④	万葉集	大伴家持か？	現存する日本最古の歌集。代表歌人は額田王・柿本人麻呂・山部赤人・山上憶良・大伴家持。→よく出る

《平安時代》

	作品	作者	特徴
⑤	竹取物語	不明	現存する日本最古の物語。→よく出る
⑥	伊勢物語	不明	歌物語。代表歌人は在原業平・小野小町・紀貫之。→よく出る
⑦	古今和歌集	紀貫之・紀友則ら	最初の勅撰和歌集。→よく出る
⑧	土佐日記	紀貫之	最初のかな書き日記。→よく出る

	作品	作者	特徴
⑨	枕草子	清少納言	随筆。対象を「をかし」ととらえる理知。→よく出る
⑩	源氏物語	紫式部	物語。主人公は光源氏。「あはれ」と表現される情趣・感動。
⑪	今昔物語集	不明	説話。書き出しは「今は昔」。
⑫	大鏡	不明	歴史物語。藤原道長の栄華が中心。→よく出る

《鎌倉時代》

	作品	作者	特徴
⑬	新古今和歌集	藤原定家ら	勅撰和歌集。代表歌人は西行・藤原定家・後鳥羽院。
⑭	方丈記	鴨長明	随筆。冒頭は「行く河の流れは絶えずして」。→よく出る
⑮	宇治拾遺物語	不明	説話。→よく出る
⑯	平家物語	不明	軍記物語。平家一門の栄華と滅亡。→よく出る
⑰	徒然草	兼好	随筆。冒頭は「つれづれなるままに日暮らし、硯に向かひて」。→よく出る

入試アドバイス

古典文学史は時代・作品・作者・ジャンル、近代文学史は作家と代表作に注意しよう。

国語

❗□ない

① 形容詞……「存在しない」の意味を表す。 例 川がない。

② 形容詞の一部 例 危ない おさない 少ない せつない

③ 補助形容詞……打ち消しを表すが、「ぬ」に言いかえられない。 例 寒く(は)ない。 書いてない。

④ 打ち消しの助動詞……「ぬ」に言いかえられる。 例 書かない。(→書かぬ。)

□らしい

① 形容詞を作る接尾語 例 いかにも～にふさわしい・～じみている」の意味を表す。 例 君の態度は男らしい。

② 推定の助動詞……直前に「である」を補える。 例 あそこにいるのは男らしい。(→男であるらしい。)

❗□で

① 形容動詞の一部……前に「とても」を補える。あとに名詞を続けられる。「な」に言いかえて、あとに名詞を続けられる。 例 静かである。(→とても静かな森。)

② 断定の助動詞……「で」を「だ」に言いかえられる。 例 これは花で、あれは木だ。(→これは花だ。あれは木だ。)

③ 助動詞「ようだ・そうだ」の一部……直前に「よう・そう」がある。 例 雨が降るようである。彼も来るそうである。

④ 格助詞……場所・時間・手段・材料・理由などを示す。 例 外で遊ぶ。 五分で行く。 毛糸で作る。 病気で休む。

⑤ 接続助詞「て」の濁ったもの……動詞「―い・―ん」のあとに付く。 例 急いで行く。 読んでみる。

❗□だ

① 断定の助動詞……名詞や一部の助詞のあとに付く。 例 あれは山だ。 行くのは私だけだ。 この本は君のだ。

② 過去・完了・存続の助動詞「た」の濁ったもの……動詞「―い・―ん」のあとに付く。 例 急いだ。 読んだ。

③ 助動詞「ようだ・そうだ」の一部……直前に「よう・そう」がある。 例 雨が降るようだ。 彼も来るそうだ。

□に

① 形容動詞の一部……前に「とても」を補える。あとに名詞を続けられる。「な」に言いかえて、あとに名詞を続けられる。 例 静かになる。(→とても静かな森。)

② 副詞の一部 例 しだいに すでに ついに

③ 助動詞「ようだ・そうだ」の一部……直前に「よう・そう」がある。 例 鳥のように歌う。 楽しそうに笑う。

④ 格助詞……場所・時間・目的・帰着点・結果などを示す。 例 家にいる。 三時に会う。 見学に行く。 東京に着く。

□な

① 形容動詞の一部……前に「とても」を補える。あとに名詞を続けられる。「だ」に言いかえられる。 例 便利なのでよい。(→とても便利なのでよい。→便利だ。)

② 連体詞の一部 例 おかしな 大きな 小さな

③ 断定の助動詞……あとに「の・ので・のに」が付く。 例 雨なので延期する。

④ 助動詞「ようだ・そうだ」の一部……直前に「よう・そう」がある。 例 星のような輝き。 雨が降りそうな空模様。

10 文の組み立て・品詞の識別

【文法】

最重要点チェック
覚えたらチェックシートで赤文字をかくし、重要点をチェックしよう。

入試アドバイス
● 文節の区分と、文節の働きに注意しよう。
●● 品詞の識別はコツをつかんで丁寧にしよう。

❶ 文の組み立て

□① **単語**……言葉の最も小さい単位。次の二種類がある。

▼**自立語**=それだけで意味がわかる単語。 **動詞・形容詞・形容動詞・名詞・副詞・連体詞・接続詞・感動詞**。

▼**付属語**=常に自立語のあとに付いて意味を添える単語。 **助動詞・助詞**。

□② **文節**……意味がわかる範囲での最も小さいまとまり。文中に自立語が現れるところで区切ったもの。 ▲よく出る

　自立語→一文節中に必ず一つだけで、**文節内の初めにある**。
　付属語→一文節中にいくつあってもなくてもよい。

例）
| 文節 | 文節 | 文節 | 文節 |
雨　が　／　強く　／　降って　／　いる　ようだ。
自　付　　　自　　　自　付　　　自　付　助動詞

❷ 品詞の識別

| 語 | 識別 |

⚠️□ ある
①**動詞**……「**存在する**」の意味を表す。 例）川がある。
②**補助動詞**……「**て(で)**」のあとに続く。 例）置いてある。
③**連体詞**……はっきりさせずに言う。 例）ある人に聞く。

□③ **主語**……「**何が**」を示す文節。 ▲よく出る

□④ **述語**……「**どうする・どんなだ・何だ**」などを示す文節。 ▲よく出る

□⑤ **修飾語**……他の文節にかかって「**いつ・どこで・何を・どのように・どのような・どんなに・何の**」などを示す文節。 ▲よく出る

▼**連用修飾語**=用言（動詞・形容詞・形容動詞）にかかる。
▼**連体修飾語**=体言（名詞）にかかる。

□⑥ **接続語**……条件や理由を示して前後の文や文節をつなぐ。

□⑦ **独立語**……他の文節と直接の関係をもたず、感動・呼びかけ・提示などを示す。
例）ああ、春が　来た。そして、花が　きれいに　咲いた。
　　独立語　主語　述語　接続語　主語　修飾語　述語

| 語 | 識別 |

①**形容動詞の一部**……前に「**とても**」を補える。「**な**」に言いかえて、あとに**名詞**を続けられる。
例）静かだ。（→とても静かだ。→静かな森。）

173

▼結果を示す＝「に」に言いかえられる
　例　氷が水となる。（→氷が水になる。）

▼引用を示す＝「と」の前に引用される内容がくる。
　例　「おはよう。」と言った。すばらしいことだと思う。

▼並立を示す
　例　みかんとりんごとを買う。

▼比較の基準を示す
　例　私の考えは、君の意見と異なる。

▼仮定の順接を示す
　例　雨が降ると中止だ。
　　　（「もし雨が降ったら中止だ」の意）

▼確定の順接を示す
　例　外に出ると寒かった。
　　　（「実際に外に出てみると寒かった」の意）
　　　春になると桜が咲く。
　　　（「春になるとそのときに桜が咲く」の意）

▼仮定の逆接を示す
　例　雨が降ろうと試合は決行する。
　　　（「もし雨が降っても試合は決行する」の意）

□⑤ながら……接続助詞

▼同時を示す
　例　食事をしながら話し合う。

▼確定の逆接を示す＝「のに」に言いかえられる
　例　幼いながらよく手伝う。（→幼いのによく手伝う。）

──────────────

□⑥さえ……副助詞

▼限定を示す＝「さえ〜ば」の形をとる ↓よく出る
　例　水さえあればよい。

▼添加を示す＝「そのうえ」を補える
　例　雨が降り、そのうえ風さえ吹いてきた。
　　　（→雨が降り、そのうえ風さえ吹いてきた。）

▼ある事柄をあげて、他を言外に示す
　例　小学生でさえ理解できる。
　　　（「まして中学生ならば理解できるはずだ」の意味を言外に示す）

□⑦ばかり……副助詞

▼限定を示す＝「だけ」に言いかえられる
　例　好きな物ばかり食べる。（→好きな物だけ食べる。）

▼だいたいの程度を示す＝「ほど」に言いかえられる
　例　一週間ばかり旅行する。（→一週間ほど旅行する。）

▼今にもしようとすることを示す＝「今にも」を補える
　例　泣かんばかりだ。（→今にも泣かんばかりだ。）

▼完了して間もないことを示す＝「たった今」を補える
　例　到着したばかりだ。（→たった今到着したばかりだ。）

9 文法　助詞

最重要点チェック

覚えたらチェックシートで赤文字をかくし、重要点をチェックしよう。

❶ 助詞

□ ① 助詞とは……付属語で活用がなく、語のあとに付き、語と語の関係を示したり、いろいろな意味を添えたりする単語。

格助詞	接続助詞	副助詞	終助詞
が から で と に の へ や より を	か きり(ぎり) くらい(ぐらい) こそ さえ しか だけ でも など なり は ばかり ほど まで も やら わ	て(で) ても(でも) したり(だり) ながら ので のに ば ものの	か さ ぞ とも な なあ ね の や よ わ

□ ② の……格助詞　⬆よく出る

▼ 連体修飾語を示す
例 これはあなたの本だ。
▼ 主語を示す＝「が」に言いかえられる
例 今日のできごとを話す。
例 君の言うとおりだ。(→君が言うとおりだ。)
▼ 体言(名詞)と同じ資格にする＝「(の)もの・こと」や適当

【入試アドバイス】
助詞の種類や意味をすべて暗記する必要はない。ここにあげた助詞の用法を重点的におさえよう。

な名詞に言いかえられる
例 泳ぐのが好きだ。(→泳ぐことが好きだ。)
この本は君のだ。(→この本は君の本〈のもの〉だ。)

□ ③ が……格助詞・接続助詞　⬆よく出る

▼ 主語を示す
例 花が咲く。
▼ 対象を示す＝「を」に言いかえられる
例 水が飲みたい。(→水を飲みたい。)
▼ 確定の逆接を示す＝「けれども」に言いかえられる
例 古いが使いやすい。(→古いけれども使いやすい。)
▼ 並立を示す＝「し」に言いかえられる
例 字もうまいが、絵もうまい。(→字もうまいし、……)
▼ 単純な接続(前置きなど)を示す
例 このみかんを買いたいのだが、値段はいくらですか。

□ ④ と……格助詞・接続助詞

▼ 共同の相手を示す＝「とともに」に言いかえられる　⬆よく出る
例 父と空港へ行く。(→父とともに空港へ行く。)
▼ 対象を示す＝「に」に言いかえられる
例 道で友人と出会った。(→道で友人に出会った。)

175

▼ 例 ① 推定（不確実な断定）＝〜と思われる
例 だれかが泣いているようだ（ようです）。

▼ 例 ② そうだ・そうです　↩よく出る
様態＝〜という様子だ
例 この雲行きだと明日は雨になりそうだ（そうです）。
伝聞＝〜と伝え聞いている
例 天気予報によると明日は雨になるそうだ（そうです）。

▼ 例 ③ う・よう
推量＝〜と思われる
例 さぞ美しかろう。　明日は晴れよう。
話し手の意志＝〜するつもりだ
例 今年こそたくさん本を読もう。　私はもう寝よう。
勧誘＝〜しないか
例 いっしょに行きましょう。　映画を見ようよ。

▼ 例 ④ た（だ）　↩よく出る
過去＝以前に〜した　例 昨日雨が降った。
完了＝〜したところだ・〜し終えた　例 桜が開花した。
存続＝〜してある・〜している
例 壁にかかった絵を見る。
想起＝〜だった　例 雨が降りだした。

▼ 例 ⑤ まい
打ち消し推量＝〜しないだろう
例 明日は雨が降るまい。
打ち消し意志＝〜しないつもりだ
例 けっして失敗を繰り返すまい。

▼ 例 ⑥ せる・させる　↩よく出る
使役＝他に〜させる
例 子供に本を読ませる。　危ない遊びをやめさせる。

▼ 例 ⑦ だ
断定＝〜である　例 あれは学校だ。　もうすぐ夏だ。

▼ 例 ⑧ ない・ぬ
打ち消し　例 家に帰らない。　決して許さぬ。

▼ 例 ⑨ らしい
推定＝〜と思われる　例 彼も参加するらしい。

▼ 例 ⑩ たい
希望＝〜することを望む
例 スポーツ選手になりたい。

▼ 例 ⑪ ます
丁寧（普通の言い方に丁寧さを添える）
例 山が見えます。（「山が見える」を丁寧にした言い方）

▼ 例 ⑫ です
丁寧な断定（普通の断定「〜だ」に丁寧さを添える）
例 あれは学校です。　もうすぐ夏です。

8 文法 副詞・助動詞

最重要点チェック

覚えたらチェックシートで赤文字をかくし、重要点をチェックしよう。

❶ 副詞

① 副詞とは……自立語で活用がなく、主として用言の文節を修飾する単語。

例 ザーザーと降る。（動詞を修飾）
　　たいへん美しい。（形容詞を修飾）
　　もっとゆっくり考えなさい。（副詞を修飾）
　　とても昔の話だ。（名詞を修飾）

② 呼応の副詞……副詞を受ける部分が、ある決まった言い方になる。 ▲よく出る

呼応の副詞	受ける言い方	
どうして　なぜ	か	疑問
おそらく　たぶん	（だろ）う	推量
少しも　決して	ない	打ち消し
まさか　よもや	ないだろう　まい	打ち消し推量
ちょうど　まるで	みたいだ　ようだ	たとえ
たとえ　もし	ても　たら	仮定
ぜひ　どうか	たい　ほしい　ください	希望

例 どうしていくのか。 おそらく晴れるだろう。

入試アドバイス

呼応の副詞とそれを受ける言い方に注意しよう。
助動詞の意味用法に注意しよう。

少しも咲かない。　まさか来ないだろう。
ちょうど魚みたいな雲だ。　たとえ雪が降っても行く。
ぜひ会いたい。

❷ 助動詞

① 助動詞とは……付属語で活用があり、語のあとに付いていろいろな意味を添える単語。

② れる・られる ▲よく出る

▼受け身＝他から～される
例 友人に名前を呼ばれる。　犬にほえられる。

▼可能＝～することができる
例 駅まで五分で行かれる。　何でも食べられる。

▼自発＝自然と～する
例 昔がしのばれる。　秋の訪れが感じられる。

▼尊敬＝～なさる
例 先生が話される。　先生が来られる。

③ ようだ・ようです ▲よく出る

▼たとえ（似ている何かにたとえる）＝まるで～みたいだ
例 あの雲は綿菓子のようだ（ようです）。

▼例示（その中の一例を挙げる）＝例を挙げると～

国語

177

□ ⑥ 可能動詞……「〜することができる」という可能の意味を含みもつ動詞。可能動詞は**五段活用**の動詞をもとにして作るが、それ以外の活用の動詞からは作れない。
例 書ける（←書く・五段活用）
　 × 見れる（←見る・上一段活用）
🔁よく出る

□ ⑦ 補助動詞……他の語のあとに付いて、補助的な意味を添える動詞。「て（で）」のあとに続く。
例 （本来の「目で見る」という意味を表す＝**本動詞**）
　 テレビをみる。
　 （「ためしに〜する」という意味を添える＝**補助動詞**）
　 薬を飲んでみる。
　 （本来の「存在する」という意味を表す＝**本動詞**）
　 木の上に鳥がいる。
　 （現在進行中の意味を添える＝**補助動詞**）
　 鳥が鳴いている。
例 ある　いく　いる　おく　くる　しまう　みる　もらう
🔁よく出る

❷ 形容詞・形容動詞

□ ① 形容詞・形容動詞とは……自立語で活用があり、物事の性質・状態を表す単語。言い切りの形が、形容詞は「**〜い**」に、形容動詞は「**〜だ**」「**〜です**」になる。

基本形	語幹	未然形	連用形	終止形	連体形	仮定形
形容詞 大きい	大き	かろ	かっ／く	い	い	けれ
形容動詞 静かだ	静か	だろ	だっ／で／に	だ	な	なら
形容動詞 静かです	静か	でしょ	でし	です	（です）	○

❸ 連体詞

□ ① 連体詞とは……自立語で活用がなく、<ruby>体言<rt>たいげん</rt></ruby>（名詞）だけを修飾する単語。連体詞の数はそれほど多くない。

連体詞の型	おもな連体詞
─の型	この　その　あの　どの
─が型	わが
─た（だ）型	たいした　とんだ
─な型	おかしな　大きな　小さな
─る型	あらゆる　ある　いかなる　いわゆる　<ruby>来<rt>きた</rt></ruby>る

注 他の品詞に、連体詞と形のよく似た語がある。
　こちらの席＝名詞（こちら）＋助詞（の）
　きのう話したこと＝動詞（話す）＋助動詞（た）
　おかしい・大きい・小さい＝形容詞
　近づいて来る人＝動詞

□ ② 活用……命令形はない。

7 動詞・形容詞・形容動詞・連体詞

文法／国語

最重要点チェック

覚えたらチェックシートで赤文字をかくし、重要点をチェックしよう。

① 動詞

□ ① 動詞とは……自立語で活用があり、物事の動作・作用・存在を表す単語。言い切りの形が**ウ段の音**で終わる。

□ ② 活用形……あとに付く語によって識別できる。↑よく出る

活用形	あとに付くおもな語	例
未然形	ない う・よう れる・られる せる・させる	雨が降らない。（未然形）
連用形	ます た(だ) たい て	雨が降ります。（連用形）
終止形	「。」が付いて文を終わる	雨が降る。（終止形）
連体形	体言 ／ の のので のに らしい	雨が降る日。（連体形）
仮定形	ば	雨が降れば延期だ。（仮定形）
命令形	命令の意味で文を終わる	雨よ降れ。（命令形）

□ ③ 活用の種類 ↑よく出る
▼ カ行変格活用＝「来る」一語のみ。
▼ サ行変格活用＝「する」と「～する」の形の複合動詞。

入試アドバイス

▶▶ 基本的な事項を確実におさえよう。
▶▶ 動詞の活用形や活用の種類の見分け方を覚えよう。

次の三つはあとに「ない」を付けて、直前の音で識別する。

▼ **五段活用**
　ア段の音　例 書かない
▼ **上一段活用**
　イ段の音　例 起きない 見ない
▼ **下一段活用**
　エ段の音　例 受けない 寝ない

種類	基本形	語幹	未然形	連用形	終止形	連体形	仮定形	命令形
五段	書く	書	か／こ	き／い	く	く	け	け
上一	起きる	起	き	き	きる	きる	きれ	きろ／きよ
下一	受ける	受	け	け	ける	ける	けれ	けろ／けよ
カ変	来る	○	こ	き	くる	くる	くれ	こい
サ変	する	○	さ／し／せ	し	する	する	すれ	しろ／せよ

□ ④ 他動詞……「〜を」を必要とし、他への働きかけを表す動詞。例 私が妹を起こす。

□ ⑤ 自動詞……「〜を」を必要とせず、他への働きかけを表さない動詞。例 私が起きる。

179

一問一答要点チェック

チェックシートで答えをかくし、全問正解まで練習しよう。

① 三字熟語

■ 次の意味を表す三字熟語を答えよ。

① しっくりしない感じ。
② 喜びで得意になって、我を忘れる様子。
③ 新時代を開くと思われるほどすばらしいこと。
④ 非常にさしせまっていること。
⑤ 気持ちなどが一番高まった状態。
⑥ 価値や能力を見きわめる材料となるもの。
⑦ 多くのものを集めて一つにまとめること。
⑧ 美しいものを見分ける力。
⑨ うまく後始末をするための方法。
⑩ 問題にしないこと。
⑪ 誰もできなかったことを成し遂げること。
⑫ 専門外の人。

---

① 違和感
② 有頂天
③ 画期的
④ 間一髪
⑤ 最高潮
⑥ 試金石
⑦ 集大成
⑧ 審美眼
⑨ 善後策
⑩ 度外視
⑪ 破天荒
⑫ 門外漢

---

② 四字熟語

■ 次の意味を表す四字熟語を答えよ。

① 全員が同じことを言うこと。
② 一度にすべてを捕らえること。
③ たやすく一度に大きな利益を得ること。
④ 一つのことで二つの利益を得ること。
⑤ わずかなあいだ。
⑥ 意味が深くて含みのあること。
⑦ 自分に有利なように取り計らうこと。
⑧ 危険な目にあうせとぎわ。
⑨ あとにも先にもない非常に珍しいこと。
⑩ 手がかりがなく見当のつかないこと。
⑪ もってのほかであること。
⑫ 自分で自分をほめること。
⑬ 自分の行いの報いを受けること。
⑭ 始めから終わりまで一様に貫くこと。
⑮ 物事がうまくはかどること。
⑯ あるきっかけで心が変わること。
⑰ 潔白でやましいところがないこと。
⑱ のっぴきならない状態。
⑲ 大人物はふつうより遅く大成すること。
⑳ 確かな考えなしで他人に同意すること。
㉑ 前置きなしで話の中心にふれること。
㉒ 心をうばわれて我を忘れること。
㉓ 用意がじゅうぶんゆき届いていること。
㉔ その場に応じた適切な方法をとること。

---

① 異口同音
② 一網打尽
③ 一攫千金
④ 一石二鳥
⑤ 一朝一夕
⑥ 意味深長
⑦ 我田引水
⑧ 危機一髪
⑨ 空前絶後
⑩ 五里霧中
⑪ 言語道断
⑫ 自画自賛
⑬ 自業自得
⑭ 首尾一貫
⑮ 順風満帆
⑯ 心機一転
⑰ 青天白日
⑱ 絶体絶命
⑲ 大器晩成
⑳ 単刀直入
㉑ 付和雷同
㉒ 無我夢中
㉓ 用意周到
㉔ 臨機応変

6 漢字 筆順・画数・熟語

国語

最重要点チェック
覚えたらチェックシートで赤文字をかくし、重要点をチェックしよう。

入試アドバイス
- 筆順・画数の誤りやすい漢字に注意しよう。
- 三・四字熟語は同音異字によるミスに注意しよう。

❶ 筆順
次の漢字の筆順は誤りやすいので注意が必要である。

- □ ① 収 … 丨 丩 収 収
- □ ② 可 … 一 丆 可 可
- □ ③ 左 … 一 ナ 左 左 左
- □ ④ 右 … ノ ナ 右 右 右
- □ ⑤ 布 … ノ ナ right 布 布
- □ ⑥ 世 … 一 十 世 世 世
- □ ⑦ 成 … ノ 厂 厅 成 成 成
- □ ⑧ 初 … 丶 衤 ネ 衤 初 初
- □ ⑨ 制 … ノ 生 与 制 制 制
- □ ⑩ 非 …) 刁 扌 非 非 非
- □ ⑪ 発 … ヌ ヌ グ 癶 発 発
- □ ⑫ 飛 … 乁 飞 飞 飛 飛 飛 飛

❷ 画数
次の漢字の画数は誤りやすいので注意が必要である。

- □ ① 乙 … 一画　□ ② 弓 … 三画　□ ③ 己 … 三画
- □ ④ 水 … 四画　□ ⑤ 母 … 五画　□ ⑥ 承 … 八画
- □ ⑦ 級 … 九画　□ ⑧ 阝（こざとへん）… 三画　□ ⑨ 辶（しんにょう）… 三画

❸ 二字熟語の組み立て

- □ ① 似た意味の二字が結び付いたもの
  - 例 永久（永い—久しい）　善良　尊敬
- □ ② 対照的な意味の二字が結び付いたもの
  - 例 遠近（遠い↔近い）　往復　勝敗　進退　損得　道路　豊富
- □ ③ 上の字が主語（～が）に、下の字が述語になるもの
  - 例 国営（国が営む）　地震（地が震える）
- □ ④ 上の字が下の字を修飾するもの
  - 例 厳守（厳しく守る）　低温（低い温度）
- □ ⑤ 上の字が動作を、下の字がその目的（～に・～を）を表すもの
  - 例 着席（席に着く）　読書（書物を読む）
- □ ⑥ 上の「不・非・未・無」などが下の字を打ち消すもの
  - 例 不幸　非常　未熟　無限
- □ ⑦ 下の「然・的・性・化」などが性質・様子を表すもの
  - 例 平然　詩的　酸性　美化

㊺55	不朽	ふきゅう
56	披露	ひろう
57	蛇足	だそく
58	厄介	やっかい
59	折衷	せっちゅう
60	出納	すいとう
61	精進	しょうじん
62	支度	したく
63	遊説	ゆうぜい
64	膨大	ぼうだい
65	光沢	こうたく
66	真偽	しんぎ
67	無為	むい
68	漸次	ぜんじ
69	最期	さいご
70	既知	きち
71	概略	がいりゃく
72	措置	そち
73	交錯	こうさく
74	愛惜	あいせき
75	遂行	すいこう
76	逐次	ちくじ
77	失墜	しっつい

2 対義語

次の語と対（つい）になる意味を表す二字熟語を答えよ。

1	遠心	求心
2	開放	閉鎖（へいさ）
3	拡大	縮小
4	過疎（かそ）	過密
5	寒冷	温暖
6	客観	主観
7	逆境（ぎゃっきょう）	順境
8	虚偽（きょぎ）	真実
9	偶然	必然
10	具体	抽象（ちゅうしょう）
11	形式	内容
12	結果	原因
13	建設	破壊（はかい）
14	減退	増進
15	権利	義務
16	支出	収入
17	需要（じゅよう）	供給
18	進歩	退歩
19	精神	肉体・物質
20	生産	消費
21	絶対	相対
22	総合	分析（ぶんせき）
23	単純	複雑
24	特殊（とくしゅ）	一般・普遍
25	平凡（へいぼん）	非凡
26	楽観（らっかん）	悲観

3 類義語

次の語と同じような意味を表す二字熟語を答えよ。

1	委細	詳細（しょうさい）
2	願望	希望
3	去就（きょしゅう）	進退
4	欠点	短所
5	欠乏（けつぼう）	不足
6	貢献（こうけん）	寄与
7	向上	進歩
8	消息	音信
9	風情（ふぜい）	情趣（じょうしゅ）
10	有名	高名・著名

5 漢字 読み・対義語・類義語

一問一答要点チェック
チェックシートで答えをかくし、全問正解まで練習しよう。

① 二字熟語の読み方
次の語の読み方を答えよ。

①	渋滞	じゅうたい
②	貢献	こうけん
③	企画	きかく
④	添削	てんさく
⑤	普及	ふきゅう
⑥	気配	けはい
⑦	妥協	だきょう
⑧	克服	こくふく
⑨	容赦	ようしゃ
⑩	中枢	ちゅうすう
⑪	奔放	ほんぽう
⑫	猶予	ゆうよ
⑬	怠惰	たいだ
⑭	矛盾	むじゅん
⑮	模索	もさく
⑯	吐露	とろ
⑰	抑圧	よくあつ
⑱	寛容	かんよう
⑲	駆使	くし
⑳	欠如	けつじょ
㉑	拘束	こうそく
㉒	掌握	しょうあく
㉓	穏健	おんけん
㉔	後悔	こうかい
㉕	凝視	ぎょうし
㉖	緩和	かんわ
㉗	岐路	きろ
㉘	維持	いじ
㉙	埋没	まいぼつ
㉚	円滑	えんかつ
㉛	示唆	しさ
㉜	委嘱	いしょく
㉝	頒布	はんぷ
㉞	更迭	こうてつ
㉟	証拠	しょうこ
㊱	頻繁	ひんぱん
㊲	納得	なっとく
㊳	口調	くちょう
㊴	率直	そっちょく
㊵	伐採	ばっさい
㊶	拍子	ひょうし
㊷	柔和	にゅうわ
㊸	静寂	せいじゃく
㊹	体裁	ていさい
㊺	威厳	いげん
㊻	強引	ごういん
㊼	誇張	こちょう
㊽	境内	けいだい
㊾	因縁	いんねん
㊿	獲物	えもの
51	有無	うむ
52	気性	きしょう
53	街道	かいどう
54	便宜	べんぎ

入試アドバイス
何通りかの読み方をもつ漢字に注意しよう。
意味のわからない語は必ず辞書で調べよう。

183

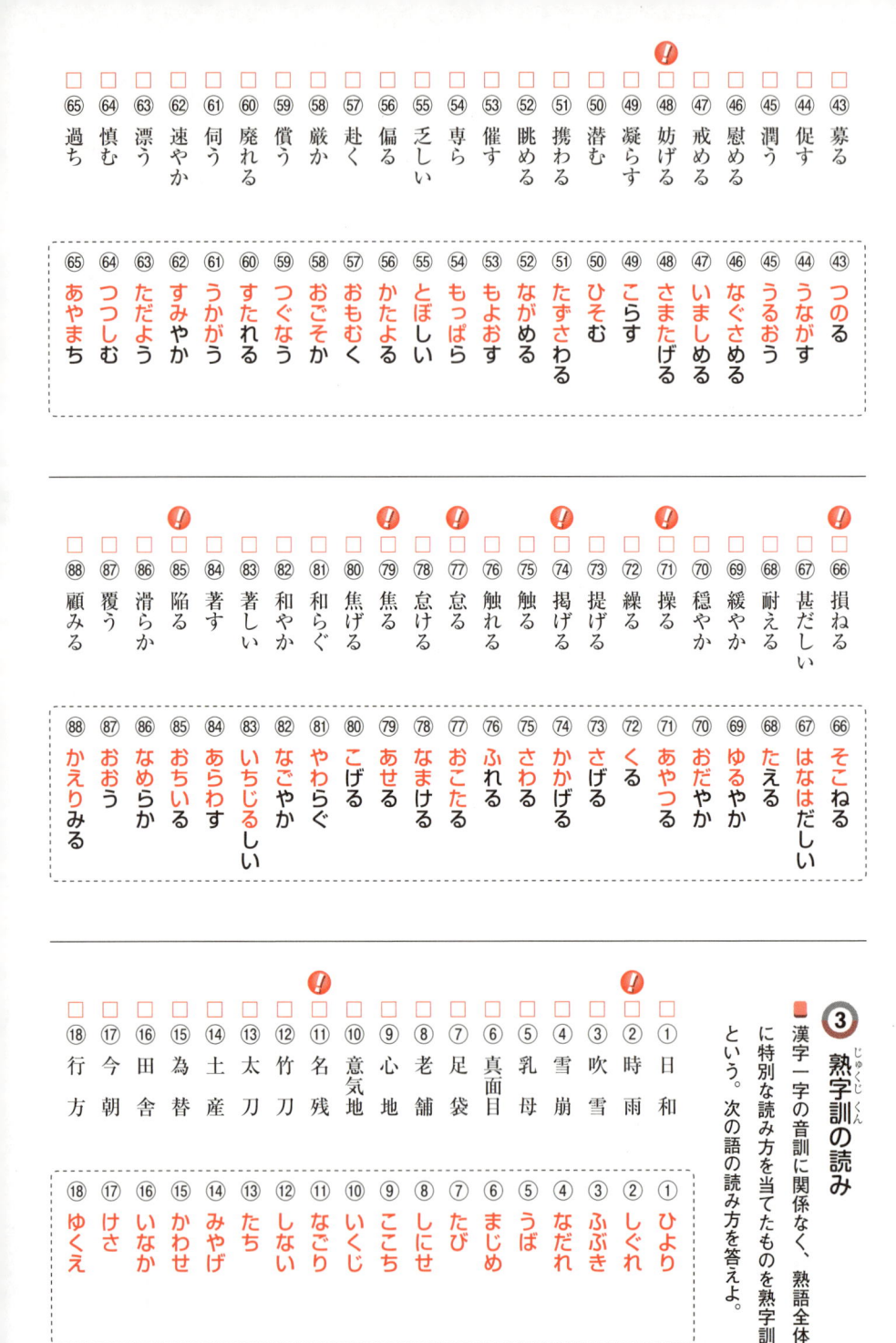

43	募る	つのる
44	促す	うながす
45	潤う	うるおう
46	慰める	なぐさめる
47	戒める	いましめる
48	妨げる	さまたげる
49	凝らす	こらす
50	潜む	ひそむ
51	携わる	たずさわる
52	眺める	ながめる
53	催す	もよおす
54	専ら	もっぱら
55	乏しい	とぼしい
56	偏る	かたよる
57	赴く	おもむく
58	厳か	おごそか
59	償う	つぐなう
60	廃れる	すたれる
61	伺う	うかがう
62	速やか	すみやか
63	漂う	ただよう
64	慎む	つつしむ
65	過ち	あやまち
66	損ねる	そこねる
67	甚だしい	はなはだしい
68	耐える	たえる
69	緩やか	ゆるやか
70	穏やか	おだやか
71	操る	あやつる
72	繰る	くる
73	提げる	さげる
74	掲げる	かかげる
75	触る	さわる
76	触れる	ふれる
77	怠る	おこたる
78	怠ける	なまける
79	焦る	あせる
80	焦げる	こげる
81	和らぐ	やわらぐ
82	和やか	なごやか
83	著しい	いちじるしい
84	著す	あらわす
85	陥る	おちいる
86	滑らか	なめらか
87	覆う	おおう
88	顧みる	かえりみる

③ 熟字訓の読み

■ 漢字一字の音訓に関係なく、熟語全体に特別な読み方を当てたものを熟字訓という。次の語の読み方を答えよ。

1	日和	ひより
2	時雨	しぐれ
3	吹雪	ふぶき
4	雪崩	なだれ
5	乳母	うば
6	真面目	まじめ
7	足袋	たび
8	老舗	しにせ
9	心地	ここち
10	意気地	いくじ
11	名残	なごり
12	竹刀	しない
13	太刀	たち
14	土産	みやげ
15	為替	かわせ
16	田舎	いなか
17	今朝	けさ
18	行方	ゆくえ

4 漢字 読み

一問一答要点チェック

チェックシートで答えをかくし、全問正解まで練習しよう。

❶ 訓読み漢字の読み(1)

■ 次の語の読み方を、かなづかいに注意して答えよ。

① 催す
② 設ける
③ 尊い
④ 滞る
⑤ 被る
⑥ 慎る
⑦ 縮む

① もよお・す
② もうけ・る
③ とうと・い
④ とどこお・る
⑤ こうむ・る
⑥ いきどお・る
⑦ ちぢ・む

❷ 訓読み漢字の読み(2)

■ 次の語の読み方を答えよ。

① 紛れる
② 費やす
③ 隔てる
④ 刻む

① まぎ・れる
② ついや・す
③ へだ・てる
④ きざ・む

---

⑤ 競う
⑥ 薦める
⑦ 支える
⑧ 浸す
⑨ 慌てる
⑩ 伴う
⑪ 営む
⑫ 奮う
⑬ 扱う
⑭ 遂げる
⑮ 巧み
⑯ 快い
⑰ 誘う
⑱ 頼れる
⑲ 崩れる
⑳ 拒む
㉑ 鮮やか
㉒ 弾む
㉓ 仰ぐ

⑤ きそ・う
⑥ すす・める
⑦ ささ・える
⑧ ひた・す
⑨ あわ・てる
⑩ ともな・う
⑪ いとな・む
⑫ ふる・う
⑬ あつか・う
⑭ と・げる
⑮ たく・み
⑯ こころよ・い
⑰ さそ・う
⑱ たの・む
⑲ くず・れる
⑳ こば・む
㉑ あざ・やか
㉒ はず・む
㉓ あお・ぐ

㉔ 秘める
㉕ 悔しい
㉖ 悔しい
㉗ 険しい
㉘ 試みる
㉙ 摘む
㉚ 臨む
㉛ 誇る
㉜ 挑む
㉝ 敬う
㉞ 愚か
㉟ 強いる
㊱ 占める
㊲ 供える
㊳ 研ぐ
㊴ 懐かしい
㊵ 省く
㊶ 志す
㊷ 承る

㉔ ひ・める
㉕ の・がれる
㉖ くや・しい
㉗ けわ・しい
㉘ こころ・みる
㉙ つ・む
㉚ のぞ・む
㉛ ほこ・る
㉜ いど・む
㉝ うやま・う
㉞ おろ・か
㉟ し・いる
㊱ し・める
㊲ そな・える
㊳ と・ぐ
㊴ なつ・かしい
㊵ はぶ・く
㊶ こころざ・す
㊷ うけたまわ・る

入試アドバイス

❷の㉖～㉚は、字の形が似ている似形異字。㉕～㉞は同じ漢字の読み分けに注意しよう。

国語

185

▼コウエン

□㉔うしろから助けること。
□㉕ある題目について人の前で話すこと。
□㉖人前で劇・音楽などをえんじること。

▼コウセイ

□㉗せい活を豊かにすること。
□㉘こう平でただしいこと。
□㉙悪い状態からもとのよい状態に戻ること。

▼シュウシュウ

□㉚混乱した状態をおさめること。
□㉛物をあつめること。

▼シンニュウ

□㉜すすんでいって、はいること。
□㉝他人の領域に強引にはいること。
□㉞水がはいること。

!
▼セイサン

□㉟せい功する見通し。
□㊱細かく正確に計さんすること。
□㊲物事に結末をつけること。

▼セイチョウ

□㊳植物が育つこと。
□㊴人間や動物が育つこと。

㉔後援　㉕講演　㉖公演　㉗厚生　㉘公正　㉙更生　㉚収拾　㉛収集　㉜進入　㉝侵入　㉞浸入　㉟成算　㊱精算　㊲清算　㊳生長　㊴成長

▼ソウゾウ

□㊵新しいものをつくりだすこと。
□㊶心の中で思い浮かべること。

!
▼タイショウ

□㊷たい応していてつり合いを保っていること。
□㊸比べ合わせること。
□㊹目標・相手。

▼フヘン

□㊺かたよらないこと。
□㊻広くゆきわたり、すべてに通用すること。

▼ヘイコウ

□㊼同時におこなうこと。
□㊽二つがどこまでも交わらないこと。
□㊾つり合いがとれていること。

!
▼ホショウ

□㊿誤りや偽り(いつわ)がなく確かだとうけ合うこと。
□(51)害を受けないように守ること。
□(52)損害をつぐなうこと。

▼ムジョウ

□(53)思いやりがないこと。
□(54)はかなく定めのないこと。

㊵創造　㊶想像　㊷対称　㊸対照　㊹対象　㊺不偏　㊻普遍　㊼並行　㊽平行　㊾平衡　㊿保証　(51)保障　(52)補償　(53)無情　(54)無常

3 漢字 書き取り

チェックシートで答えをかくし、全問正解まで練習しよう。

一問一答要点チェック

① 同音異義語の書き取り

次のカタカナを、あとの意味に応じた漢字に直せ。

▼イガイ
- ① 思いのほか。
- ② そのほか。

▼イギ
- ③ 意味。価値。
- ④ ちがった意味。
- ⑤ 他とちがった意見。
- ⑥ 重々しい身のこなし・容姿。

▼カイトウ
- ⑦ 質問・意見に対する返事。
- ⑧ 問題をといたこたえ。

▼カイホウ
- ⑨ 病気などがよくなっていくこと。
- ⑩ 自由に出入りできるようにすること。
- ⑪ 束縛するのをやめて自由にすること。

①	②	③	④	⑤	⑥	⑦	⑧	⑨	⑩	⑪
意外	以外	意義	異義	異議	威儀	回答	解答	快方	開放	解放

▼カクシン
- ⑫ 物事の中しんとなる大事なところ。
- ⑬ やり方を改めてあたらしくすること。
- ⑭ 堅く信じること。

▼カンキ
- ⑮ 空気を入れかえること。
- ⑯ 意識されていないものを呼びおこすこと。

▼カンショウ
- ⑰ 見て楽しむこと。
- ⑱ 芸術作品をよく味わうこと。

▼カンシン
- ⑲ こころが動かされること。
- ⑳ 興味をもつこと。

▼キセイ
- ㉑ すでに世間に通用していること。
- ㉒ 商品としてすでにでき上がっていること。
- ㉓ き則を決めてせい限すること。

⑫	⑬	⑭	⑮	⑯	⑰	⑱	⑲	⑳	㉑	㉒	㉓
核心	革新	確信	換気	喚起	観賞	鑑賞	感心	関心	既成	既製	規制

入試アドバイス

意味に応じて漢字を正しく使い分けよう。

入試では、前後の文脈から判別させることが多い。

2 似形異字の書き取り

次のカタカナの部分を漢字に直せ。

① 捕カク
② 収カク
③ カン元
④ カン
⑤ 循カン
⑥ カン
⑦ カン告
⑧ 講ギ
⑨ 討ギ
⑩ 礼ギ
⑪ 待グウ
⑫ グウ然
⑬ サイ培
⑭ サイ断

① 獲 ② 穫 ③ 還 ④ 環 ⑤ 観 ⑥ 歓 ⑦ 勧 ⑧ 義 ⑨ 議 ⑩ 儀 ⑪ 遇 ⑫ 偶 ⑬ 栽 ⑭ 裁

⑮ 駆ジョ
⑯ ジョ行
⑰ ショウ介
⑱ ショウ待
⑲ 縮ショウ
⑳ 減ショウ
㉑ シン透
㉒ シン略
㉓ 業セキ
㉔ 容セキ
㉕ ソ税
㉖ ソ末
㉗ ソ先
㉘ 引ソツ
㉙ ソツ業

⑮ 除 ⑯ 徐 ⑰ 紹 ⑱ 招 ⑲ 小 ⑳ 少 ㉑ 浸 ㉒ 侵 ㉓ 績 ㉔ 積 ㉕ 租 ㉖ 粗 ㉗ 祖 ㉘ 率 ㉙ 卒

㉚ 指テキ
㉛ 匹テキ
㉜ テキ切
㉝ 圧トウ
㉞ トウ達
㉟ バイ養
㊱ バイ償
㊲ バイ審
㊳ バイ増
㊴ フク雑
㊵ 往フク
㊶ フン失
㊷ フン砕
㊸ 貨ヘイ
㊹ ヘイ害

㉚ 摘 ㉛ 敵 ㉜ 適 ㉝ 倒 ㉞ 到 ㉟ 培 ㊱ 賠 ㊲ 陪 ㊳ 倍 ㊴ 複 ㊵ 復 ㊶ 紛 ㊷ 粉 ㊸ 幣 ㊹ 弊

㊺ ボウ衛
㊻ ボウ害
㊼ 散マン
㊽ 自マン
㊾ 専モン
㊿ 訪モン
㊀ 派ケン
㊁ イ失
㊂ 感ガイ
㊃ ガイ念
㊄ キ定
㊅ 均コウ
㊆ ショウ突

㊺ 妨 ㊻ 防 ㊼ 漫 ㊽ 慢 ㊾ 門 ㊿ 問 ㊀ 遣 ㊁ 遺 ㊂ 慨 ㊃ 概 ㊄ 既 ㊅ 衡 ㊆ 衝

2 漢字 書き取り

国語

チェックシートで答えをかくし、全問正解まで練習しよう。

一問一答要点チェック

① 二字熟語の書き取り

次のカタカナの部分を漢字に直せ。

① **イト**したとおりに事が運ぶ。
② 係員が来場者に**オウタイ**する。
③ 風邪(かぜ)をひいて**オカン**がする。
④ 小説に**カクウ**の人物を登場させる。
⑤ 道路を**カクチョウ**する。
⑥ 隣国の政治に**カンショウ**する。
⑦ **カントク**の指示どおりに動く。
⑧ 睡眠時間を**ギセイ**にして勉強にうちこむ。
⑨ 練習の成果を**キタイ**する。
⑩ 夏の**キュウカ**を海辺で過ごす。
⑪ 書物から知識を**キュウシュウ**する。
⑫ うれしい知らせに**コウフン**する。
⑬ 畑で**コクモツ**を作る。
⑭ 我が国**コユウ**の文化を伝える。
⑮ 風景写真を**サツエイ**する。
⑯ 異なる種類を**シキベツ**する。

①	②	③	④	⑤	⑥	⑦	⑧	⑨	⑩	⑪	⑫	⑬	⑭	⑮	⑯
意図	応対	悪寒	架空	拡張	干渉	監督	犠牲	期待	休暇	吸収	興奮	穀物	固有	撮影	識別

⑰ 消費者の**ジュヨウ**が増大する。
⑱ 鳩は平和の**ショウチョウ**である。
⑲ 手を洗って**セイケツ**にする。
⑳ **センサイ**な感覚をもつ。
㉑ 商品の良さを**センデン**する。
㉒ 飛行機を**ソウジュウ**する。
㉓ **ソウダイ**な建造物に目を見張る。
㉔ 環境問題の**タイサク**を考える。
㉕ 不利な立場から**ダッキャク**する。
㉖ 言いたいことを**タンテキ**に表現する。
㉗ 社会の**チツジョ**を乱す。
㉘ 二者の間の**バイカイ**となる。
㉙ 被告人を**ベンゴ**する。
㉚ **メンミツ**な計画を立てる。
㉛ **モギ**試験を受ける。
㉜ 問題を**ヨウイ**に解決する。
㉝ 人口を**ヨクセイ**する。
㉞ **ヨユウ**のある態度をとる。
㉟ 二つの事柄には**ルイジ**した点がある。

⑰	⑱	⑲	⑳	㉑	㉒	㉓	㉔	㉕	㉖	㉗	㉘	㉙	㉚	㉛	㉜	㉝	㉞	㉟
需要	象徴	清潔	繊細	宣伝	操縦	壮大	対策	脱却	端的	秩序	媒介	弁護	綿密	模擬	容易	抑制	余裕	類似

入試アドバイス

形が似ている、似形異字はそれぞれのちがいに注意して、熟語をまるごと覚えよう。

② 同訓異字の書き取り

次のカタカナの部分を漢字に直せ。

▼アける
① 夜がアける。
② 時間をアける。
③ 戸をアける。

▼アつい
④ アつい湯を飲む。
⑤ アつい夏になる。
⑥ アつい本を読む。

▼アヤまる
⑦ 失礼をアヤまる。
⑧ 計算をアヤまる。

▼イたむ
⑨ 野菜がイたむ。
⑩ 足がイたむ。

▼オカす
⑪ 危険をオカす。
⑫ 所有権をオカす。
⑬ 罪をオカす。

①	②	③	④	⑤	⑥	⑦	⑧	⑨	⑩	⑪	⑫	⑬
明	空	開	熱	暑	厚	謝	誤	傷	痛	冒	侵	犯

▼オサめる
⑭ 学業をオサめる。
⑮ 勝利をオサめる。
⑯ 税金をオサめる。
⑰ 国をオサめる。

▼オす
⑱ 候補者にオす。
⑲ とびらをオす。

▼カエリみる
⑳ 少年時代をカエリみる。
㉑ 我が身をカエリみる。

▼カゲ
㉒ 建物のカゲに隠れる。
㉓ 障子にカゲが映る。

▼ススめる
㉔ 入会をススめる。
㉕ 会議をススめる。

▼ツトめる
㉖ 会計係をツトめる。
㉗ 改善にツトめる。
㉘ 会社にツトめる。

⑭	⑮	⑯	⑰	⑱	⑲	⑳	㉑	㉒	㉓	㉔	㉕	㉖	㉗	㉘
修	収	納	治	推	押	顧	省	陰	影	勧	進	務	努	勤

▼トる
㉙ 写真をトる。
㉚ 新入社員をトる。
㉛ 猫がねずみをトる。
㉜ 本を手にトる。

▼ノびる
㉝ 試合がノびる。
㉞ 背がノびる。

▼ノる
㉟ 新聞にノる。
㊱ 電車にノる。

▼ハカる
㊲ 合理化をハカる。
㊳ 重さをハカる。
㊴ 距離をハカる。
㊵ 時間をハカる。

▼ハジめ
㊶ 試合のハジめに一礼する。
㊷ ハジめて一人旅に出る。

▼ヤブれる
㊸ 試合にヤブれる。
㊹ 夢がヤブれる。

㉙	㉚	㉛	㉜	㉝	㉞	㉟	㊱	㊲	㊳	㊴	㊵	㊶	㊷	㊸	㊹
撮	採	捕	取	伸	延	載	乗	図	量	測	計	初	始	敗	破

1 漢字 書き取り

一問一答要点チェック

チェックシートで答えをかくし、全問正解まで練習しよう。

❶ 訓読み漢字の書き取り

■ 次のカタカナの部分を漢字に直せ。

① ひざしを**アビ**る。
② 貴重品を**アズ**ける。
③ 反抗して**アバ**れる。
④ **アブ**ない橋を渡る。
⑤ 魚を**アミ**でつかまえる。
⑥ 現地に**イタ**る道。
⑦ 不足分を**オギナ**う。
⑧ **オサナ**い弟がいる。
⑨ 外国を**オトズ**れる。
⑩ 勢いが**オトロ**える。
⑪ 彼にお金を**カ**す。
⑫ 犬は小を**カ**ねる。
⑬ 図書館で本を**カ**りる。
⑭ **カガヤ**かしい業績。
⑮ 美しく花を**カザ**る。
⑯ 地位を**キズ**く。

①	②	③	④	⑤	⑥	⑦	⑧	⑨	⑩	⑪	⑫	⑬	⑭	⑮	⑯
浴	預	暴	危	網	至	補	幼	訪	衰	貸	兼	借	輝	飾	築

⑰ **キビ**しく注意する。
⑱ 申し出を**コトワ**る。
⑲ 争いを**サ**ける。
⑳ 流れに**サカ**らう。
㉑ 動機を**サグ**る。
㉒ 大声で**サワ**ぐ。
㉓ 第一線を**シリゾ**く。
㉔ **スコ**やかに育つ。
㉕ 水を**ソソ**ぐ。
㉖ 頭を**タ**れる。
㉗ 田畑を**タガヤ**す。
㉘ 答えを**タシ**かめる。
㉙ **タダ**ちに駆けつける。
㉚ 職に**ツ**く。
㉛ 布で**ツツ**む。
㉜ **ツナ**を引く。
㉝ 室内を**トトノ**える。
㉞ 仕事に**ナ**れる。
㉟ 互いの性質が**ニ**ている。

⑰	⑱	⑲	⑳	㉑	㉒	㉓	㉔	㉕	㉖	㉗	㉘	㉙	㉚	㉛	㉜	㉝	㉞	㉟
厳	断	避	逆	探	騒	退	健	注	垂	耕	確	直	就	包	綱	整	慣	似

㊱ 作戦を**ネ**る。
㊲ 安らかに**ネム**る。
㊳ 障害物を**ノゾ**く。
㊴ 使命を**ハ**たす。
㊵ 選手を**ハゲ**ます。
㊶ 仏像を**ホ**る。
㊷ **ホガ**らかに笑う。
㊸ めぐみを**ホドコ**す。
㊹ 委員長に**マカ**せる。
㊺ 客を**マネ**く。
㊻ 勝利へと**ミチビ**く。
㊼ 能力を**ミト**める。
㊽ 鳥の**ム**れが飛ぶ。
㊾ 恩に**ムク**いる。
㊿ 解決は**ムズカ**しい。
51 憲法に**モト**づく。
52 心が**ヤサ**しい。
53 **メズラ**しい品物。
54 三人の子を**ヤシナ**う。

㊱	㊲	㊳	㊴	㊵	㊶	㊷	㊸	㊹	㊺	㊻	㊼	㊽	㊾	㊿	51	52	53	54
練	眠	除	果	励	彫	朗	施	任	招	導	認	群	報	難	基	優	珍	養

入試アドバイス

- 同じ訓読みの漢字を正しく使い分けよう。
- 漢字は字画をくずさず、丁寧に書こう。

国語

シグマベスト	編　者　　文英堂編集部
高校入試	発行者　　益井英郎
5科の要点チェック	印刷所　　中村印刷株式会社
	発行所　　株式会社　文英堂

本書の内容を無断で複写(コピー)・複製・転載することは、著作者および出版社の権利の侵害となり、著作権法違反となりますので、転載等を希望される場合は前もって小社あて許諾を求めてください。

〒601-8121　京都市南区上鳥羽大物町28
〒162-0832　東京都新宿区岩戸町17
(代表)03-3269-4231

Ⓒ BUN-EIDO　2012　Printed in Japan

●落丁・乱丁はおとりかえします。